玩转苹果流量生态

解锁App流量新密码

史建刚 著
阳志平 主编

电子工业出版社
Publishing House of Electronics Industry
北京·BEIJING

未经许可，不得以任何方式复制或抄袭本书之部分或全部内容。
版权所有，侵权必究。

图书在版编目（CIP）数据

玩转苹果流量生态：解锁 App 流量新密码 / 史建刚著；阳志平主编 . —北京：电子工业出版社，2021.9
ISBN 978-7-121-41823-5

Ⅰ.①玩… Ⅱ.①史…②阳… Ⅲ.①网络广告—经营管理 Ⅳ.① F713.852

中国版本图书馆 CIP 数据核字（2021）第 169605 号

责任编辑：张振宇
印　　刷：天津千鹤文化传播有限公司
装　　订：天津千鹤文化传播有限公司
出版发行：电子工业出版社
　　　　　北京市海淀区万寿路 173 信箱　　邮编：100036
开　　本：880×1230　1/32　　印张：10.125　　字数：295.2 千字
版　　次：2021 年 9 月第 1 版
印　　次：2021 年 9 月第 1 次印刷
定　　价：88.00 元

凡所购买电子工业出版社图书有缺损问题，请向购买书店调换。若书店售缺，请与本社发行部联系，联系及邮购电话：（010）88254888，88258888。
质量投诉请发邮件至 zlts@phei.com.cn，盗版侵权举报请发邮件至 dbqq@phei.com.cn。
本书咨询联系方式：（010）88254210，influence@phei.com.cn，微信号：yingxianglibook。

"新职业丛书"总序

这几年，有个流行词"内卷"，它源自社会学，现在一般用来泛指人们竞相争夺某个目标，最终导致所有参与竞争者收益都下降的现象。

从竞相考公务员，到竞相应聘头部互联网公司，在职业选择上，"内卷"现象层出不穷。然而，人们没有意识到，除了选择这些热门职业，还可以选择一些"新职业"。

其实，今天人们竞相投递简历的一些职业，在五年前、十年前也是新职业。

比如，产品经理与前端工程师是伴随2010年移动互联网大规模发展才开始兴起的一个新职业；运营与自媒体是伴随2015年微信、微博等社交媒体生态快速发展才开始兴起的一个新职业；算法工程师是伴随2016年阿尔法狗战胜围棋世界冠军才开始兴起的一个新职业。

第一批从事产品经理、前端工程师、运营、自媒体与算法工程师的人，都或多或少地享受到了时代的红利。

今天，我们同样可以观察到整个社会依然在不断涌现一些新职业。这些新职业主要来自三个趋势。

（1）数字化发展的加快。2019年我国数字经济增加值达35.8万亿元，占国内生产总值的比重达36.2%。如今，数字经济、数字社会、数字政府建设如火如荼。产品经理、前端工程师、运营、自媒体与算法工程师这些传统新职业，开始不再局限于互联网行业，而是与垂直行业结合，比如教育培训、医疗健康、公共安全等行业，焕发生机，成为更细分、更垂直的"新职业"。

（2）5G与物联网时代的来临。从图文时代到音频、视频时代，一些新职业开始诞生并成为热门。比如，在视频领域，有专攻短视频的创作者；也有专攻中视频的UP主；还有专攻长视频的网络编剧；以及专攻直播的主播。在音频领域，有专攻几分钟的知识类音频的知识付费讲师；也有专攻中、长音频的播客；以及专攻网络音乐的音乐人；等等。

（3）伴随大型平台涌现的新职业。一个大型平台的兴起，往往在上下游会诞生成千上万个专业化分工的新职业。伴随外卖平台的兴起，诞生了外卖员新职业；伴随网约车平台的兴起，诞生了网约车驾驶员新职业；伴随短视频平台的兴起，诞生了网络主播等新职业；伴随人工智能与云计算产业的兴起，诞生了数据标注、云服务等相关新职业；伴随出海外贸产业的兴起，诞生了面向海外顾客销售为主的出海电商等新职业。

究竟是选择进入一个新赛道，从事一个新职业，享受新职业的红利，但也亲历它的不完美？还是在旧赛道上，与众多的从业者相互"内卷"竞争？做出这样的选择，并非易事。古话说，第一个吃肉，第二个喝汤，第三个喝的可能就是刷锅水了。但也有枪打出头鸟之说。

人们往往不敢轻易从事一个新职业。这是因为我们不清楚哪些新职业是有前途的，哪些新职业只是昙花一现。即使机缘巧合，偶尔从事了某个新职业，但也会因为个人眼界、人脉与能力不到位，吃到苦头却没有尝到甜头。比如，无数人成了短视频平台发展生态上的牺牲品。

如何帮助年轻人更好地发展职业生涯，掌握一个新职业呢？这正是开智学堂出版"新职业丛书"的初衷。

六年前，正值双创高潮时，在北京中关村五道口，我与一批从事职业教育的资深人士，联合创办了开智学堂。开智学堂（微信公众号：OpenMindClub）是 21 世纪的英才教育机构，通过认知课、阅读课、写作课、黑客课，帮助 18~48 岁的年轻人科学与系统地提升职业能力。

六年来，开智课程体系采取独特的"实践策略 + 高阶模型"设计，不仅教学员技能，更教思维方法论。开智课程知识密度大，实践效果突出，得到了众多年轻人的认可。如今，开智学堂已深度服务学员数万名，学员遍布三大洲、近二十个国家，而且大多来自一线互联网公司与名校，精英云集，学习氛围浓郁。

"新职业丛书"正是由开智学堂的导师团、教练团共同创作的一套丛书。这批作者，要么来自头部互联网公司，甚至有的作者本身就是某个重要平台的负责人；要么来自创业公司，通过某个新职业获利无数，甚至有的作者本身就是某个新职业的发起人。

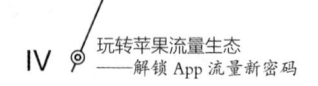

过去六年，作者们率先从事这些新职业，从中获益匪浅；过去六年，开智学堂的学员们从中也获益匪浅。现在，是时候将这些经验总结给大家了。

预祝各位读者：乘风好去，长空万里，直下看山河。

阳志平

开智学堂创始人，心智工具箱公众号作者

2021 年 7 月 22 日

推荐序一
一本不容错过的好书

王玮博士　AppsFlyer 中国区总经理

最近，全球移动广告行业发生了一件大事，就是苹果发布的 iOS14 中 IDFA 从默认可获取变成了需要用户授权才能获取。这一看似不起眼的调整，却牵一发而动全身，最终会影响整个移动营销的生态。

因为这个 ID 贯穿移动营销链条的各个环节，一旦无法获取，过去我们熟悉的营销和优化方式就需要从根本上做出变化，才能适应这一调整。这一过程，对很多企业来说是挑战，甚至是危机，对另外一些企业来说则是机遇。作为一个处于现在进行时的事件，最终行业会如何平衡还未可知，但现有的格局很可能会被打破。仿佛是嫌事还不够大，就在 IDFA 调整产生的影响还在发酵的时候，苹果又宣布在 2021 年 7 月开放中国大陆地区的搜索广告，在行业里又投下了一颗"重磅炸弹"。一时间有人惊喜，有人惊惶，大家纷纷惊呼国内的移动营销生态要变天了。

许多人可能并不知道，苹果在移动广告行业发展的早期，就开始了广告业务的试水。2010 年，苹果发布了 iAd 广告平台，在 iPhone 和 iPad 内提供应用内展示广告。但这一尝试并不成功，到 2015 年，iAd 在整个移动展示广告业务中的份额仅有 5%，从而导致其在 2016 年被正式放弃。但是很显然，苹果不会在这么大的市场中无所作为。毕竟硬件带来的营收终有一天会触达天花板，加上软件服务两条腿走路会更加稳妥，所以在 2016 年放弃 iAd 之后，苹果马上推出了应用商店内的搜索广告（Apple Search Ads），从 iAd 更偏向前端广告形式转为更看重后续效果。这一尝试获得了成功。在 AppsFlyer 中，我们基于监测到的数据做了全球范围内的移动广告平台排名。苹果搜索广告自 2016 年上线起，在我们排行榜上的排名每年都在快速上升，目前已经是 iOS 广告平台的 Top 2。这个成绩还是在它只开放了全球将近一半区域广告的前提下获得的。随着未来逐渐开放更多区域（比如最近开放中国大陆地区）的广告，它的增长潜力毋庸置疑。

如今在 iOS 生态，前有 IDFA 新政动摇现有格局，后有苹果搜索广告正式在中国大陆地区开放。相信苹果搜索广告会对国内渠道版图产生冲击，甚至会复制之前在全球范围内的发展轨迹，在中国市场上占据头部的位置。

国内系统介绍苹果搜索广告的专著凤毛麟角，这本书的出版可以说是解了广大移动营销人员的燃眉之急。由于本书的作者多年来专注于苹果广告生态，所以全书读下来读者除了会对苹果搜索广告有一个从理论到实操的系统了解，还可以处处感受到作者对于行业的深度思考，以及作者根据多年经验积累形成的实用方法论。

不管是广告行业的新手还是老将，只要对苹果搜索广告感兴趣，这都是一本不容错过的好书。

推荐序二
苹果广告从业者的指南

邓淳　iOS 领域资深产品人

智能手机的普及已经是很多年的事情了，但无论过了多久，对于所有应用开发商来说，获取用户都是最为重要的事情，而如何能够以尽可能低的成本获取优质用户，也就成了业内市场和投放圈子里的长期热门话题。

在国内市场中，虽然 Android 占据绝大多数的市场份额，但大家都知道，iOS 从长期留存和产生价值的角度来说，用户质量比 Android 高出很多，再加上苹果作为设备制造商和 App Store 这一 iOS 系统唯一渠道的拥有者，始终保持着高冷且封闭的思路，这使得 iOS 系统的用户获取方式相较 Android 来说更加公平且单一。而恰恰也是因为这种封闭思路，以及苹果在极端注重保护最终用户隐私的情况下，开发商们对于用户行为及关键数据的获取越来越难，最近沸沸扬扬的 IDFA 事件就是一个很好的例证。另一方面，苹果对于开发商过于高冷的态度也使得 iOS 平台开发商入门门槛较低，而且不需要像 Android 一样经历繁杂枯燥的兼容性适配过程，但真的想要把一款应用在已经开发完成的情况下，做到平安上架到 App Store、正常运营推广、不违规操作、顺利收到用户付款，这其中可谓暗坑无数……

业内普遍都说苹果其实是一个黑盒，这一点从开发者的角度来说尤甚，整个开发者后台的操作方法和审核上架的流程都需要摸索好久，经历多次碰壁，更不要说预约上架、优惠促销、内购促销、App Clips 和处理用户退款这些高级操作以及更加复杂的 ASA 广告后台了。

不管是个人独立开发者还是公司，iOS 从业人员都避免不了要接触 ASO 和 ASA，这两者一个民间、一个官方，都是不需要借助第三方广告平台的 iOS 的主要推广方式。在 IDFA 新政策实施的当下，可以毫不夸张地说，掌握了这两者的操作技巧，就等于在 iOS 流量获取方面已经成功了大半。

在这种大环境下，绝大多数的 iOS 从业人员迫切希望能够有一本给他们的日常工作提供指导方向和经验分享的书籍出现。网上有很多有关 iOS 的各类教材和经验分享，但是看来看去大部分是复制或摘抄苹果官方说明书和开发者条例内容，或者只是隔靴搔痒般讲一些浅显的东西，很难起到有价值的作用。

《玩转苹果流量生态》这本书恰恰满足了从业人员的迫切需求。

本书从各个角度剖析了 iOS 推广和获取用户的基础知识和误区，讲述了从业必备的技能和知识点，作者用多年的业内从业经历分享了很多能让你受用多年的实战经验，并从多个角度分析苹果当前的政策以及未来可能的发展方向，为广大 iOS 开发者解决现阶段遇到的实际问题和部署未来战略提供了非常宝贵的思路和方向。

可以说本书是一本不可多得的好书，是 iOS 从业人员和互联网广告行业人士必备的实操指南。

自序
PREFACE

通过这篇自序，我想回答一个问题——为什么要写这本关于苹果和苹果流量玩法的书。

一、苹果对世界的塑造被严重低估了

2020年的秋天，笔者受邀在一个游戏论坛上做了一场关于苹果IDFA事件的演讲。这就是传闻的"IDFA末日"事件[1]，被数字广告界普遍认为"一夜倒退十年"的大事件，但演讲效果平平，出乎我和举办方的意料。

通过这个事情，我开始思考为什么会是这样，到底发生了什么。后来，我得出一个有趣的结论：苹果对世界的塑造被严重低估了。

请注意我的措辞——塑造。麦克卢汉说，起初我们塑造工

---

[1] 2020年6月，苹果在其WWDC20开发者大会上宣布：为了保护用户隐私，苹果要把是否允许App进行广告追踪的权力交给用户。此举意味着，开发者将大概率无法获取用户设备的广告唯一标识信息IDFA（Identifier For Advertising）。由于IDFA是整个移动互联网跨App协作的数据基础，IDFA的缺失，将使整个iOS系统上的广告投放不能像过去一样精准，从而降低广告分发效率。考虑到Android系统的跟进，这条消息对整个数字广告产业是利空。故业界有人称：苹果此举使得数字广告业"一夜倒退十年"，也被称为"IDFA末日"。

具，然后工具塑造我们。我们今天看到的这个世界的变化是由科技巨头们塑造的，它们不仅是互联网的基石和前提，而且已经变为人类文明的基础设施，就像我们所生活的城市里的基础设施——自来水系统、电力系统、排污系统、物流系统一样，这些基础设施决定了我们生活的样子：喝什么样的水，呼吸什么样的空气，做什么样的工作，怎样去上班。

跟城市里的传统基础设施不一样的是："苹果们"所塑造的新基础设施还在高速、持续地变化之中。如果说城市里传统基础设施的变化以十年为单位，那么新基础设施的变化是以月为单位的，每个月都有新变化，而且这些变化会扩散到互联网的每个维度。

对于城市的排污系统，我们尚且要给孩子们科普一番，让他们知道城市是如何运作的。那么，对于像苹果这样还在持续快速变化之中的新基础设施而言，特别是对于IT从业者而言，就不是一个简单的科普问题，而是生产问题，是生存问题，是应该深入研究、深入介入的，要体现我们的主观能动性。

过去，我们感受到的苹果更多是一个2C市场的苹果，拥有绚丽的外表、紧凑的机身、时尚的耳机，是一个令人有面子的手机，一个消费市场中的苹果。除了作为消费市场中的一员，苹果还有另外一面，就是2B的苹果，是数字世界里的苹果——新基础设施的构建者、主导者。

以前面提到的IDFA事件为例，苹果为了保护用户隐私而采取了"广告限制追踪"策略，就是把IDFA是否开放给开发者的选择权归还给用户，这一举措直接影响了全球2000万开发者，影响他们的营收和生计，影响他们的运营方法和协作关系，改变他们的商业模式，从而影响他们投放到市场的App产品，包括产品形态、收费模式、呈现内容，进而影响十亿智能手机用户的用户体验和看到的内容，就是你打开App时看到什么样的广告。而更进一步的是，安卓阵营很可能因为苹果的用户隐私政策的改变而推出自己的隐私政策，进而影响40亿人口的用户体验，影响他们看什么样的内容、使用什么样的产品和服务。

随后，苹果在2020年11月19日提出15%的App Store分成比例新政策，仅在中国惠及的开发者就超过100万，直接影响了上百万开发者的收入构成。

通过近期随机发生的两件事情，我们就可以"一叶知秋"，了解苹果对数字世界和商业世界的塑造之深之远。

为此，本书试图揭示苹果的另外一面——苹果对于数字世界的塑造，以及其自身发展的内在逻辑。

二、苹果的ASA即将进入中国

苹果官方搜索广告平台ASA（Apple Search Ads）即将进入中国市场，这对于苹果来说是个大事件，对于中国的开发者和互联网从业者来说也是个大事件。前者是因为中国区创造的营收，几乎占据苹果App Store的一半份额，具有举足轻重的作用；后者是因为iOS流量市场鱼龙混杂的局面要被终结了，新的游戏规则开始了。

中国的iOS流量市场充满了悖论：一方面，流量问题、死生之地也，关乎企业的生死存亡，以中国游戏产业为例，iOS流量以不到20%的用户比例，贡献了超过50%的营收，充分证明了iOS流量市场的重要性；另一方面，在iOS流量获取的产业链上充斥着自相矛盾的、碎片化的、带有鲜明经验主义的小道消息。

坊间流传着各种关于ASO（应用商店优化，App Store Optimization）刷榜、刷词的所谓"经验数据"，各种关于ASA的传闻和理解，各种声称能上推荐位的中间商，关于ASO的效果归因更是扑朔迷离，变成一种玄学。再加上苹果在很多事情上的沉默和"放任"，让民间消息"各说各话，各执一词"，一片纷杂。

而这一切都将因ASA的到来而发生改变。一方面，因为ASA是苹果官方广告平台，用户质量高，会改变现有iOS流量的生态格局；另一方面，由于ASA在归因方面的能力以及置顶位置，对ASO刷词具有很强的限制，故也会改写游戏规则和运营方法。

笔者所供职的量江湖是亚太地区首批获得苹果官方Search Ads认证优化师资格的企业，在ASA和ASO等iOS流量领域有多年的深耕经历，特别是在海外ASA实践中有300多个项目的经验。随着ASA登陆中国区的时间越来越近，有很多客户、同行越来越频繁地咨询ASA的投放技巧和新玩法。我本人也曾在知乎上开设专栏，就一些热点问题分享相关知识，但内容相对零碎、分散、不系统。受同行和客户的鼓励，我们想把过去几年积累的ASA实践和已经形成的ASO+ASA组合实践方法论分享出来，为中国区市场的开放做一点贡献，帮助我们的客户以及中国的开发者尽快适应变化，也算是我们作为 ASA 先行者为中国 iOS 流量市场做的一点贡献。

ASA 作为一个重要的渠道，其用户质量最接近于 iOS 自然流量的用户质量，在已经开放的海外 60 个国家和地区的流量市场中占据越来越重要的地位。在实践中，ASA 作为苹果官方流量渠道已经成为我们很多出海的头部客户的标配渠道。所谓标配，是说 ASA 不再是一个补量渠道，而是一个独立的标准渠道，有自己渠道属性的考核标准，独立的 CPA（每行动成本，Cost Per Action）投放标准，独立的 CPC（每点击成本，Cost Per Click）成本，独立的 ROI（投资回报率，Return On Investment），独立的投放流程，不再参考 Facebook 的买量标准。

一旦国内 ASA 开放，中国的流量市场也将是这个局面。ASA 会成为腾讯广点通、头条穿山甲一样的重要渠道，成为各个开发者的重要流量渠道，成为买量的标配渠道，成为运营必须掌握的技能。

由此，可见其重要性。

对于开发者，无论是自己投放采量，还是委托第三方投放，都需要充分了解这个渠道的特点和投放要点。本书的第一诉求就是向互联网从业者全面系统地介绍 ASA 的实操方法。

三、从摸着美帝过河到摸着苹果过河

在面临国际政治经济形势"百年未有之大变局"之际，在面临产业升级和技术变革驱动商业变革的今天，形势异常复杂，我们的商业世界充满了不确定性。

在充满不确定性的 4G 时代，仅中国就杀出了滴滴、头条、美团、小米、拼多多等新巨头，诸如诺基亚、戴尔、联想等老巨头们纷纷走向衰退，并且有大量的创业公司倒下。

更加充满不确定性的 5G 时代已经来到，一方面，我们坚信"5G+Iot"会像当年"智能手机 + 移动互联网"改变世界一样，带来一场新的摧枯拉朽的社会变革，新的巨头诞生，新的模式兴起；另一方面，无论新老企业，无论是草根还是既得利益者，在 5G 时代仿佛都充满了焦虑。

如何对抗不确定性？我们需要一个坐标，哪怕是河底的石头。在互联网领域，苹果就是这块石头。

为什么是苹果？因为与其他科技公司不同，苹果很好地平衡了创新与商业、现实与未来。这使得苹果成为自晶体管被发明以来，历时最久的、跨越不连续的[1]、商业成功的科技企业之一。在互联网的基础设施——硬件领域，眼花缭乱的各种创新前赴后继，潮起潮落，只有苹果入局才能有定局。苹果在科技创新方面总是恰如其时，恰如其分，既不盲目超前，也绝不自甘落伍，无论是在消费市场还是在 2B 世界，它都具有极大的号召力。

同样，面对 5G 时代，苹果依旧准备得非常充分，既拥有巨大的创新能力，又保持稳健实用的经营理念。一句话，苹

---

[1] 跨越不连续性是混沌大学创办者李善友提出的一个概念，在互联网领域广为流传。它是指每个公司都是时代的产物，其增长曲线呈"S"型，并且由盛及衰，很少有企业能穿越时代周期，如历史上的诺基亚、雅虎等曾经如日中天的企业。然而，有一些公司，却成功穿越了个人计算机时代、互联网时代、移动互联网时代，最典型的公司就是苹果。在互联网商业领域这一现象被称为跨越不连续性。

果代表了未来，代表了钱的方向。比如，面对华为在 5G 通信方面的技术领先，作为科技巨头的苹果早就暗度陈仓：通过 Apple Silicon、App Clips、Apple Glasses、Arcade、Apple Glass、Face ID 等不动声色地布局未来，布局 5G，在日拱一卒地营造属于自己的未来领地。

  作为锚定不确定性的那块石头，在笔者眼中，苹果是开发者的最佳选择，是值得信任的。

  本书有一点小小的野心，就是通过对 iOS 流量生态以及苹果战略的长期观察，通过对 App Store 生态和服务战略的分析，探索苹果公司的硬件战略和服务战略，以及其背后的底层逻辑，知其然，也知其所以然。摸着这块石头，即使不能气定神闲，也可以知道水的深浅与急缓，隐约间找到一条通往未来的道路，增加我们面对未来的勇气。

  本书想借 ASA 开放中国大陆地区之际，向读者介绍 iOS 流量新的游戏规则和玩法，企图提供一套基于用户视角、认知科学、数据分析的 iOS 流量运营方法论。为了更好地让大家了解苹果广告的发展轨迹，一些名称仍采用 2021 年 7 月之前的称谓。如果我们对于苹果商业逻辑的分析和思考能启发从业者和同行，与有荣焉。

史建刚

2021 年 6 月

目录
CONTENTS

前言 ·· 01

第一部分：历史 ·································· 05

第一章　苹果广告：从雄心勃勃的封疆大吏到
　　　　嘘寒问暖的热心大婶 ················ 07
第一节　成败 iAd ································ 07
第二节　稳扎稳打 ASA ························· 15
第三节　从 iAd 到 ASA，苹果的变化 ········ 21

第二章　搜完就走的 App Store，要走头条路？！ ········ 23
第一节　记 App Store 的一次大改版 ········ 23
第二节　苹果的心态：生于忧患，死于安乐 ········ 27
第三节　App Store 的思路与策略 ············ 32
第四节　Today 改变内外部流量结构 ········ 36
第五节　App Store 的变化对 iOS 流量运营玩法的影响 ··· 38

第三章　末路狂花：野蛮生长的 ASO ⋯⋯⋯⋯⋯⋯⋯ 39
第一节　早期阶段 ⋯⋯⋯⋯⋯⋯⋯⋯⋯⋯⋯⋯⋯⋯⋯ 40
第二节　刷词的红利期 ⋯⋯⋯⋯⋯⋯⋯⋯⋯⋯⋯⋯⋯ 44
第三节　刷词的动荡期 ⋯⋯⋯⋯⋯⋯⋯⋯⋯⋯⋯⋯⋯ 47

第二部分：实战与方法论 ⋯⋯⋯⋯⋯⋯⋯⋯⋯⋯⋯⋯ 53

第四章　ASO 关键词覆盖：一层深一层，层层意无穷 ⋯ 55
第一节　ASO 价值模型 ⋯⋯⋯⋯⋯⋯⋯⋯⋯⋯⋯⋯⋯ 55
第二节　读懂浅规则 ⋯⋯⋯⋯⋯⋯⋯⋯⋯⋯⋯⋯⋯⋯ 57
第三节　利用深规则 ⋯⋯⋯⋯⋯⋯⋯⋯⋯⋯⋯⋯⋯⋯ 61
第四节　挖掘潜规则 ⋯⋯⋯⋯⋯⋯⋯⋯⋯⋯⋯⋯⋯⋯ 67
第五节　跳出三界外，不在五行中 ⋯⋯⋯⋯⋯⋯⋯⋯ 78

第五章　秒变小白：ASO 方法论之重回初心 ⋯⋯⋯⋯ 81
第一节　基于认知科学的方法论 ⋯⋯⋯⋯⋯⋯⋯⋯⋯ 81
第二节　秒变小白 ⋯⋯⋯⋯⋯⋯⋯⋯⋯⋯⋯⋯⋯⋯⋯ 88
第三节　用户逻辑 ⋯⋯⋯⋯⋯⋯⋯⋯⋯⋯⋯⋯⋯⋯⋯ 90
第四节　编织故事 ⋯⋯⋯⋯⋯⋯⋯⋯⋯⋯⋯⋯⋯⋯⋯ 97
第五节　制作素材 ⋯⋯⋯⋯⋯⋯⋯⋯⋯⋯⋯⋯⋯⋯⋯ 98

第六章　ASA 的正面与侧面 ⋯⋯⋯⋯⋯⋯⋯⋯⋯⋯⋯ 100
第一节　ASA 的基本情况 ⋯⋯⋯⋯⋯⋯⋯⋯⋯⋯⋯⋯ 100
第二节　ASA 用户的质量与量级 ⋯⋯⋯⋯⋯⋯⋯⋯⋯ 101
第三节　ASA 与 ASO 的关系 ⋯⋯⋯⋯⋯⋯⋯⋯⋯⋯⋯ 106
第四节　ASA 流量分发机制 ⋯⋯⋯⋯⋯⋯⋯⋯⋯⋯⋯ 108
第五节　ASA 的其他常见问题 ⋯⋯⋯⋯⋯⋯⋯⋯⋯⋯ 113

第七章　ASA 核心技术：外行看投放，内行看拓词 …… 117

第一节　ASA 拓词的基本知识和概念 ………………… 117

第二节　拓词的基本方法 ……………………………… 122

第三节　高阶拓词 ……………………………………… 128

第八章　攻防兼备、软硬通吃的三层漏斗式账户结构 …… 134

第一节　ASA 账户的基本知识 ………………………… 134

第二节　ASA 账户搭建方法与挑战 …………………… 138

第三节　三层漏斗式账户结构 ………………………… 142

第九章　调价：优化师日常中的日常 …………………… 149

第一节　策略框架：开发者面临的环境与策略选择 … 150

第二节　竞价原理 ……………………………………… 156

第三节　ASA 提供的调价手段 ………………………… 158

第四节　调价操作的最小闭环模型 …………………… 161

第五节　常见问题与参考经验 ………………………… 164

第十章　iOS 流量运营最佳实践 ………………………… 168

第一节　ASA 的最佳实践 ……………………………… 168

第二节　ASA 结合 ASO 的最佳实践 …………………… 184

第十一章　iOS 搜索流量运营的底层秘密：
　　　　　流量、指数以及位置之间的关系 ………… 193

第一节　App Store 流量分布与构成 ………………… 193

第二节　搜索的流量模型 ……………………………… 197

第十二章　IDFA 事件：
　　　　　数字广告界的"灰犀牛"，归因从此翻了天 … 207

第一节　老问题：ASA 的归因问题 …………………… 208

	第二节　iOS 归因遇到新问题	217
	第三节　苹果官方归因方案的比较	224
	第四节　最佳实践	230

第三部分：未来 243

第十三章　App Clips 一小步，iOS 生态一大步 245
第一节　App Clips 简介 245
第二节　App Clips 意味着什么 249
第三节　App Clips 的战略价值 253

第十四章　摸着苹果过河 261
第一节　苹果企图重新定义硬件厂商 261
第二节　从 Face ID 看苹果的硬件布局 277

后记　硬件公司的最终宿命是互联网公司 289
未完待续 302

前言 FOREWORD

苹果公司是当之无愧的世界科技巨头，其市值长期保持全球第一，已经将近2万亿美元。科技是第一生产力，在这个科技驱动社会前进的时代，苹果公司的一举一动都惹人关注。它的一个风吹草动不仅会引发消费市场的变动，而且会影响资本市场的骚动，就连整个舆论界都会因之而浮想联翩。

在资本市场，有多少公司因其而衰，就有多少公司因其而盛，在A股和H股就有不少于10家公司因为进入苹果供应商列表（Supplier List，苹果每年都会发布其最核心的200个供应商名单）而市值超过百亿人民币。

在全世界，有2000万个开发者围绕着App Store生态而生存。在中国，仅2019年一年就有2460亿美元通过App Store进入开发者的账户，而这笔收入超过了腾讯和阿里的全年营收（腾讯约为3773亿元，阿里约为3768亿元）。

中国大陆市场安装iOS系统的手机数量占比为20%左右。以游戏行业的情况为例，很多游戏开发者通过iOS系统获得的营收贡献占比超过了50%，通过iOS系统获得的利润占比就更高了。所以，业内有一句话：得Android者得用户，而得iOS者得利润。

因此，如何在 iOS 平台和苹果生态中经营好自己，已经成为开发者的不二选择。

2016 年，苹果在终止 iAd 广告业务的同时，开启 Search Ads 广告服务，宣告苹果进入 iOS 广告新时代。

ASA 作为一个重要的战略部署，是苹果完善生态的重要环节，对于开发者而言是获取流量的不二之选。ASA 至今已经在 60 个国家和地区开放，而中国市场也正在拥抱 ASA，在可见的未来，中国区的 App Store 会出现一个新的局面。

然而，市场上关于新版 App Store 和 ASA 的工作原理、流量分发机制，特别是实战，缺乏系统的、深入的说明。市面上关于新版 App Store 以及未来 Clips 的信息，不仅支离破碎，缺乏理论高度，甚至很多处于道听途说的层面。

量江湖公司获得了苹果的官方认证，具有丰富的实操经验，业绩持续增长，同时是一家广告领域的大数据公司和人工智能公司，长期专注于推荐算法的研究，具有较好的理论基础。因长期跟踪和研究苹果，对苹果及其生态有较为深刻的理解，对苹果的未来策略也有一定的预判。

本书就是笔者结合过去五年的深入实践，对苹果广告生态进行的全面表述，从苹果的流量分发机制、用户经营哲学到广告投放实操经验以及运营经验，既有对苹果生态布局的思考，也包含实操技巧和各种资源。

本书共分为三部分。第一部分主要回顾关于苹果广告的三段历史，其一是苹果广告的历史，其二是 App Store 的前世今生，其三是具有中国移动互联网特色的 ASO 的玩法历程。第二部分主要是iOS流量运营的实践与方法论,也分为三块,其一是ASO的方法与实践,其二是ASA的最佳实践框架,其三是ASA与ASO结合之后的最佳实践。第三部分主要通过Face ID、App Clips等小技术点来透视和分析苹果在硬件战略、服务战略和生态战略上的布局。

本书理论联系实际,以鲜活的案例揭示苹果的流量分发机制,以全局的视野预判苹果的未来策略。一方面可以给予从业者现实的指导,从苹果生态布局上获取用户和流量;另一方面可以启发从业者思考和布局未来,在这个充满不确定性的商业世界中多做一些准备。

需要特别说明一点。

5G的到来将会全面改变我们的生活方式和协作方式。作为最稳健的科技巨头之一,苹果的策略就两个字:靠谱。苹果可以说是科技创新和商业实践的完美结合,这意味着,跟着苹果走,能够最大限度地降低未来的不确定性。

作为一家科技巨头,苹果始终保持着创新的理念,这是最难的事。我们知道,另外一家科技巨头Google拥有巨大的创新能力,但经常马失前蹄,比如Google Glass、无人驾驶项目等。

苹果不是没有犯过错误,但是在主要赛道上,苹果始终保持创新和不冒进,这背后的逻辑是什么?苹果是怎么做到的?本书也探讨了苹果在这方面的智慧。

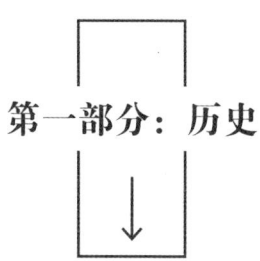

第一部分：历史

马克·吐温说过："历史不会重复，但是会押韵。"

要想玩转苹果的广告生态，玩转苹果搜索广告 ASA（Apple Search Ads），就需要了解三段历史：第一段是科技巨头苹果公司的广告平台之历史，第二段是苹果战略级产品 App Store 的前世今生，最后一段是具有中国移动互联网特色的 ASO 的是是非非。

只有理解苹果 iAd 广告平台的兴衰史，才能更好地理解 ASA 的未来。

只有把握 App Store 的产品变迁脉络，才能更好地看清 App Store 的演化方向。

只有充分甄别具有中国移动互联网特色的 ASO 的术与道，分辨其精华与糟粕，才能辞旧迎新，拥抱 ASA。一言以蔽之，我们对 ASO 的历史看得有多深，对 ASA 的未来看得就有多远。

第一章
苹果广告：从雄心勃勃的封疆大吏到嘘寒问暖的热心大姊

> **本章摘要：** 本章主要介绍苹果广告平台的发展简史与商业逻辑，包括 iAd 的兴衰史，以及 ASA 崛起的历史背景与内在逻辑，从一个更大的时间尺度上来理解苹果的广告业务。

第一节　成败 iAd

关于科技巨头苹果公司的广告业务，有一个有趣的话题："为什么苹果公司在 2016 年，也就是移动互联网如日中天的时候，突然关闭了 iAd 广告平台？"

要知道，2014—2015 年是移动广告市场的分水岭，展示广告（Display Ads）市场产值正在超越搜索广告（Search Ads）市场产值。苹果却在 2016 年年初（1 月 19 日）宣布要关闭 iAd 平台，而这个平台就是乔布斯当年耗费巨资收购的 Quattro Wireless 移动广告平台，是做展示类广告的移动广告平台（如图 1-1 所示）。而且，iAd 是乔布斯生前主导的最

图 1-1　苹果收购 Quattro Wireless

后一个大项目。

有人就想到，是不是人走茶凉？

乔布斯生前的最后一年，iTunes 上的应用数量突破 30 万个，移动互联网的繁荣就在眼前，移动广告也将大行其道，而苹果大举进军移动广告，是顺理成章的，是集齐了天时、地利、人和三要素的。于是，苹果雄心勃勃地发布了嵌套了 iAd 的 iOS4 系统，以及新版的 iTunes 系统三件套。事实上，苹果在移动广告市场的份额攀登神速，很快就达到了 15%。

这个数据与移动广告市场老大谷歌的差距已经很小了，但是，苹果却急流勇退。到底发生了什么？

一、苹果 iAd 的历史

为了更好地回答这个问题，我们需要回顾一下 iAd 的历史乃至 iOS 和 iPhone 的历史。

2007 年，第一代 iPhone 发布，这个是一个划时代的产品，而 2007 年则被后世认为是移动互联网的元年。

2009 年，iPhone3GS 发布，此时移动互联网方兴未艾，前途大好，老对手谷歌仓促应战，盯着妙不可言的 iPhone 一番唏嘘之后，匆匆发布了 Android1.6 正式版，并且推出了搭载 Android 1.6 的手机 HTC Hero（G3）做示范。从此，移动互联网迎来了 iOS 和 Android 双雄争霸的大好局面，后来的事情大家都知道了，两家一起占领了整个手机市场。

2010 年，App Store 上的应用数量达到历史性的 30 万个，移动互联网初具规模，移动广告业务更是前程无忧。于是，北美双雄在移动广告领域针锋相对展开竞赛，竞相收购一家名叫

AdMob 的移动广告平台。对于谷歌而言，广告是其核心业务、核心赛道，志在必得，在 2009 年就开出 7.5 亿美元的天价，并神奇地通过了美国联邦贸易委员会（FTC）的审批，苹果落败而归，但这个收购交易一直到 2010 年 5 月才最终完成。

在得知竞购 Admob 处于不利位置之后，致力于布局移动互联网多赛道的乔布斯退而求其次，于 2010 年以 2.4 亿美元的价格火速收购 Quattro Wireless，凭借以空间（现金）换时间的策略，补齐了自己的广告短板，获得了一张移动互联网广告时代的门票，算是入局了。这笔交易是苹果收购历史上排名前十的收购案，此刻的苹果对于广告赛道志在必得。

从 2011 年始，苹果升级其收购的 Quattro Wireless 广告平台，并改名为 iAd 平台，将其并入自己的 "i" 系列家族，从此开启了 iAd 广告时代，并且一路高歌猛进。在同年的 WWDC 大会上，乔布斯亲自宣布全新的广告平台 iAd 上线，其 logo 如图 1-2 所示，并称其展现次数将达到骇人的每天 10 亿人次。截至 2011 年年底，全球移动广告市场出现了 iAd、Admob、AdSense 三驾马车并驾齐驱的火爆局面。

2011 年，苹果在移动广告市场中抢下了 7% 的市场份额。

2012 年，苹果似有全压在移动广告上的意思，迅速开通了 80 多个国家的业务，比现在 ASA 开放的国家还多（截至 2020 年 12 月底，ASA 在四年的时间里开放至

图 1-2　乔布斯在 WWDC 大会上发布的 iAd 的 logo

60个国家和地区），移动广告市场占有率为15%，最高时曾达到19%。

2014年，移动广告继续呈爆发式增长，同时2014年是移动广告的一个分水岭。欧洲互动广告局（IAB）和全球信息公司IHS Technology发布的一份报告显示：移动端展示广告收入为151亿美元，占移动广告总收入的47.3%。相比之下，移动端搜索广告收入为147亿美元，占46.1%。2014年，全球移动端的广告收入为319亿美元，较2013年的193亿美元增长了65.3%。我们可以看出：2014年，展示广告市场营收首次超越搜索广告市场；而苹果的广告主要是展示广告，其老对手谷歌的广告主要是搜索广告。

2015年，苹果冰火两重天。一方面，智能手机iPhone全球出货量达到历史新高，约2.27亿部，比2014年增长约12%；另一方面，曾经意气风发的广告平台iAd，其市场占有率降到不足2%。

2016年1月19日，苹果宣布将于6月30日关闭iAd。苹果支持页面上建议开发者移除应用中的iAd Framework，因为从7月1日开始，广告将不会被显示。如果开发者的应用内仍然包含停用的iAd API，应用会崩溃。iAd平台关闭后，开发者需要选择第三方广告平台。

iAd来时有多璀璨，走时就有多黯淡，曾经风光无限的iAd就这样悄无声息地退出了历史的舞台，悄悄关闭服务，连一句正式的再见都没有说（如图1-3所示）。

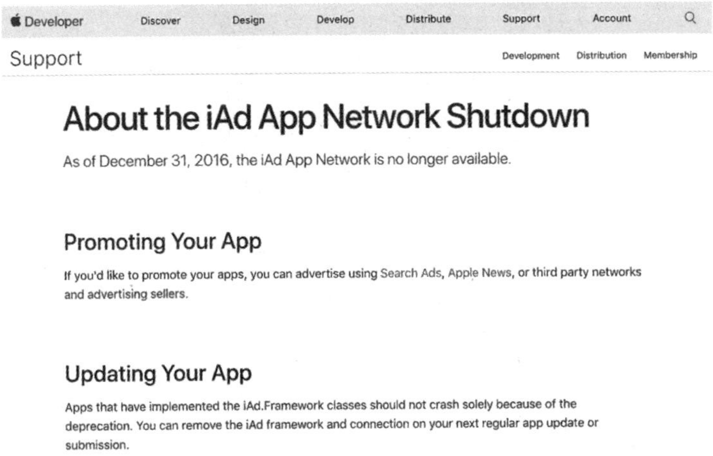
 Developer Discover Design Develop Distribute Support Account

Support Development Distribution Membership

About the iAd App Network Shutdown

As of December 31, 2016, the iAd App Network is no longer available.

Promoting Your App

If you'd like to promote your apps, you can advertise using Search Ads, Apple News, or third party networks and advertising sellers.

Updating Your App

Apps that have implemented the iAd.Framework classes should not crash solely because of the deprecation. You can remove the iAd framework and connection on your next regular app update or submission.

图 1-3 2016 年苹果公司悄然关闭 iAd 服务

二、iAd 关闭的技术原因

本节主要谈谈技术问题，也就是从战术的角度进行分析。iAd 的得失成败主要有两点：一是平台定位，二是媒体资源。

1. 平台定位

苹果从诞生起就散发着浓郁的艺术气息，从产品设计到广告宣传，众多“果粉”为之痴迷。所以 iAd 在娘胎里就被注入了艺术的 DNA，被定位为高端广告平台，用现在的话说就是“高端大气上档次”，当然也隐含着另外一层意思——“不接地气”。这种市场定位策略，现在看来，违背了互联网广告的长尾市场和规模效应的规律。一个成熟的广告平台应该具备双边网络效应，循环滚动，吸附更多的媒体资源和广告主资源。但苹果 iAd 却相背而行，越走越远。

（1）门槛高。

iAd 上品牌广告的广告费用起步价最初为 100 万美元，后来降到40万美元，最后降到10万美元。对于众多品牌来说，这依旧是非常高的门槛。百事、宝马、联合利华等公司都曾经是iAd的客户，但最终都因为费用过高，与iAd渐行渐远，转向其他性价比更高的广告平台。

（2）分成少。

在iAd上，应用开发者，即媒体端（Supply），按照苹果的广告分成政策，仅仅分得广告收入的60%，当时行业的普遍分成比例是70%。而在中国，很多广告平台为了争取开发者，基本上都是将广告费用全部分给开发者，甚至有不同程度的补贴。

（3）效率低。

苹果作为硬件公司，具有很强的艺术气息，特别注重用户体验。在广告业务上，依旧延续这种路径依赖。苹果希望发挥其交互和设计的优势，并且配有专门的创意团队，为大的品牌广告主提供优秀的服务。以前只有4A广告公司做创意设计，现在苹果也掺和进来，使得整个广告服务运行效率低下，也动了某些人的奶酪。同时，iAd在对广告主素材的审核上，要求高、流程长，让很多期盼快节奏的广告主心生不悦。

2. 缺乏核心媒体资源

跟谷歌在媒体资源上的积累不同，苹果是硬件出身，无论是定位，还是对内容的把握都处于下风，具体如下。

（1）缺乏金牌媒体。

苹果在自有应用上没有优势，手机上的预装软件无人问津，默默地躺在桌面上。

（2）媒体资源扩张失败。

对于 App Store 上的开发者，苹果有着天然的优势。起初，开发者为了集成方便，都选择了 iAd 的变现方式。但是，这些长尾流量无法获得稳定填充率。大部分开发者起初没有好的盈利模式，非常依赖广告变现，对于广告平台的根本需求是收入最大化，哪家广告平台的 eCPM（千次广告展示可获得的广告收入）高，就使用哪家平台。在 iAd 和 AdMob 的竞争中，大部分开发者都选择了 AdMob，因为 AdMob 无论是填充率还是 eCPM 都要比 iAd 做得出色。相反，谷歌背靠着传统搜索广告的广告主和大量 AdSense（相关广告）的广告主资源占据了这方面的优势。

总之，流量不够，又不会凑，只能黯然离场。

那么，什么样的广告平台才是成功的平台呢？我们先看一下一个广告平台的核心元素：媒体、广告主、广告平台、数据，如图 1-4 所示。

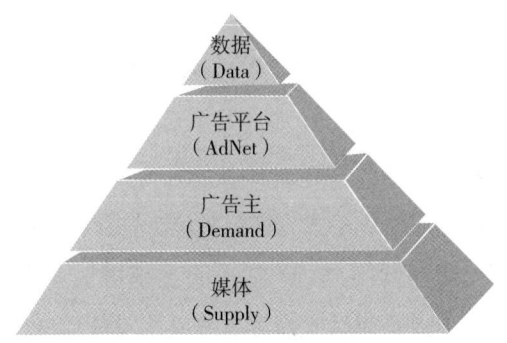

图 1-4　广告平台的核心元素

（1）媒体：媒体供应是平台最基本的元素，是所有事情的基础。广告平台对媒体的整合能力越强，对广告主的吸引力越大。

（2）广告主：广告平台是个双边市场，一边是媒体供应，一边是媒体的需求方——广告主。平台需要有足够多的广告主解决媒体的核心问题——填充率。如果没有排队等待的广告主，没有充沛的广告主资源，不接长尾客户，就是一种落后的商业模式。

（3）广告平台：2010年之后广告业全面进入计算广告时代，一个拼算法的时代，即拼广告点击率预估的精准性，拼系统的可靠性、稳定性，以及广告组织管理的灵活性等。

（4）数据：平台的参与者——广告主、媒体、广告平台是三方博弈关系。广告主追求媒体，媒体追求广告平台的变现能力，广告平台追求广告主的预算。相看两不厌，不是看气质，而是靠数据。谷歌有之前全面的数据积累，而苹果则需要平地造楼，相比较而言，大家更喜欢谁，不难猜到。

在这三个方面，谷歌可谓全面胜出，具体如下。

（1）媒体资源。谷歌自有的媒体资源就很丰富，再通过AdMob优秀的广告变现系统，吸引了大多数应用开发者；而苹果的媒体资源本来就匮乏，加上分成政策不好，体验不佳，填充率不够，媒体资源落败就是时间问题。

（2）广告主。这是谷歌的看家本领，谷歌在全球拥有200万广告主，都绑定在Web端的广告上，如果再加上移动端，就更领先业界；相比较而言，苹果在品牌广告主这里还能勉强维持，长尾广告主就顾不上了。但是移动广告市场就是规模市场，有数量才能有质量，所以双雄之争只是时间问题。

（3）广告平台。这是谷歌和苹果最接近的地方，但谷歌也是有优势的，毕竟计算广告是它的主赛道，而苹果在此没有优势。

（4）数据。数据问题也是个积累的问题，明显还是谷歌的基础更好。

综合这四个方面，本以为是一场伯仲之间的双雄拉力赛，要大战三百回合，结果一个照面就分出了胜负，而且一旦拥有了规模优势，就再难追赶上了，iAd 的关闭也就不难理解了。

三、iAd 关闭的战略原因

硬件厂商应该做广告吗？或者说，广告应该是硬件厂商的主营业务吗？

说实话，这是一个艰难的抉择。一方面，自己明明有那么多的撂荒，有肥肉忍着不吃，实在太难了；另一方面，广告是要破坏用户体验的。即便是英明神武的乔布斯，早期也选择了广告这条商业变现的道路，从他搭建的 iAd 平台的商业企图来看，苹果当时是把广告业务当作主赛道。

然而，事实证明，这不是一次战术失败，而是战略调整、重新认识自己的过程。关于苹果关闭 iAd 在战略层面的考虑，将在下一节进行分析。

第二节　稳扎稳打 ASA

为什么苹果在 2016 年又开启了 ASA，而且是在 iAd 关闭的同一年呢？

2016 年 1 月，苹果关闭了广告平台 iAd，在同年 10 月又开启了广告平台 ASA，如图 1-5 所示。这是内部斗争，还是业务变更？这是一次升级覆盖，还是推倒重来？

图 1-5　苹果搜索广告平台 ASA 上线

一、ASA 的发展历程

我们先回顾一下 ASA 的发展历程。

2016 年 1 月 19 日，苹果在官网宣布关闭 iAd 广告平台。

2016 年 5 月底，央视新闻出人意料地曝光了 App Store 上刷量作假的事情，说要打击 App Store 游戏刷榜。游戏刷榜现象早就存在，央视新闻早不报道晚不报道，偏偏在这个时间节点曝出这个新闻，意在何为？当时我们就看出端倪，并在知乎上预测：苹果要在 App Store 的流量问题上另起炉灶。这一预测在事后得到了验证。

2016 年 6 月 9 日，苹果宣布要上线 ASA。

2016 年 10 月 6 日，苹果开放 ASA 美国本土市场。

2017 年 4 月 26 日，苹果开放了第一语言同为英语的 3 个国家市场：英国、澳大利亚、新西兰。

2017 年 10 月 18 日，苹果首次开放非英语市场，分别是瑞士、墨西哥、加拿大（法语）。

2018 年，乘着世界杯的东风，苹果开放了欧洲诸国（德国、意大利、西班牙、法国）和日韩等足球强国的市场。

2019 年，苹果开始走向全面开放，目前已经开放了 60 多个国家和地区。

有意思的是，截至 2020 年 12 月底，作为苹果最大的 App Store 市场，ASA 在中国区却迟迟未上线，耐人寻味（以 2019 年数据为例，中国市场贡献了 App Store 在全球将近一半的市场份额）。

不过，2020 年 7 月，苹果贴出了 ASA 中国区的招聘启事，同期 ASA 又开通了中文界面，中国区的 ASA 呼之欲出。在本书出版过程中，得知 ASA 将于 2021 年 7 月底在中国大陆上线，一场新变革即将来临。

二、ASA 与 iAd 的不同

同为广告平台，ASA 跟 iAd 有何不同呢？为了方便对比，我列出了几个关键维度，如表 1-1 所示。

表 1-1　ASA 和 iAd 的异同

	ASA	iAd
媒体	自有流量： 目前仅正式开通 App Store 中的流量	综合流量： 既包括苹果自有流量，也包括联盟流量
广告主	仅限 App Store 开发者	无限制
广告平台	ASA 平台	iAd 平台
数据	数据丰富： 理论上拥有 App Store 的全量数据和用户行为偏好数据	数据有限

续表

	ASA	iAd
流程	流程简单： 客户可远程自助服务	流程烦琐： 复杂的广告创意、制作和审核流程
门槛	低门槛： 无保证金，甚至有100美元的测试补贴	高门槛： 最初的门槛值为100万美元，后降至40万美元，最后为10万美元

从中可以看出，ASA 在努力避免 iAd 曾经犯过的错误。

（1）媒体：缩减到最小的一个媒体 App Store 上，同时也是转化效率最高的媒体。

（2）广告主：做了重大调整，取消了设置门槛限制，变成了定向服务，仅仅服务 App Store 上的开发者。这是一个质的变化，后面我们会提到。

（3）简化流程：ASA 流程简化到可以自助服务，远程就可以完成，降低交互，后来为了进一步简化自助投放流程，开设了 Basic 版本，只要输入几个参数，就能开启投放，简单至极。

（4）降低门槛：iAd 时代，最初的门槛是 100 万美元，后来降到 40 万，最后降至 10 万美元。而 ASA 直接就是零门槛，早期为了鼓励开发者，甚至补贴 100 美元让开发者进行测试。

表面上，ASA 在努力克服和弥补过去 iAd 犯的错误；实际上，ASA 跟 iAd 是两个不同的东西，担负着不同的使命。

iAd 的目标是"封疆大吏"，是奔着营收流水去的，是为企业开辟一条新赛道、另外一条增长曲线，担负的是"苹果帝国"增长第二曲线的重任。

而 ASA 是为了维护苹果的统一战线，服务开发者，目标不是营收，而是维持生态的平衡，即帮助开发者更好地获取流量，更好地活下去，是苹果完善其开发者生态的重要组成部分。

站在这个角度，我们就能理解 ASA 的做法。

（1）在媒体上，有所为有所不为。控制媒体的范围，仅围绕以 App Store 为中心的核心媒体做文章，因为开发者在这里。

（2）在广告主方面，ASA 的广告服务只提供给自己的开发者，服务于 App Store 上架的那些产品。他们既是广告主又是开发者。

（3）在门槛方面，对于开发者不设门槛，恨不能手把手教会开发者使用平台，甚至为中小开发者提供傻瓜式的 Search Ads Basic 版本，其目的就是更好地服务开发者，因为如果开发者活得好，苹果就活得更好。

事实上，正是秉承这样的使命，ASA 缩小了服务范围，稳扎稳打，不着急不冒进，营收一直在稳步增加。根据 Appsflyer 的数据，在很多国家和地区，ASA 已经是排名前五的广告平台了。上线仅一年时间，2017 年在北美地区游戏广告买量的榜单上，ASA 位列第四，如图 1-6 所示；2018 年，在北美地区非游戏广告买量榜上排名第三，位列 Facebook Ads 和 Google Ads 之后。

2018 年，ASA 的营收是 5 亿美元，2020 年的营收超过 20 亿美元。如果开放中国市场，根据以往 App Store 的收入估算，ASA 在全球将有超过 50 亿美元的市场规模，中国将独享 20 亿~25 亿美元的规模。

实力排行榜

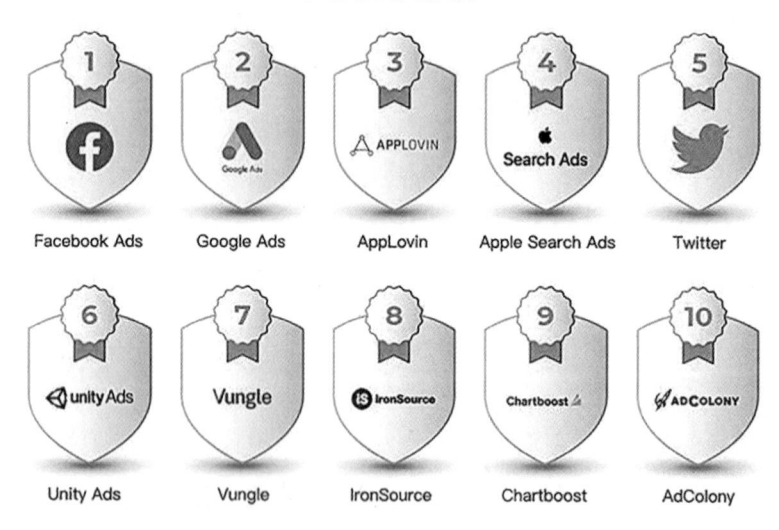

1	Facebook Ads
2	Google Ads
3	AppLovin
4	Apple Search Ads
5	Twitter
6	Unity Ads
7	Vungle
8	IronSource
9	Chartboost
10	AdColony

图 1-6　北美地区游戏广告买量实力排名

目前苹果又在尝试开发 Apple News（如图 1-7 所示）和 Apple Stock 上的广告服务，这些都将逐步加大"统一战线"的影响范围，让苹果生态变得更加健康和均衡。

图 1-7　Apple News 中的广告展示

第三节　从 iAd 到 ASA，苹果的变化

从 iAd 到 ASA，揭示了苹果作为一个硬件公司在商业逻辑方面的探索与踌躇。

应该说，在广告问题上，苹果也走了弯路，从关闭 iAd 到开放 ASA，说明苹果完成了一次内在的战略调整，即广告业务从最初的"封疆大吏"变成了"热心大婶"，从担负营收的流水大户变成了团结开发者、服务开发者的"统一战线"。

在此之前，苹果并没有这么清晰的思路，这个策略是演化出来的。按照乔布斯生前的愿景，iAd 和 App Store 都是苹果的战略级产品，是生态级产品。事实上，广告业务作为一个利润丰厚的现金流业务，非常诱人。十年前乔布斯的那个策略并没有太大的问题。

毕竟，谁也不是神仙，乔布斯也不例外，一次失利丝毫不影响乔布斯的盛名，相反，它提醒人们凡事都要实事求是，正确的决策要从实践中来。

在广告业务实践过程中，硬件公司与广告业务之间往往格格不入。一方面，提高广告的效率必然涉及用户隐私，这与硬件厂商的长远利益不符；另一方面，广告的出现必然影响用户体验，从长远看不符合用户的长远利益，也就不符合硬件厂商的利益。

广告与服务是左右互搏、此消彼长的两个业务。苹果公司经过长期实践，用惨痛的教训证明了这条路的艰险。从 2017 年 iPhone 销售见顶之后，苹果内部显现出硬件和服务的双核

战略并做出相应的调整；但是到了 2020 年，苹果再次调整了策略，回到硬件为本的位置上，持续加强硬件的厚度，但这次是新硬件，是要重新定义硬件公司的节奏。简单地说，硬件公司的逻辑是：硬件第一，服务第二，内容第三，广告第四。

另一个更为重要的因素是时代变了。随着数字化的不断深入，互联网对人的生活和生产方式的塑造越来越深刻，关于数据保护、隐私保护的问题越发尖锐，关于人与机器的伦理关系一直在探讨和博弈之中。

数据安全和隐私保护过去是一个技术问题和利益问题，现在已经变成了一个伦理问题。各个国家在立法层面经过长期博弈，在"人是目的，还是工具"的问题上渐渐地达成部分共识。即，人是目的，数字世界的个人数据属于个人，而平台对数据的保护有无限的责任。无论是欧盟的《通用数据保护条例》（GDPR）、美国加州的《消费者隐私权法案》（CCPA），还是中国将要制定的个人信息保护法、数据安全法，都毫无疑问地在限制对用户隐私数据的使用。

显然，这对广告业务而言是利空的。比如，2020 年 iOS14 的 IDFA 事件就搅得周天寒彻，数字广告界一片哀嚎。

面向数字化的未来，苹果向左，谷歌向右。

战争并没有结束。

第二章

搜完就走的 App Store，要走头条路？！

> 本章摘要：苹果广告生态的核心是 App Store，要想玩转苹果的流量，就要玩转 App Store；要想玩转 App Store，就要知道 App Store 未来的变化；要想知道 App Store 未来的走向，就要了解 App Store 的变革历程。本章主要介绍 App Store 的前世今生和"王朝中兴"。

自 2008 年 7 月 11 日 App Store 发布以来，它一直在变化，从界面到交互，从规则到算法，从小改动到大改版，很多地方没有通知，说变就变，甚至可以说是朝令夕改。这也是很多 ASO 优化师和运营人员非常困惑的地方。然而太阳底下没有新鲜事，App Store 看似眼花缭乱的表象，实际上是由于苹果在左右两条道路上犹豫不决，左边是谷歌的"搜完就走"的效率之路，右边是头条的"来了就别走"的时间黑洞之路。

第一节　记 App Store 的一次大改版

我们从 App Store 历史上最大的一次改版说起。

时间回到 2017 年 6 月 6 日，在这一天，苹果发布了新版操作系统 iOS11，本次新发布的 App Store 是自苹果 2008 年开通 App Store 以来最大的一次改版。改版的力度和尺度都是史无前例的，其变化后的风格和基调一直延续到现在，包括 2020

年发布的 iOS14 也是这种基调的延续。2017 年 App Store 的改版不是一次运营级别的变化，而是一次产品级别的变化，是战略级别的调整。

我们可以直观地发现：自 2017 年开始，新版 App Store 增加了多个新元素：故事（Story 或其他中文名字）、开发者专栏、订阅项目（也叫订购）、置顶广告（在部分国家开放）。其中中国区"故事"元素如图 2-1 所示，遍及众多搜索结果页中。

图 2-1 App Store 上的新元素"故事"

中国区的"订阅项目"如图 2-2 所示，出现在很多搜索结果页中。

在 App Store 的产品结果中新增了搜索广告（AD）、开发者专栏（Developer）、故事（Story）、订阅项目（Subscription）四个元素。新版跟旧版的产品结构对比如图 2-3 所示。

图 2-2 App Store 上的"订阅项目"

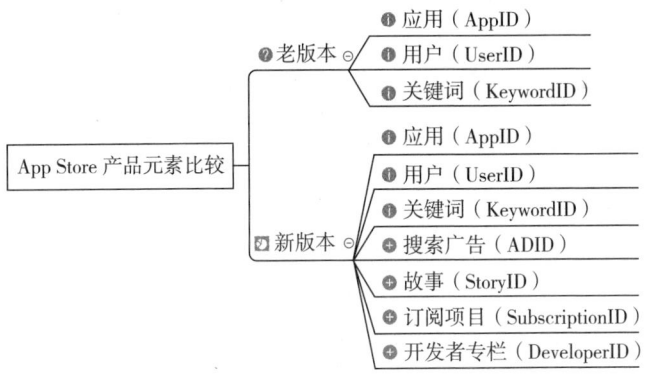

图 2-3 新版 App Store 在信息元素上的变化

产品结构的调整意味着什么？在此，以国内的新浪微博为例，插播一个背景小知识，帮助大家理解产品结构和元素的调整意味着什么。2009 年的微博以摧枯拉朽之势横扫当时所有内容类产品，如天涯、贴吧、猫扑、榕树下等。这些内容类产品曾经如日中天，现在要么销声匿迹，要么奄奄一息。这不是个体之间的竞争，而是物种之间的碾压，是天选之争。物种之间的竞争就是如此残酷。新浪微博（模仿海外的 Twitter）就是那个时代的新物种。新浪微博能够胜出的因素有很多，诸如：运营、媒体优势、时机，等等，但最核心的一条是其产品结构的变化，而产品结构决定了它是什么物种，如图 2-4 所示。

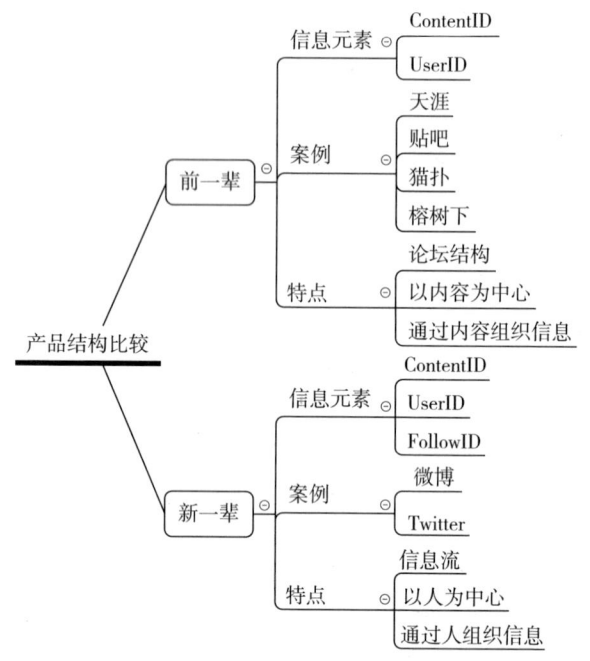

```
                    ┌─ 信息元素 ─┬─ ContentID
                    │            └─ UserID
                    │
                    │            ┌─ 天涯
          ┌─ 前一辈 ─┼─ 案例 ────┼─ 贴吧
          │         │            ├─ 猫扑
          │         │            └─ 榕树下
          │         │
          │         │            ┌─ 论坛结构
          │         └─ 特点 ─────┼─ 以内容为中心
产品结构比较│                    └─ 通过内容组织信息
          │
          │         ┌─ 信息元素 ─┬─ ContentID
          │         │            ├─ UserID
          │         │            └─ FollowID
          │         │
          └─ 新一辈 ─┼─ 案例 ────┬─ 微博
                    │            └─ Twitter
                    │
                    │            ┌─ 信息流
                    └─ 特点 ─────┼─ 以人为中心
                                 └─ 通过人组织信息
```

图 2-4　微博跟论坛产品在信息元素上的比较

新浪微博跟过去所有的社区类产品相比，最大的变化是在结构上增加了一个新的元素——关注（Follow），即一个节点（Node）对另外一个节点（Node）的关注。通过关注这个简单的元素，将所有节点，包括人和内容在内的信息组织在一起，这是一种全新的信息组织结构，从以内容为中心的组织方式变成了以人为中心的信息组织方式，从而以新物种的面貌登上了历史的舞台。

"天若有情天亦老，物种碾压是沧桑"。以人为中心的信息组织方式碾压以内容为中心的组织方式，只是一个时间问题。

回到 App Store，其改版一次性增加了四个新的元素，意味着 App Store 的定位发生了微妙的变化——从工具化迈向媒体化。

什么是工具化？

工具化理念的典范就是当年的 Google。Google 曾宣称：搜索引擎的理念是"搜完就走"。App Store 早期的哲学就是"下（载）完就走"，讲究的是流量分发的效率，即对用户输入的搜索词（Search Word）进行解读，理解其最可能的意图，然后给出用户最想要的那个 App 的列表。

App Store 改版为什么要做这么大的调整？

第二节　苹果的心态：生于忧患，死于安乐

"不谋万世者不足谋一时，不谋全局者不足谋一域。"

要想理解苹果的所作所为，我们需要调整看问题的视角，一方面要回到全局视角，另一方面要回到苹果视角。全局视角是指回到苹果所处的竞争环境，读懂当代科技巨头之间合纵连横、既有竞争又有合作的博弈局面。回到苹果视角是指体会苹果的处境、危机及其战略意图。科技巨头并非大家想象的"岁月静好、貌美如花"。相反，凡是能够不断跨越时代、与时俱进的科技公司，都遵循"生于忧患，死于安乐"的生存准则。无论是早期的比尔·盖茨领导下"距离破产永远只有 18 个月"的

微软，还是巅峰时期就喊出"华为的冬天"的华为，以及时下年轻人戏称的"苹果爸爸"，都时刻保持对环境变化的危机感。我们换个角度，重新审视一下如履薄冰、颤颤巍巍的苹果所面临的局面。总的来说不外乎四个问题（如图 2-5 所示）：内忧，外患，后有追兵，前有堵截。

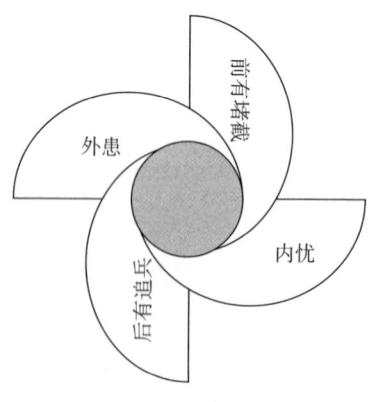

图 2-5 苹果所处的环境

一、内忧

App Store 最大的内部隐患是 App 的阶层固化。

经济发展导致贫富分化，我们的舆论环境中充斥着各种关于社会阶层固化的反思与警示，但若与 App Store 中 App 阶层的分化和固化相比较，人类社会的贫富不均简直就是天堂。比如，在 App Store 中，占总数比例不到 0.1% 的 App，分走了 80% 以上的流量。

以微信、抖音等为例，不仅长期霸占 App Store 下载的流量入口，而且其产品本身像时间黑洞一样在吞噬用户的一切。微信这样的应用程序，已经不是一个简单的应用程序，不再符合苹果对 App 的定义了。它已经变成一个新的平台、新的生态，有翻过身来"挟用户以令苹果"的趋势了。事实上，腾讯就微信公众号付费的分成问题，跟苹果打过一场官司，足见苹果面对生态内崛起的超级 App 的无奈。

二、外患

以"安卓+高通"为基础的另一个阵营中，像小米、三星、华为、OPPO、vivo 这些企业也在自己的创新路上一路狂奔。各种硬件上的突破、版本的升级层出不穷，市场策略上采取了农村包围城市的路线，在新兴市场，像南亚、东南亚等地区势如破竹。在高端市场，除了三星，又增加了像华为、小米这样无孔不入的对手。逆水行舟，不进则退。2019 年的数据表明，在中国，苹果的出货量市场占比已经降到了 7.5%，如图 2-6 所示。而 2020 年三季度全球智能手机出货量的中国大陆数据显示，苹果排在了三星、华为和小米之后。

中国大陆智能手机出货量和年增长情况

厂商	2019 出货量（百万）	2019 市场份额	2018 出货量（百万）	2018 市场份额	年增长
华为	142.0	38.5%	104.8	26.5%	+35%
OPPO	65.7	17.8%	79.3	20.1%	-17%
vivo	62.7	17.0%	77.6	19.6%	-19%
小米	38.8	10.5%	49.1	12.4%	-21%
苹果	27.5	7.5%	34.6	8.7%	-21%
其他	32.0	8.7%	50.1	12.7%	-36%
累计	368.6	100.0%	395.5	100.0%	-7%

canalys

图 2-6　2019 年度中国大陆智能手机出货量和年增长情况

三、后有追兵

这里的追兵指的是以华尔街为代表的资本市场。高管们钱包的厚薄与资本市场的估值高低成正相关。在我们看来，苹果公司是如此庞大的帝国，市值超过2万亿美元，而高管们依然要向资本市场不断地证明公司还可以增长，还可以变现，商业效率还在不断地提升。所以，苹果其实背着一个很大的包袱，那就是在不影响用户体验的前提下还能够实现盈利，实现业务增长，实现净利润的提升。而硬件市场增长红利停止，iPhone的销售已趋于饱和，而其他产品无论是Watch、iPad都无法满足资本的期望，唯有服务的增长让投资者能看到点希望，但想托住苹果的股价依然面临巨大的考验。在资本市场里，不增长、不出彩就有可能出局。

四、前有堵截

最让苹果管理层揪心的还不是前三个因素，而是下一个平台、下一个协作系统是什么样子，现在谁都不知道。我们经历了"Micro+Intel"的互联网平台时代，也经历了"iPhone+高通/Android+高通"的移动互联网时代，两个平台是所有互联网业务衍生的基础，也是这两拨互联网浪潮的最大赢家。问题是在移动互联网红利殆尽的情况下，下一个平台是什么样子，又由谁来主导，这些都是悬而未决的事情。

所以在人工智能、AR、Iot、5G等未来领域，各巨头逐鹿中原，都在投入重金豪赌铺路，构建属于自己的下一代生态系统。Amazon、Facebook、Google、Microsoft、IBM，都在这方面投入巨大，用于研发、公关和生态布局。

比如提起 AI，我们每个人首先想到的是谷歌，谷歌无论是自动驾驶，还是深度学习——构建了 TensorFlow 系统，曾经是未来的代名词。Amazon 2020 年推出了 Echo 智能音箱和 Alexa 生态，也在隐隐约约成为另外一个平台。又如微软，虽然 Windows 之后"屡战屡败"，但就是轻伤不下赌桌，从浏览器、搜索、社交、智能手机，一直赌到人工智能，在 TikTok 并购中的跃跃欲试更是力证。在语音识别、图像识别、机器人等领域，没有一家公司敢轻视微软。微软的 HoloLens 等 AR 设备也是非常值得期待的。

再如东方的科技力量，其中的代表就是华为，华为的鸿蒙（Harmony）是面向未来的操作系统，如果成功，将重新定义未来 IT 的边疆。华为走到今天真是迫不得已，不仅华为如此，其实谷歌、苹果同样如此。

对于华为来说，这条路凶险无比，九死一生。谁不愿意搭着顺风车，吃着火锅，就把钱挣了？现实逼着华为放弃 Android，开辟自己的根据地鸿蒙生态，这应该就是华为未来的根据地，可谓"路漫漫其修远兮"。

谷歌也不愿意，本来华为是自己生态上的一块大肥肉，非要将其赶出去，最后逼得人家自立门户、另起炉灶，万一对方成功了，就成了自己强大的竞争对手，弄不好还要倒了自己的灶。

以目前鸿蒙的状态看，建立一个新的生态，不单是技术问题，也不单是人才问题，而是一个生态问题、信用问题、时间问题。短期之内，比如 2~3 年，不能期望有什么大起色，即便成功也是 5 年之后的事情了。为什么呢？因为这是生态，需要别人信任你。比如，有一群开发者，勉强维持生计，他们在苹果的现有生态中尚可活个温饱，如果让他们投入华为的生态中开发一个游戏，即便他们再有民族情怀，也得考虑吃饭的问题。他们关心的是华为的生态中有没有流量、用户。而华为的用户未必会用鸿蒙操作系统，因为用户会关心这上面有没有微信、支付宝、淘宝、美团。

说回到苹果，面对未来的渺茫，苹果不得不有所考虑。虽然苹果在我们面前是一个巨无霸，但是放在资本市场面前，放在下一代的生态系统面前，它依然是那个幸运儿吗？

第三节　App Store 的思路与策略

一、策略概览

当再次面临企业中兴问题时，苹果该何去何从呢？自 2017 年始，苹果给出了解决方案，并一直遵循着这个思路。作为一个生态的控制者，苹果每做一次政策上的改变都不是简单的，而是一套组合拳，是一系列有组织、有目的的战略战术安排，体现在营销、产品、生态建设、营收增长等各个方面。

为了简化问题，我们把苹果自 2017 年以来在 App Store 上的策略分为三部分。第一部分是吃好碗里的，第二部分是盯紧锅里的，第三部分叫琢磨田里的，如图 2-7 所示。

什么叫吃好碗里的呢？就是经营好 App Store 现成的流量，即要加快现有流量的商业化和提高变现效率。第二部分叫盯紧锅里的，就是关注马上要发生的那些事情，或已经发生了，

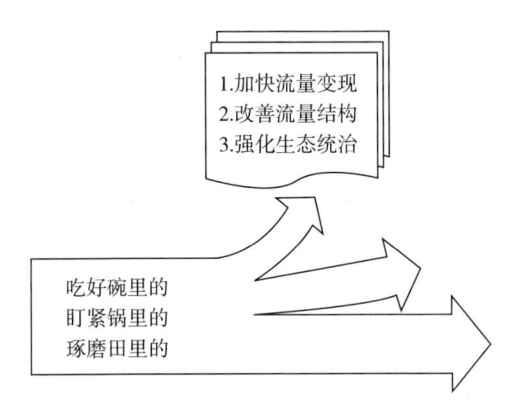

图 2-7　App Store 改版策略示意图

或有了苗头，已经进入业务阶段了。第三部分叫琢磨田里的，即思考明年的耕种、肥料，还要考虑明年的雨水情况等。限于篇幅，本节只谈第一部分：吃好碗里的。

二、问题分析

开发者正在离去。App Store 面临的生态危机，其关键词是之前提到的 App 两极分化。

App 两极分化极其严重，如微信、抖音、王者荣耀这种超级 App 轮流霸榜，把流量吃干抹净。而小的 App 已经没有机会了，这其实才是苹果的心头大患。

这会导致什么样的结果呢？树倒猢狲散，开发者正在离去，队伍不好带了。良鸟择木而栖，由于开发者在 App 上挣不到钱，得不到影响力，所以纷纷逃离。有投奔微信的，因为微信说小程序有搞头，然后呼呼带跑了一帮人跟着搞小程序了；还有一帮人呼吁大家搞 AI，无数的开发者、程序员开始报各种培训班研究机器学习、深度学习；谷歌也在招手，说我这有

TensorFlow，大家来跟我一起玩吧；更有其他巨头在VR、AR等各个平台上提供开发支持。这些有技术、有能力的开发者纷纷逃离苹果，这是苹果不愿见到的。

那怎么办呢？我们换一个视角。这种问题不是今天才发生的，而是已经存在了几千年。当欧洲大陆还停留在中世纪的黑暗当中，当美洲大陆还处于蒙昧状态的时候，我们中华民族的祖先早已探索出了这条路——"治大国如烹小鲜"。一共有两种办法，第一种办法是推举制，比如举孝廉；第二种办法叫科举制，是一种更公正的手段。我们的祖先通过这两种办法来打开底层人士上升的通道。科举制大家都知道，自从隋唐开国以来，雄才大略的隋文帝、唐太宗开始推行科举制之后就不断尝到甜头，因为它给底层人以希望，让阶层实现了流动，而且不断地把社会精英从底层抽上来，让普通人有希望、上层人有压力，让国家得以平稳发展。

苹果也是这个思路：打破阶层固化，激发生态活力。反映在策略上就是两个：第一，给中小开发者（底层开发者）更多的机会；第二，从大家伙身上挣更多的钱，这也是这次App Store改版的核心要素。那么具体药方是怎样的呢？

苹果在App Store上的整体策略分两部分，第一部分是改变外部流量结构，第二部分是改变内部流量结构。

三、解决方案

改变外部流量结构，其实是App Store媒体化，即改变整个App Store的定义，过去的App Store有点像谷歌，"用完即走"。但是苹果现在想给它一个新的定位，加大用户对它的依赖，提升其黏性，让它变得更像一个媒体，比如今日推荐（Today）是日更新，画面美观，更像今日头条，更像Pinterest（拼趣，美国图片社交网站），这是第一个变化。苹果也毫不讳言地宣称组建了一个庞大的编辑团队来做这一块的运营。

改变App Store内部流量结构，由三部分构成。

第一部分，扶持中小开发者。苹果通过各种推荐的方式（如今日推荐、游戏推荐）把大量的流量留给中小App。

App Store由过去的以周为频次的推荐，变成了每天不断地推出更优质的App，而且界面非常漂亮。即使在内部流量的分配上，也更偏重于编辑推荐的中小创意App。

过去的内部流量分布结构大概是搜索占65%，精品推荐占10%，榜单占25%；而未来希望变成搜索占60%，Today占20%（甚至更多），其他占20%。

第二部分，更强调营收和转化。

苹果为什么要把游戏这个大分类从一个子栏目提升到一个主要流量入口，其实就是要解决营收问题，因为这一块给苹果带来了超过70%的付费营收。把它提出来，一方面给自己挣钱，另一方面也是给开发者一个信号：我会让你挣钱变得更容易。详情页的变化也在强调这一点，可以直接实现购买，在App外即能完成，意在流量来了后能快速地吸收转化。

第三部分，劫富济"苹"。

这招说白了，就是搜索广告。ASA广告是个置顶广告，品效兼备。ASA的出台既可以加强各个头部App之间的竞争，劫富济"苹"，也可以把合适的流量导向合适的开发者。

第四节　Today 改变内外部流量结构

App Store 中的 Today 是苹果改变其内外部流量结构的妙手。如图 2-8 所示，App Store 自 2017 年在界面首要位置设置了 Today 菜单。

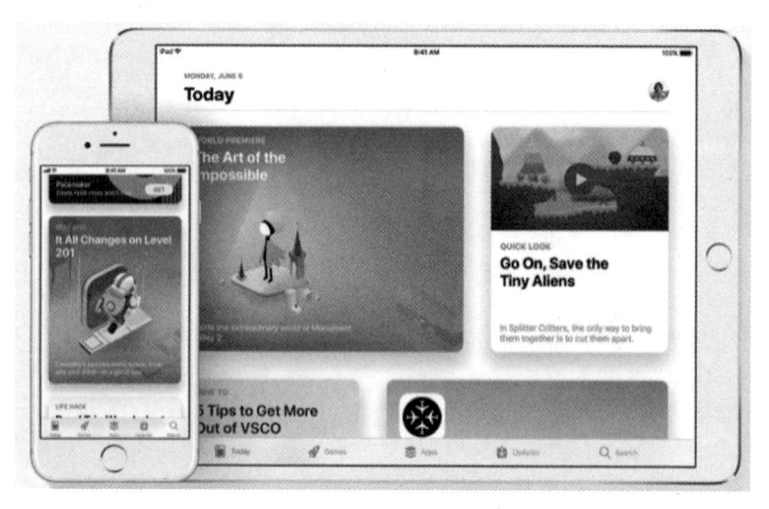

图 2-8　App Store 在 2017 年的大改版

一、Today 改变外部流量结构

Today 要改变的是用户对 App Store 的认知，从过去的"搜"到现在的"刷"，从原来被动地等用户，变成主动地推送新内容、新 App 给用户。

Today 制作精良，一天一更，具有很高的视觉享受价值，担负着 App Store 媒体化的第一使命。用户觉得它非常漂亮，就像 Pinterest 一样。其内容又像今日头条一样，而且每天都在更新，未来甚至可以做个性化推荐，那么用户就会不断地投入精力浏览这些推送内容。App Store 过去只有下载功能，如今下载和浏览功能兼备，这是其结构性的一个变化。

Today 的使命在于提高用户打开 App Store 的频次和停留时长，而这个时长就是从外部流量中争取来的，从而改变了外部流量结构。

二、Today 改变内部流量结构

Today 还顺道参与了 App Store 内部流量结构的改造。Today 挖掘、发现有创新的 App，就是给中小底层 App 一些机会，赋予其流量。只要 App 符合苹果的导向，有利于苹果未来的生态战略，苹果就把流量给它。Today 一天的推荐流量就可以让一个产品扬名立万。

总的来说，苹果在 Today 上寄托了很高的希望，借助 Today 做了很多商业探索和产品探索。

三、妙手 Today

Today 的功效，可谓一石三鸟。

第一，它通过不断的媒体化，改变了用户对 App Store 的认知，增加了用户打开它的频次，让更多的用户点进来，停留更长的时间。

第二，改变内部流量结构，源源不断地给中小开发者导流量，把他们团结在自己的生态之下。

第三，未雨绸缪，为 AI 和 AR 做准备，即盯紧锅里的部分，这是后话，在此不展开论述。

第五节 App Store 的变化对 iOS 流量运营玩法的影响

所有的 ASO 玩法都是基于苹果和 App Store 的规则。App Store 改版必然造成 ASO 玩法的变化。变化分为两种，一种是基础 ASO 优化部分，另一种是干预型 ASO 部分。

基础 ASO 优化就是基础元数据优化，是非干预型 ASO，改版对其影响是比较小的。主要是关键词覆盖有了一些新玩法空间，比如标题、描述。另外，给了开发者更多的施展空间：评分、评论、视频、推荐语等，特别是订阅部分有很大的运营空间。关于这部分内容，后续有专门的章节进行详细介绍。

干预型 ASO 分两种，一种是以优化榜单为主的 ASO，这个实际上业界是有共识的，除了游戏冲榜，改版带来的影响基本上属于毁灭性打击。质量低劣的游戏在未来的 App Store 内生存空间再次被压缩，榜单入口的降级和分散，加上取消畅销榜，使得榜单，特别是应用榜单对用户的吸引力再次被削弱，冲榜行为已成明日黄花。另一种是以刷词为主的 ASO，随着置顶 ASA 广告的出现，外加"故事"等元素的出现，给搜索结果页的顺序带来结构性的影响，极大地压缩了积分墙的使用空间，而 ASA 归因数据又可以为开发者提供基于关键词的转化效果的数据，从而延长了积分墙的生命周期。

然而，随着环境的变化、技术的演进，新事物的出现，比如 App Clips，也会给 App Store 带来持续的变化。关于 App Store 跟 App Clips 的关系，后面有单独的一章来分析苹果未来的变化。

第三章
末路狂花：野蛮生长的 ASO

> **本章概要**：本章主要内容是回顾过去十年在中国移动互联网上野蛮生长的 ASO 玩法。只有深入了解历史，才能去除糟粕、取其精华，才能看清 iOS 流量运营的方法论和正途。由于 iOS 用户在 ARPU 值、ROI 等用户质量方面表现突出，开发者在 iOS 获量上很下功夫，而 iOS 获量的主要运营方法就是 ASO。ASO 在中国的发展经历了两个阶段，一个是冲榜阶段，由于榜单带量效果好，2015 年及以前积分墙可以快速提升榜单排名，通过高榜位吸引用户下载；另一个是刷词阶段，随着榜单的优化环境和作用弱化，相比之下关键词带量效果好，2016 年以后主要靠优化重点关键词排名获取自然流量。

在介绍中国移动互联网特色 ASO 玩法之前，先从一个问题开始：开发者对 ASO 怎么看？回答是：ASO 既重要又矛盾丛生。

所谓重要，是指在中国，对于很多开发者来说，iOS 平台以不到 20% 的市场存量，贡献了将近 50% 的营收，利润贡献更是超过 50%，可谓"得 Android 者得用户，而得 iOS 者得利润"。iOS 端的流量运营导向在于放大利润空间，锁定胜利果实。

所谓矛盾丛生，是指 iOS 流量虽好，却令很多开发者无能为力。iOS 流量运营过去只有两条路子，一条是关键词覆盖和素材优化，即所谓的基础型ASO；另一条是具有中国移动互联网特色的干预型ASO，在这条路上，由于监管滞后于技术发展，存在一定的灰色地带。

过去十年中，中国移动互联网来势之猛之快，始料未及，以至于在高速发展中产生了各种各样的ASO运营方法，俗称"玩法"。由开发者、ASO服务商、机刷工作室、积分墙媒体，以及激励用户组成的市场，诞生了基础型ASO玩法和干预型玩法，甚至发展出带有一定作弊性质的灰色地带。随着苹果监管的加强，灰色地带正以肉眼可见的速度不断萎缩乃至消亡。

国内ASO运营经历了两个阶段，一个是早期带有冲榜性质的ASO，另一个是中后期带有刷词性质的ASO。

第一节　早期阶段

在ASO的早期，发展出关键词优化、ASO素材优化制作等一些比较朴素的ASO方法论，其中的部分方法论在第四章中有详细介绍，读者可以参考其中关键词覆盖优化部分的内容。除了关键词覆盖优化，还有一种运营方法叫作榜单优化。

什么叫榜单优化呢？简单地说，就是通过提升App在榜单中的排名，包括总榜和分类榜，让用户更容易发现自己，从而获得更多的下载用户。这样的App Store流量运作方式，在特定的范围内被称为榜单优化，也叫冲榜或刷榜。

我们知道，在榜单中，排名第一的App和排名第十的App，被用户发现的概率是不一样的。显然，排名越靠前，越容易被用户发现。

虽然App Store榜单优化发展得比刷词早，但在国内并不是一个新鲜事儿。早在十多年前的移动梦网时代，也就是中国移动（CMCC）引领的SP（服务提供商，Service Provider）时代，就有不法分子为SP的WAP（无线应用协议，Wireless Application Protocol）业务提供"自消费"服务了。WAP业务相当于今天的App的订阅服务，WAP榜单的排名决定了流量和用户的订阅量，只是那时候还没有4G，也没有3G，而是2G和2.5G，即以GPRS和EDGE为主的数据传输方式。

当时这个玩法叫作"自消费"，由于监管滞后于技术的发展，在这个时间窗口里"发展"出完整的刷榜产业链，从卡源到设备、从黑客或独立IT工作者到工作室，自消费作为协作体系"日臻完善"。那么，如何提升App在App Store中榜单的排名呢？

与梦网时代的"自消费"方法一样，通过一些手段与合作，增加iOS用户在某一个时间段内的下载量，让苹果系统"认为"这个App很受欢迎，从而提升其排名。

经过一段时间的观察与测试，ASO的玩家发现了苹果更新榜单的规律，甚至推导出苹果更新榜单排名的模拟近似公式，然后按照这个公式，在"合适"的时间，用"合适"的方式吸引"合适"数量的用户来下载App，这样就用比较低的成本使自己的App在榜单排名中得到比较大的提升，而排名提升会导致自然用户的增加。

当时，为了降低吸引用户的成本，不同的供应商采取不同的方法和手段。有的是通过社群运营、论坛运营，号召社会闲散力量来参与下载。有的是通过软件开发工具包（SDK）技术，与其他游戏应用中的用户合作，即用户完成任何一个指定下载，则可以得到游戏内的道具奖励，后来发展成为虚拟货币奖励，俗称"积分墙"。再到后来又发展出专职做虚拟奖励的媒介，他们不仅对接游戏，吸纳游戏用户完成任务，也开始以一个媒体形式出现，吸收社会上的闲散劳动力到他们的媒体上做"任务"，即下载指定的 App。

所谓"专业"的积分墙后来发展成为媒体 App，就是一些"专业"公司在社群运营、论坛运营和游戏奖励等基础上，建立一套更为系统的激励机制，在更大的范围内号召和鼓励用户做"任务"得奖励。

通过这种方式，积分墙公司可以在短时间内将下载供应（由闲散劳动力组成的下载主力军）组织起来，聚集到某一个时间段内某一个 App 的某一个词的下载中，触动苹果的算法系统，让苹果"认为"这个关键词与这个 App 的相关度很高，在下一个更新周期内提升这个关键词下该 App 的搜索排名。反过来，因为该 App 在这个关键词搜索排名中的提升，从而得到更多的曝光机会，进而得到更多的自然流量，即真实用户的下载。

更有甚者，为了降低成本，开始研究和破解 App Store 的规则和通信协议，产生了所谓的"机刷工作室"。

在这个灰色产业生态中，开发者即 App 的拥有者是需求方，而供应方则是一个体系，由服务商、机刷工作室、协议研究工作室、二手 iPhone 产业链等构成。

服务商负责为开发者提供所谓的"冲榜服务",制订总体的提升计划——什么样的 App,什么榜单,在什么时间范围内,从什么位置提升到什么位置,保持多少天,服务费用报价为多少等。服务商再做方案拆分,做冲榜计划——什么时间段,需要打多少量。然后再向机刷工作室、积分墙等媒体采购"量",俗称"采量"。

在机刷工作室这个灰色地带,历史上也产生了两种不同的方式,一种是机刷,另一种是协议刷。

所谓机刷,就是用真机机器模拟人的行为,到指定的位置和链接上,下载指定的 App,并完成安装、激活、试用等一系列操作。所谓真机,就是用真实的 iPhone 设备,一般是二手的 iPhone 手机。如图 3-1 所示,就是一个流传甚广的机刷工作室照片。

图 3-1 机刷工作室

协议刷，其基本原理是破解 App Store 的通信报文协议，利用多地服务器及各地区 VPN 模拟用户行为，是当时"最高明"的机刷技术，因为这种方式连 iPhone 设备都不用，运营成本低，市场供应充足，但后来随着 App Store 系统的升级和完善补丁以及公安机关的介入执法和一些不法分子落网，这种漏洞从技术和法律层面基本被封死了。

而机刷之外还有一种"肉刷"。机刷和"肉刷"的模拟操作都是在真实的 iPhone 上完成的，不同的是，"肉刷"需要人工参与点击完成；而机刷则通过脚本技术实现指向性行为的自动化，自动完成点击、下载、检测、激活，并打开某个页面，停留一段时间，这些过程都可以用程序脚本控制。

冲榜的玩法主要发生在 2011—2013 年，其存在一方面跟媒体环境和用户的行为习惯有很大的关系，另一方面跟苹果的监管滞后于技术和业务发展有一定的关系。

那个时期是移动互联网的早期，用户比较被动，iPhone 作为一个新鲜玩意儿，特别是 App Store，还是非常先锋、非常时髦的，是整个移动互联网的信息源头。用户不仅可选择的信息有限，而且对榜单推荐非常信任和依赖，这个时候，流量都在榜单上。

然而，社交媒体很快就繁荣起来，Facebook、Twitter、微博、人人网、Qzone 逐渐崛起。于是，ASO 进入第二阶段。

第二节　刷词的红利期

2013 年，由于社交媒体的兴起，用户获取信息的渠道发生了变化，其信息更多来自社交媒体（Qzone、Facebook、Twitter、微博等），对新应用的发现也来自社交网络。

这时候，App Store 上的流量分布也发生了变化。用户更多地通过搜索来获取 App，不再单纯地跟随榜单推荐。这是用户环境的变化。

这个时间大概是 2014—2017 年，苹果的官方数据表明：65%以上的下载量来自搜索。随着苹果出货量的加大，App Store 的数据量级也变得非常大，到后期榜单已经刷不动了，或者说"得不偿失"。除了少量的分类榜（诸如付费榜）还会再刷，优化榜单的玩法告一段落。于是，ASO 的玩法由优化榜单（也叫刷榜）变成了刷词（也叫刷关键词）。

此时，还出现了一个需求端的变化，那就是资本泡沫注入移动互联网产业中，创业者和资本蜂拥而入，一方面似乎有烧不完的钱，另一方面各个赛道的开发者（广告主）只有一个胜出，而且赢家通吃，导致开发者在购买流量的问题上失去理性：在购买流量上不计成本，同时由于企业快速发展，内部管理跟不上，从而给鱼龙混杂的 ASO 行业提供了"生存"的土壤。

刷词成为 ASO 的核心玩法是由多个条件促成的。一方面，流量在这里，用户在这里，所以广告主的需求就在这里；另一方面，供应也在这里。

前面一节提到，在早期发展出的一些社群、游戏 SDK 以及"专业"的积分墙媒体，为刷词的需求提供了大量的供应。它们既然能在一个指定的时间段到榜单上下载某个 App，也能在一个指定的时间段搜索某个关键词，然后点击下载某个 App。

运营这股下载力量和流量渐渐地形成一个专业分工，从

ASO 基础优化中分离出来。迄今为止,苹果尚未定义其性质,仍将其作为正常的用户流量看待。事实上,这些用户在下载、完成了激励任务之后,仍有不少比例的用户持续使用该 App,有打开、浏览、付费等关键行为。所以,这些用户的下载依然被认为是真实的下载。但是,专业组织和运营的"媒体"未来就不好说了,它们需要不断调整来适应苹果的新规则,否则可能成为被监管的对象。

这个领域的灰色地带依然在"机刷工作室",工作室与苹果的监管在某种程度上就像猫和老鼠,在苹果的监管之下,工作室的机刷业务被压缩,于是它们"研究"出一套刷词的"方法论"——刷词的成本可以预先评估,成本可控,效果可见;刷词这项活动变得可以交易,其效果虽然不能直接量化,但可以间接量化,即关键词搜索结果排名的变化,所以这个交易可以交付,可以核销。

在某段时间,由于苹果的监管滞后,刷词的供应端主要来源于机刷,导致积分墙业务一度萎缩,后来随着苹果监管的加强以及公安执法力度的加大,机刷被打击得很厉害。随着互联网红利过去,广告主支付能力和支付意愿下降,积分墙的成本就显得比较高,所以积分墙和机刷又呈现出勾兑的趋势。

回到 ASO 的玩法上,在这个时期 App Store 的流量回到了搜索,而搜索关键词的流量又落到了排名前三的 App 上,它们大概能瓜分超过 90% 的用户搜索流量。因此,广告主的需求都是在某个时间段让自己的 App 进入某个关键词的前三名。那么,选词就变得很关键了,并非所有词都能做到前三名,需要选择跟自己相关性比较大、搜索指数（Priority）合适的关键词。

在刷词红利期，ASO玩法的特点如下。

（1）优化前的准备。针对产品进行多维度的元数据优化，包括本地化、ASO素材制作、应用描述等维度。

（2）选词。通过一定的数据分析维度进行筛选，选到合适的词，判断什么词适合进行ASO优化，什么词不适合进行ASO优化。

（3）配量以及打法。围绕什么热度的词，配备什么样的量，这些量分别用在什么时间节点上，以及维持排名的量级与打法，开始出现了一些以经验为主的方法论。

（4）其他：出了问题如何应对。

这是具有中国移动互联网特色的ASO玩法，也是ASO灰色产业链最为庞大的"高光时刻"。然而，魔高一尺，道高一丈，苹果作为生态的统治者，不断地在中国市场使出自己的监管手段。

第三节　刷词的动荡期

自2017年始，苹果开始花大力气整治中国区的App Store，不再放任自流，在算法上做了大量的调整，出台了很多政策。

首先是上节谈到的App Store媒体化的调整，在搜索结果页中，增加了很多元素，比如故事、开发者专栏等内容，扰动了搜索结果的流量分布规则，使之前双方妥协的核销方式受到了挑战。

其次，对很多高热度的关键词单独监控，广告主发现词刷不动了，于是这个时间段就在"业内"出现了很多新的"术语"，诸如锁词、锁榜、效果延迟、更新率低（效果未更新）、权重低等；而随着苹果针对"操纵App Store排名"行为的打压，开始出现清榜、清词、降权、下架、封账号、开发者收到警告邮件等现象。

一、锁词、锁榜

锁词、锁榜是由于苹果方面的问题而出现的两种情况，即关键词搜索排名和榜单排名长时间不变化。此时做 ASO，不论投放多少量级，关键词搜索结果排名和榜单上的 App 排名都不会发生变化。

1. 锁词

锁词分两种情况：一种是锁定全部关键词，另一种是锁定部分关键词。如图 3–2 所示，“美图”一词疑似被锁词，搜索结果前 10 名连续 7 日未变。

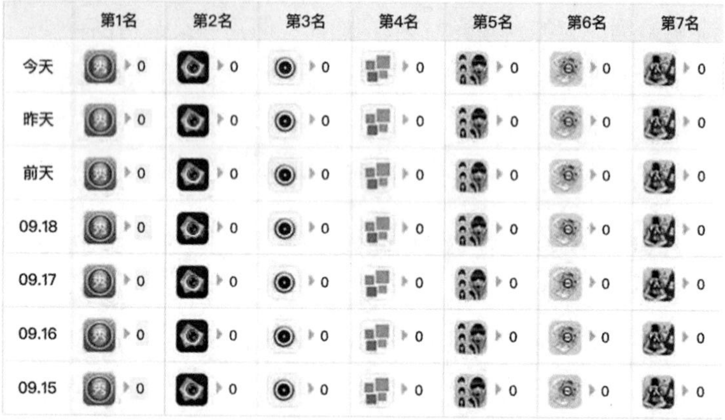

最近一周「美图」搜索排名历史

	第1名	第2名	第3名	第4名	第5名	第6名	第7名
今天	0	0	0	0	0	0	0
昨天	0	0	0	0	0	0	0
前天	0	0	0	0	0	0	0
09.18	0	0	0	0	0	0	0
09.17	0	0	0	0	0	0	0
09.16	0	0	0	0	0	0	0
09.15	0	0	0	0	0	0	0

图 3–2　疑似“美图”关键词被锁词

2. 锁榜

锁榜即锁定榜单 App 排名，即 App Store 的各个排行榜静止不变（一般是游戏或者应用的总榜）。一般来说，榜单更新的频率大约是 3 小时一个榜点。如果连续 6 个小时榜单没更新，可判断为锁榜。

二、清词

清词指的是苹果将 App 所覆盖的全部或部分关键词清除。如图 3-3 和图 3-4 所示是某 App 被清词的截图。App 被清词意味着用户将无法用搜索关键词的方法找到该 App。按照苹果的说法，

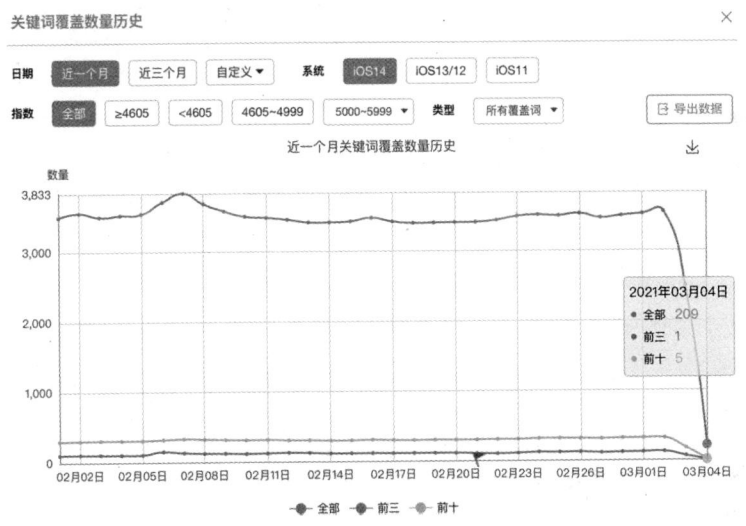

图 3-3 被清词之后的 App

图 3-4 某 App 被清词截图

搜索下载是 App 主要流量来源入口之一，这样一旦清词，流量锐减 65% 以上。因此，App 被清词，对其本身下载量的影响很大。

三、清榜

清榜指的是清除 App 在各排行榜的榜单排名，包括应用/游戏总榜、免费/付费榜、分类榜等。

清榜后，虽然通过关键词搜索依然能够找到该应用，且能进行正常的下载、更新，但对于榜单排名较高的 App 来说，如果被清榜，流量损失是非常大的。（目前 App Store 榜单有 1500 个排名，但手机端 App Store 只展示排名前 200 的 App，因此在 App Store 内榜单未展示并不代表没有排名数据。）

这个时间段 ASO 受到两个方面的压力：苹果的惩罚压力和花钱刷词没有效果的财务压力。对应的 ASO 的玩法也被限制住了——一方面，甲方的期望值降低，预算大幅减少；另一方面，运营需要更精细化，在选词、投放策略、投放时间、投放量级等维度需要更细致的布局。

进入动荡期后，整个灰色地带受到了冲击，ASO 的玩法也就跟着变了。

首先，在选词上更加细致和讲究，不再选搜索热度高于 7000 的关键词，而是选择搜索热度在 5000~7000 之间的关键词，一来有一定的效果保障，二来被惩罚的风险小了一些。

其次，在"用量"上，机刷的使用变少，转而大量采用积分墙量级，即由真实用户来完成下载。

再次，注重优化打量前的分析——最近苹果有哪些方向的调整，最近哪些榜单被锁榜了、哪些词被清了、哪些关键词被锁榜了。然后再看看自己备选的关键词最近榜单的变化情况，如是否有异常等。

最后，自 2018 年年底开始，苹果积极响应国内官方政策，如有行业报道，苹果会针对该行业的部分产品，尤其是有负面新闻的产品，进行清包、清词的处罚。

总之，进入 ASO 尾期后，随着监管力度的加强，整个灰色地带已经濒临瓦解。

ASO 在中国经历野蛮生长之后，即将进入规范化、规模化的流量运营时代，而 ASA 则是划时代的分水岭。

在野蛮生长的时代，对于开发者，无论是冲榜还是刷词等玩法，都存在一些不规范的隐患，所以开发者后期在 ASO 上的投入压缩了。

同时，ASO 的效果不仅有风险无承诺，而且无法做到精细的量化归因，即打多少量，投入多少钱，最终能带来多少新增用户，产生多少价值，借此核算 ROI。而这些导致 ASO 和积分墙不是一个必选项，而是备选项，在很多公司内部其地位并不高。

而这一切将随着 ASA 的到来而改变，ASA 在归因方面有天然的优势，一方面，官方广告是受到法律保护的业务；另一方面，由于其归因颗粒度的细化，使得 iOS 流量运营进入正规化时代，成为开发者的必选项。由此，ASO 和 ASA 将会以协同作战的方式，进入一个合法而繁荣的新阶段，iOS 的流量运营也将迎来新时代。

第二部分：实战与方法论

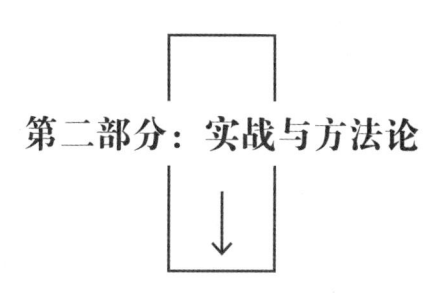

本部分主要讨论 iOS 流量运营的术与道。

术，就是实战，具体操作的方法；道，就是理论指导框架。术的实践性很强，很容易上手，但是保鲜期比较短，环境变化了，就不能用了；道则不同，具有跨越时空的特性，就是"用兵之妙，存乎一心"的心，有了这个心就能够"随心随欲不逾矩"，根据具体的问题提出具体的解决方案。

iOS 流量运营本身就是一个实践性很强的工作，具有很强的时效性。过去再好的实践，现在未必能用，现在能用的方法，将来未必用得上。因此，本部分主要介绍能超越时空的方法论，偏向于道的部分。然而，道是相对枯燥的，为了方便读者理解和动手操作，本部分尽可能融合实践，增加文字的可读性。

本部分内容分为三部分，一是 ASO 的道与术，二是 ASA 的方法论与具体实践，三是包括 ASO 和 ASA 的融合玩法、iOS 归因等在内的具体实践与思考。

第四章
ASO 关键词覆盖：一层深一层，层层意无穷

> 本章概要：ASO 的价值分为两个。一个是获取流量的价值，称为 Value_Traffic，另一个是提升转化效率的价值，称为 Value_Rate。本章重点探讨 Value_Traffic，即如何通过优化关键词覆盖得到更多的流量和曝光。

第一节　ASO 价值模型

ASO 本身是一件非常有价值的运营工作，但受冲榜、刷词等灰色产业牵连，整个 ASO 在一定程度上被污名化。本节就是要为 ASO 的价值正本清源。

ASO 基础优化的价值可以用一个模型来表述：

$$Value\_ASO = Value\_Traffic \times Value\_Rate$$

ASO 的价值是流量曝光价值与用户转化价值的乘积。打个比方，如果通过 ASO 使曝光增加一倍，使转化增加一倍，那么最终 ASO 达成的效果不是 2 倍，而是 4 倍。ASO 价值模型如图 4-1 所示。

Value_Traffic 是 ASO 基础优化所带来的流量价值。具体来说，通过苹果 iTunes 后台在 Keyword 等设置上对关键词的选择、拆词、组词等的优化，在搜索上覆盖更多的词，以及获得更高的搜索排名结果，使产品得到更多的曝光机会。

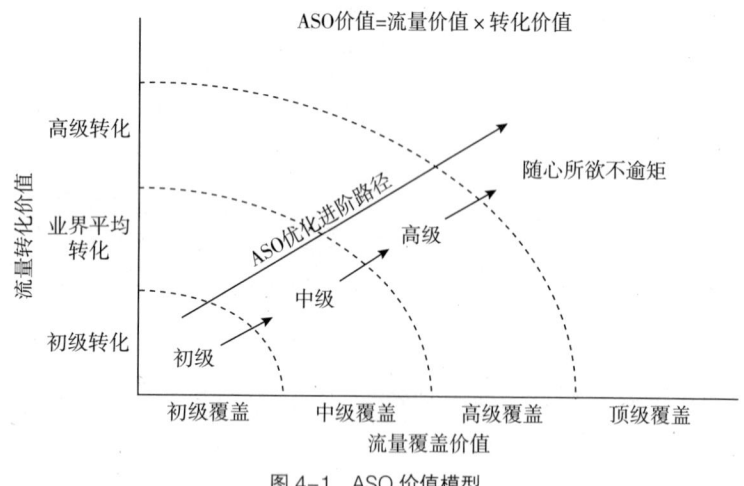

图 4-1 ASO 价值模型

Value_Rate 是 ASO 基础优化所带来的转化价值。具体而言，通过改善标题、图标、描述、截图等素材，获得更多的用户关注、更高的用户点击转化和下载转化等。

ASO 基础优化工作有两个量化的目标，一个是更多的关键词覆盖，另一个是更高的排名，其中更多的关键词覆盖是重中之重。但在实践中，不同优化师的覆盖效果可以说是天壤之别。同样一个 App，有的优化师可以覆盖几百个关键词，而有的优化师可以覆盖上万个关键词。

同样 100 个字节"关键词"的录入，为什么有的人只能覆盖 100 个关键词，有的人能覆盖 1000 个关键词，而有的人能覆盖超过 10000 个关键词？问题出在哪里呢？

影响因素比较多。其中一个很重要的因素在于是否吃透了苹果的规则。这是运营人员和 ASO 优化师可以改进的地方。对苹果规则的理解和掌握，由浅到深可分为三层不同的境界，分别由三个词代表，即浅规则、深规则、潜规则，如图 4-2 所示。三层对规则的不同理解，导致三种不同的操作。本节的主要内容是"论关键词覆盖的三层功夫"，由浅及深地介绍三层 ASO 关键词覆盖涉及的规则理解和知识结构。

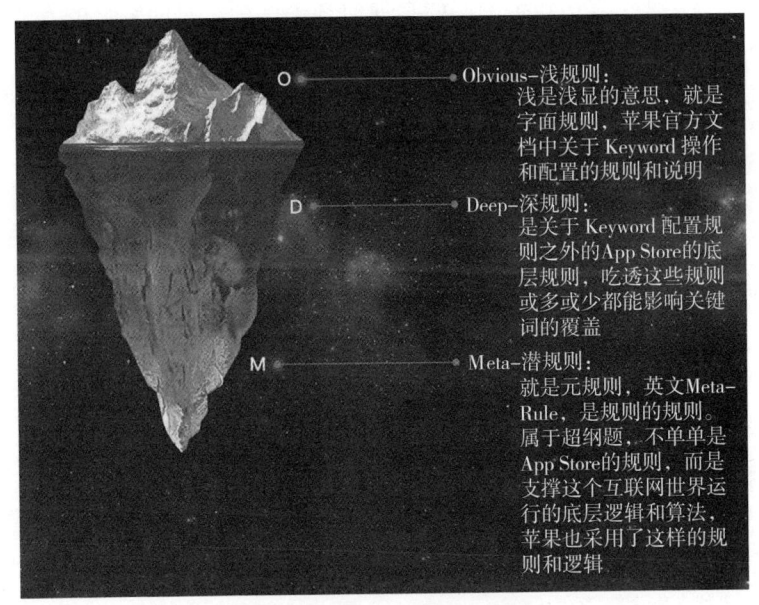

O　Obvious-浅规则：
浅是浅显的意思，就是字面规则，苹果官方文档中关于 Keyword 操作和配置的规则和说明

D　Deep-深规则：
是关于 Keyword 配置规则之外的 App Store 的底层规则，吃透这些规则或多或少都能影响关键词的覆盖

M　Meta-潜规则：
就是元规则，英文 Meta-Rule，是规则的规则。属于超纲题，不单单是 App Store 的规则，而是支撑这个互联网世界运行的底层逻辑和算法，苹果也采用了这样的规则和逻辑

图 4-2　ASO 的三层规则示意图

第二节　读懂浅规则

在这里，浅的意思是"浅显"，所谓浅规则，也可以理解为显规则，即字面规则。在这一层，能读懂苹果的字面规则，并根据字面规则进行操作、配置。按照苹果的字面规则，关键词覆盖就是在如下三个元素中添加关键词：

（1）应用名称（AppName）：30 个字符长度，可以最多写

30个汉字。

（2）标题（Subtitle）：30个字符长度，可以最多写30个汉字。

（3）关键词：100个字符长度，最多可以写100个汉字。

一般而言，新手关心的是如何选关键词。目前常见的方式是从两个角度来找关键词。一个是相关度，就是关键词跟自己产品的关联度；另一个就是流量大小，在苹果系统中过去被称为搜索指数，或者热度。

按照相关度来梳理，通常可以分为：品牌词、竞品词、行业词。

按照搜索指数或者流量大小，通常可以分为高热词、中热词和低热词。

从相关度的角度来分析，品牌词＞行业词＞竞品词。如果把这些词放到一个四象限的图中，如图4-3所示。

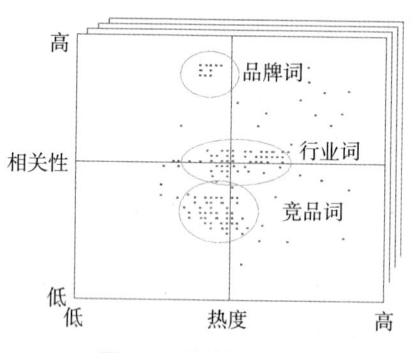

图 4-3 关键词四象限

（1）品牌词：应用名称基本上包含了对主要品牌词的覆盖，但有几种情况需要考虑——谐音、错别字、多品牌，诸如：小米有品的"小米优品""优品"、罗辑思维的"逻辑思维"等,有时候这些词的搜索热度还不低。再如美团,包含外卖、骑手、打车等多品牌词和错别字"每团"等。

(2)行业词:基本上是由多组"核心词+业务联想词或通用后缀词"构成,按照特定的组词方法呈现出树状结构,如图4-4所示,后续有详细的介绍和举例说明。

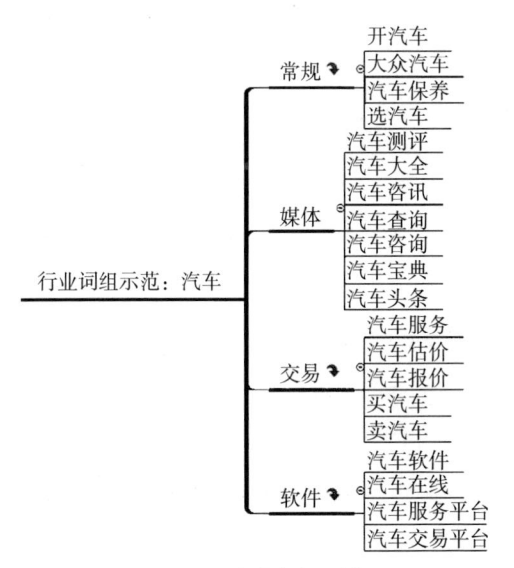

```
                          ┌─ 常规 ─┬─ 开汽车
                          │        ├─ 大众汽车
                          │        ├─ 汽车保养
                          │        └─ 选汽车
                          │
                          ├─ 媒体 ─┬─ 汽车测评
                          │        ├─ 汽车大全
                          │        ├─ 汽车资讯
                          │        ├─ 汽车查询
                          │        ├─ 汽车咨询
                          │        ├─ 汽车宝典
                          │        └─ 汽车头条
行业词组示范:汽车 ────────┤
                          ├─ 交易 ─┬─ 汽车服务
                          │        ├─ 汽车估价
                          │        ├─ 汽车报价
                          │        ├─ 买汽车
                          │        └─ 卖汽车
                          │
                          └─ 软件 ─┬─ 汽车软件
                                   ├─ 汽车在线
                                   ├─ 汽车服务平台
                                   └─ 汽车交易平台
```

图 4-4 行业组词示例

其中,行业词不仅构成丰富,而且是关键词竞争的胜负手。那么如何拓展行业词呢?在这里,介绍一个通过行业知识进行联想组词的方法,可以大幅度地拓展行业词。我们以行业词"汽车"为例。

首先,"汽车"是该领域的一个核心行业词。涉及汽车的行业词非常丰富,我们从四个角度去拓展:常用词,与媒体有关的词，与交易有关的词，与软件平台有关的词。其中，汽车大全、汽车宝典、汽车头条、汽车测评就是联想词，是我们根据常识联想出来的词语；而软件、平台属于 IT 行业中的百搭词汇，所以"汽车平台、汽车软件"就属于通用后缀词，简称"通用词"。

反过来，如果关键词太多，可以将搜索热度作为一个考核标准，比如只保留搜索指数大于 4605 的词，或者流行度大于 50 的词，尽可能多地设置搜索指数较高的词语。如图 4-4 所示就是通过一个核心行业词"汽车"拓展出的行业词。

（3）竞品词：主要是定义和寻找竞品 App 的过程。竞品词通常就是竞品应用名称的关键词，这些词的优点是流量较大、竞争者少，缺点是很难优化到第一的位置，而且转化率低。当然也有例外，当年喜马拉雅就把一个竞品词优化到了第一的位置。因此，在选择的时候按照搜索指数排序即可，业界也有一些小技巧，可以尝试在互联网上搜索一下目标应用近年来的行业报告，特别是一些传统行业，因为不是所有企业都会开发或优化自己的 App，或许会发现一些有搜索指数但是没有竞争力的竞品词。随着 ASA 的深入发展，也有一些新的发现竞品的方法，比如通过竞品的竞价词、苹果推荐的关联应用，以及苹果 ASA 推荐词的投放 App 等，详见第七章。

综上所述，按照四个象限，高相关高热度的为第一梯队，高相关低热度的为第二梯队，低相关低热度的为第三梯队，低相关高热度的为第四梯队。

通常，品牌词属于第一梯队或第二梯队优先入选。行业词分成"核心+联想词+通用词"的逻辑词串，然后根据其相关性和流量热度所处的象限进行筛选，优先选择高相关高热度的，其次是高相关低热度的，最后是低相关高热度的。竞品词，通常都是第三梯队，依然根据热度和相关性来筛选。

对于一个新 App 来说，按照上述逻辑和步骤操作，关键词覆盖数量可以轻松破千。

第三节　利用深规则

第二层功夫的关键词是"深规则"，其重点在于吃透字面规则之外的规则，特别是 App Store 的相关规则。

除了浅规则中提到的三个显性的信息可以直接影响关键词覆盖，还有一些隐含的位置和方法可以影响关键词的覆盖，甚至可以增加关键词跟 App 之间的相关性，最终影响搜索排名。其中，显著有效的规则如下。

（1）本地化语言设置：通过本地化语言设置，可以增加 100 个字节的关键词录入。

（2）利用开发者名称：包括开发者信息和开发者账号。开发者信息是可以被苹果检索到并当作重要的关键词录入的，开发者账号是根据产品权重、产品流量、旗下产品个数、贡献收入等多个维度被苹果隐形判定，从而给予低/中/高的关键词覆盖结果。

（3）利用内购信息。

上述规则没有写在苹果的官方文档中，隐藏得比较深，属于隐性知识，故称为"深规则"。

一、本地化语言设置

通过本地化语言设置，可以增加 100 个字符的关键词录入，这样就把关键词从 100 个字符变为 200 个字符了。在设置元数据——应用名称、标题、关键词时，为方便过审，其中应用名称和标题的中英文版本尽可能保持内容、语句通顺，文字精简，切莫堆砌组词和出现竞品词。

通过本地化语言设置，可以加倍增加关键词覆盖，这貌似是一个苹果的规则漏洞。苹果为什么有这样一个"漏洞"？为什么要在一个地区支持多个本地化的语言版本？特别是当我们长期生活在一个稳定的语言环境中时，难免会有这个困惑。

苹果的视野跟我们不一样，它是一个国际化的公司，面对的是全球市场，销售范围覆盖 175 个国家和地区，每个国家的语言覆盖是不同的，比如在加拿大地区，英语和法语都是官方语言；在美国则要适应本土和移民的需求；在印度则要面临更加复杂的语言环境。这样，我们就能理解苹果为什么要支持多语言设置了。每种语言的覆盖都有成本投入，苹果目前支持 39 种语言版本。地区数量多、语言版本少，这就意味着某些语言是可以影响多个地区的，当然苹果对本地化语言也有相对应的地区收录规则。为此，苹果把全球分为 5 个大区：北美地区、亚太地区、欧洲、拉丁美洲和加勒比海地区、非洲中东和印度。

根据苹果的规则，在某个地区不仅支持当地语言，还可以支持其他语言版本。如图 4-5 所示，在中国大陆就支持简体中文和英文（英国）两种语言。

再如图 4-6 所示，加拿大支持的本地化语言包括法文（加拿大）和英文（加拿大），美国适配西班牙文（墨西哥）和英文（美国），每个地区都可以设置两种本地化语言。

App Store 和本地化

App Store	语言
亚太地区	
日本	繁体中文，英文（英国）
新加坡	简体中文，英文（英国）
新西兰	英文（澳大利亚），英文（英国）
印度尼西亚	印度尼西亚文，英文（英国）
越南	英文（英国），越南文
中国大陆	简体中文，英文（英国）

图 4-5　App Store 本地化配置示例图

App Store 和本地化

App Store	语言
美国和加拿大	
加拿大	法文（加拿大），英文（加拿大）
美国	西班牙文（墨西哥），英文（美国）

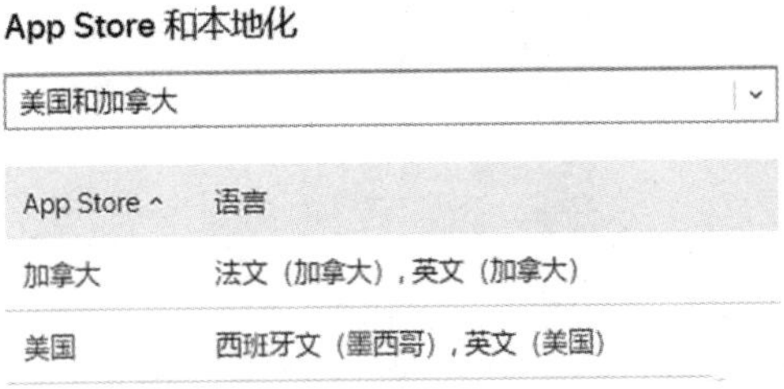

图 4-6　App Store 本地化配置示例图

其他地区收录规则详见图 4-7。

其实，本地化语言是相对于"主要语言"来讲的，在 App Store Connect 中创建新应用时，苹果会要求开发者选取一种主要语言，如果某个地区没有设置对应的本地化语言，那么 App 信息将以主要语言呈现，当然也可以更改主要语言，前提是创建了两个以上的本地化语言版本。在哪里设置本地化语言呢？假设创建了以简体中文为主要语言的 App，在应用创建好以后，进入 App 信息页面，点击右侧"简体中文"，就会出现如图 4-8 所示的本地化语言选项，具有添加、删除功能。

北美地区	语言
美国	英文(美国)、西班牙文(墨西哥)
加拿大	法文(加拿大)、英文(加拿大)

亚太地区	语言
中国大陆	简体中文、英文(英国)
新加坡	简体中文、英文(英国)
中国香港	繁体中文、英文(英国)
中国澳门	繁体中文、英文(英国)
中国台湾	繁体中文、英文(英国)
新西兰	英文(澳大利亚)、英文(英国)
澳大利亚	英文(澳大利亚)、英文(英国)
日本	日文、英文(美国)
韩国	韩文、英文(英国)
柬埔寨	法文、英文(英国)
瓦努阿图	法文、英文(英国)
老挝人民民主共和国	法文、英文(英国)

亚太地区	语言
不丹	英文(英国)
斐济	英文(英国)
蒙古	英文(英国)
缅甸	英文(英国)
瑙鲁	英文(英国)
帕劳	英文(英国)
汤加	英文(英国)
阿富汗	英文(美国)
菲律宾	英文(英国)
尼泊尔	英文(英国)
巴基斯坦	英文(英国)
斯里兰卡	英文(英国)

亚太地区	语言
吉尔吉斯斯坦	英文(英国)
乌兹别克斯坦	英文(英国)
巴布亚新几内亚	英文(英国)
文莱达鲁萨兰国	英文(英国)
密克罗尼西亚联邦	英文(英国)

图4-7 App Store 本地化语言配置表(节选)

图 4-8　App Store Connect 后台本地化语言设置

  App Store 本地化语言设置常用于 ASO 提升关键词覆盖数量，因为每个语言版本都可以填写 100 个字节的关键词，设置了主要语言和本地化语言两个版本，就相当于拥有 200 个字节。

  如图 4-5 所示，App Store 中国大陆本地化语言支持简体中文、英文（英国）两个版本，所以通过设置两套不同的中文关键词方案，会极大地提升应用商店关键词覆盖数量。

  那么，在英文（英国）语言版本上设置中文能否通过苹果的审核？根据 ASO 项目实战操作，发现苹果对应用名称、标题的审核比较严格，对关键词设置的审核比较宽松，所以在运用本地化语言设置时，建议英文（英国）版的名称、副标题和简体中文版的保持一致，力求精简，切莫堆砌，更不要出现竞品词汇。

二、利用开发者名称

  开发者名称也是会被苹果"索引"的。有一些开发者发现这一规则之后，就会把开发者名称修改成长串的关键词组，不过后来受到了苹果的惩罚。个人开发者名称在申请开发者账号时就固定了，所以无法修改。公司开发者账号可以修改，就用中文的公司名称，特别是当 App 名称和公司品牌不一致时，中文公司开发者名称直接帮助 App 覆盖公司品牌。需要修改的开发者，可以发邮件给苹果，登录 App Store，点击苹果官网底部的"联系我们"，进入会员资格与账户，选取组织名称，修改选项。

三、利用内购信息

在 App Store 搜索结果中经常出现产品订阅项目，最多可以设置 20 个内购和订阅项目，每个项目都要有名字、描述和图标，如图 4-9 所示，分别查询"股票"和"炒股"，同花顺、腾讯自选股和东方财富的订阅都出现在排名结果中。不仅如此，在搜索同花顺、东方财富的展现结果中，内购项目排名第二，先不论是否转化，至少非常有利于品牌保护，把自己品牌的关键词流量保护住了，竞品在此关键词下很难有所作为。

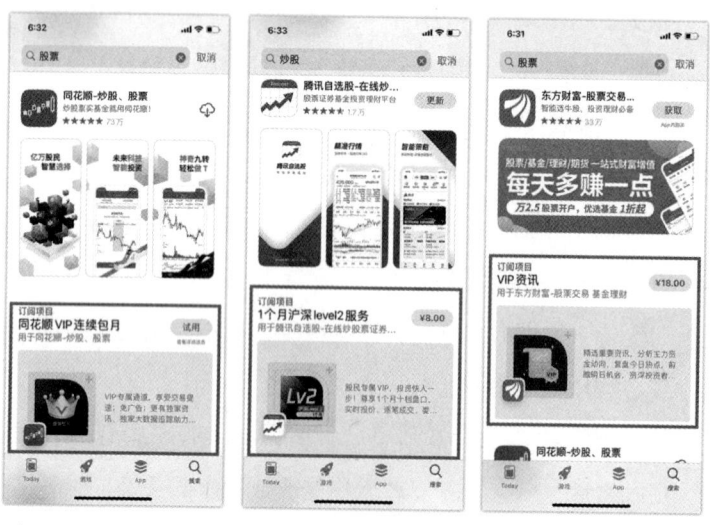

图 4-9　App Store 搜索结果页中订阅项目的示例

再如图 4-10 所示，一些行业词如"英语"和品牌词如"爱奇艺"，订购的排名会紧随主应用，无论是对品牌保护，还是提升变现效率都是非常有帮助的。

图 4-10　一些关键词的搜索截图

第四节　挖掘潜规则

所谓潜规则，不单指 App Store 的规则，而是指支撑这个互联网世界运行的底层逻辑和算法，苹果也采用了这样的通用规则。潜规则也可以称为"元规则"，是规则的规则，英文为 Meta-Rule。因篇幅有限，这里我们重点讲两个跟 ASO 关键词覆盖有关的逻辑规则与算法：一个是中文分词，另一个是苹果的检索范围。

掌握了这些更加底层的逻辑，从"知其然"，进步到"知其所以然"，我们就能更好地掌握苹果对关键词的筛选规则和检索范围。如图 4-11 所示展示了按照我们的方法，某 App 的关键词覆盖数量从 5000 提升到 20000 多，最高到 23000，最终稳定在 22000 的案例。掌握苹果对关键词的筛选规则和检查范围，一方面，在实用性上，知道做什么事情可以让某些配置进入苹果的法眼，执行哪些操作可以让苹果"以为"某些词跟我们有关，最终可以影响关键词覆盖和排名。另一方面，当遇到一些规则无法解释的现象时，可以举重若轻，从底层逻辑入手，透过现象看本质，从先前的被动变为主动。我们就可以利用认知优势来为 App 谋福利，活学活用，而不是简单地适应规则。不再担心 App Store 规则的变化，而是渴望变化，因为每次 App Store 的变化带来的都是机会。

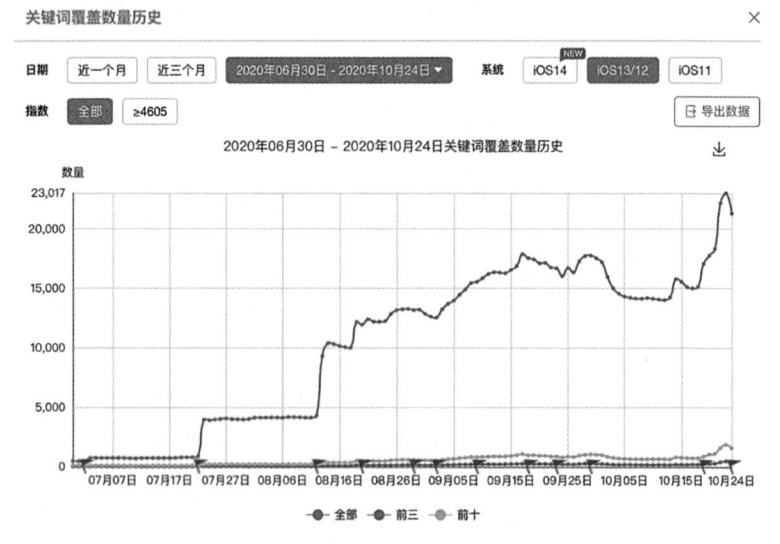

图 4-11 某 App 产品关键词覆盖数量变化图

第三层功夫直接体现在关键词的组词和拆词上。

在 100 个字节的空间内，如何选词、如何排序，是第一层功夫和第二层功夫的内容，但是如何拆词和组词则是第三层功夫。选词、排序、组词，不仅影响关键词的覆盖，也影响关键词跟产品的权重关系。要想做好这一点，就需要额外了解一点其他知识，其中最重要的是苹果关键词的检索范围和分词技术，特别是中文分词技术。

一、ASO 关键词索引来源

首先，什么是 ASO 关键词索引？

如果一个用户在 App Store 上搜索"游戏"两个字，苹果是否需要把自己平台上 200 万个 App 的信息检索一遍，然后再计算相关性和优先级，最终给出关键词"游戏"的搜索结果列表？

显然不是。否则，不仅用户等不及，苹果系统的开销也特别大。那么苹果是如何快速提供搜索结果的呢？它靠的是索引。

在关系数据库中，索引是一种单独的、对数据库表中一列或者多列值进行物理排序的一种存储结构。索引相当于图书的目录，读者可以根据目录中的页码快速找到需要的内容。

苹果会为每一款 App 中出现的关键词建立"索引"，索引包括这个关键词出现在多少个 App 中、分别是哪些 App、每个 App 出现的次数、具体在什么位置（名称、副标题、关键词、开发者名称、内购信息）。这样，当用户搜索这个关键词时，苹果不用把所有的 App 都查询一遍再给答案，只要找到这个关键词对应的索引就能给出相对精准的搜索结果。

很多开发者会问，除了上述位置信息会被索引，"应用描述"和"评论"信息会被索引吗？答案是：不会。

创建索引是一个系统工程。首先是对 App 信息进行筛选、分类、过滤，忽略各种非文字符号，提取有效文本内容，然后对文本进行自然语言处理（Natural Language Processing，NLP），比如在中国区的 App Store 就需要用中文分词算法，把名称、副标题、关键词等长文本拆分成一个个单独的关键词。

关于分词，特别是中文分词，是很重要的一个潜规则或称互联网底层规则，无论是搜索引擎、自然语言识别，还是人工智能都需要它。

二、中文分词

什么是中文分词？简单来讲，中文分词（Chinese Word Segmentation）就是把一段汉字分割成一个个独立的、有意义的词语。中文分词和英文分词的区别非常大，英文中每一个单词就是一个独立的词语，而且英文书写时会用空格隔开每个单词；而汉字是以字为基本单位，由不同字组合成词语，并且中文是由连续的汉字序列构成的，词与词之间没有天然的分隔符，所以中文分词相对来说困难得多，因此需要设计中文分词算法，按照一定的规范进行区分。

为帮助大家理解上述概念，我们以"中文分词"这个词条作为例子。它的英文由 3 个用空格隔开的单词组成——Chinese（中国的）、word（词语）、segmentation（分割），而再看"中文分词"，经历过九年制义务教育的中国人，一眼就能将其区分为"中文、分词"，但计算机就为难了，因为独立的字符为"中、文、分、词",应按照什么规则进行组合呢?这个时候就需要中文分词算法,来帮助系统理解。

目前在自然语言处理技术中,中文处理技术要比西文处理技术落后很大一段距离,许多西文的处理方法中文不能直接采用,就是因为中文必须有分词这道工序。中文分词是中文信息处理的基础,搜索引擎只是中文分词的一个应用。其他如机器翻译(MT)、语音合成、自动分类、自动摘要、自动校对等,都需要用到分词。App Store 要进入中文世界,也要解决中文分词问题。

1. 分词算法分类

目前,中文常用的分词算法分为三大类:基于词典的先验分词法、基于统计的学习分词法,以及通过让计算机模拟人对句子的理解,达到识别词的效果,由于汉语语义的复杂性,难以将各种语言信息组织成机器能够识别的形式,目前这种分词系统还处于试验阶段。

2. 先验分词法

先验分词法是系统根据过往的经验,建立一个"足够大"的词典,把汉字按照一定的规则输入词典中进行匹配,如果在词典中匹配到某个词,那么就意味着找到一个词条。

(1)匹配方法。

机械分词方法:按照扫描方向的不同,可以分为正向匹配和逆向匹配;按照不同长度优先匹配的情况,可以分为最大(最长)匹配和最小(最短)匹配。常用的几种机械分词方法如下。

正向最大匹配法(由左到右的方向):以"量江湖是一家

大数据公司"为例,使用正向最大匹配法分词的结果为"量 / 江湖 / 是一 / 家 / 大数据 / 公司"。

逆向最大匹配法(由右到左的方向):同样以"量江湖是一家大数据公司"为例,使用逆向最大匹配法分词的结果为"量 / 江湖 / 是 / 一家 / 大数据 / 公司"。

最少切分(使每一句中切出的词数最小):"量江湖是一家大数据公司"被分为"量江湖 / 是 / 一家 / 大数据 / 公司"。

(2)消除歧义。

在机械分词中,同一个句子经常会出现多种分词的组合,因此需要消除歧义,得到最优的分词结果。

MMSEG 是较常见的机械分词算法,在搜索引擎 Solr 中经常使用,是一种非常可靠且高效的分词算法。为消除歧义,依次使用四个规则,分别如下。

①最大匹配,即选择"词组长度最长的"那个词组,然后选择这个词组的第一个词,作为切分出的第一个词。如"中国人民万岁",匹配结果分别为:

中 / 国 / 人

中国 / 人 / 民

中国 / 人民 / 万岁

中国人 / 民 / 万岁

在这个例子中,"词组长度最长的"词组为后两个,因此选择"中国人 / 民 / 万岁"中的"中国人",或者"中国 / 人民 / 万岁"中的"中国"。

②最大平均词语长度。经过规则①过滤后,如果剩余的

词组超过 1 个,那么就选择平均词长最大的那个(平均词长 = 词组总字数 / 词语数量)。比如"生活水平",可能得到如下词组:

生 / 活水 / 平(4/3=1.33)

生活 / 水 / 平(4/3=1.33)

生活 / 水平(4/2=2)

根据此规则,就可以选择"生活 / 水平"这个词组。

③词语长度的最小变化率,这个变化率一般可以由标准差来决定。比如,对于"中国人民万岁"这个短语,可以计算:

中国 / 人民 / 万岁(标准差 =sqrt {[(2-2)^2+(2-2)^2+(2-2^2)]/3} =0)

中国人 / 民 / 万岁(标准差 =sqrt {[(2-3)^2+(2-1)^2+(2-2)^2]/3} =0.8165)

于是选择"中国 / 人民 / 万岁"这个词组。

④计算词组中的所有单字词词频的自然对数,然后将得到的值相加,取总和最大的词组。比如:

设施 / 和服 / 务

设施 / 和 / 服务

这两个词组中分别有"务"和"和"这两个单字词,假设"务"作为单字词时候的频率是 5,"和"作为单字词时候的频率是 10,对 5 和 10 取自然对数,然后取最大值者,所以取"和"字所在的词组,即"设施 / 和 / 服务"。

(3)缺陷。

先验分词法是一种很简单、高效的分词方法,它分词的速度很快，效果也可以。但缺点是对有歧义的词和新词的处理不是很好，对词典中未出现的词无法处理，因此需要与其他分词方法搭配使用。

3. 学习分词法

所谓学习分词法，就是基于统计的分词方法。其基本理念是：词是固定字的组合，因此在上下文中，相邻的字出现的次数越多，就说明其越有可能组成一个词。只需要对文本中相邻出现的各个字组合的频率进行统计，就能计算它们的展现概率，概率越高说明其关系紧密程度越高，当紧密程度高于某个阈值时，便可以认定该字组合构成一个词，因此字与字相邻共现的频率能够较好地反映成词的可信度。可以对语料中相邻的各个字组合出现的频度进行统计，计算它们的共现信息。采用这种方法，只需对语料中的字组频度进行统计，不需要切分词典，因而又叫作无词典分词法或统计取词法。但这种方法也有一定的局限性，会经常抽出一些共现频度高、但并不是词的常用字组，例如"这一""之一""有的""我的""许多的"等，并且对常用词的识别精度差，耗费的计算资源较多。

基于统计的分词法的优点是不受待处理文本领域的限制，不需要专门的词典，能尽量避免分词导致的歧义，但该方法需要有人工标注分好词的语料作为训练支撑，分词速度较慢，需要耗费相当大的计算资源。

在实际应用中，一般把统计分词法和词典分词法结合起来，既发挥了匹配分词切分速度快、效率高的特点，又利用了无词典分词结合上下文识别生词、自动消除歧义的优点来识别一些新词。

三、应用

基于对苹果潜规则的进一步了解，我们可以在两个维度上下功夫。

第一个维度是空间维度，就是压缩空间，最直观的做法就是选词、组词。一方面，合理地组词可以节约更大的字符空间，另一方面，可以对重点词汇进行重点覆盖。

第二个维度是时间维度，我们称之为时间的力量。上万个覆盖词不是一蹴而就的，而是不断迭代出来的，那么迭代的基础是什么？其实，就是苹果的另一个潜规则——把权力交给用户，通过用户投票向环境学习。

1. 压缩空间

到了第二层境界，我们可以轻松获得上千个关键词覆盖了。若想覆盖得更多，其中一个方法就是压缩现有的关键词，留出更大的空间填写更多的关键词。

如何压缩空间腾出更多的地方覆盖其他关键词呢？问题就变为如何合理地排列组合关键词来获得较优的组词效率。

我们举一个例子来具体说明如何进行拆词和组词。如图4-12所示，这是一个汽车类App的关键词覆盖，合计87个字符。

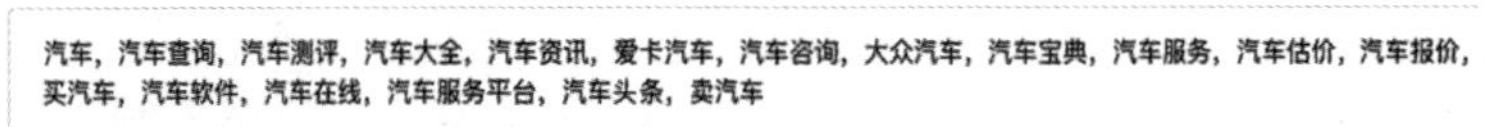

关键词 (Key Words) 87/100 字符

汽车,汽车查询,汽车测评,汽车大全,汽车资讯,爱卡汽车,汽车咨询,大众汽车,汽车宝典,汽车服务,汽车估价,汽车报价,买汽车,汽车软件,汽车在线,汽车服务平台,汽车头条,卖汽车

图 4-12　全字符的情况

下面我们要对上述关键词进行拆词、组词。压缩空间通常分为三步：

（1）去除重复关键词。

通过观察，上述关键词主要是"汽车"的相关联想词，因为重复关键词并不会叠加苹果赋予关键词的权重，所以应删除重复的关键词，上述词语可以精简为如图4-13所示的关键词。

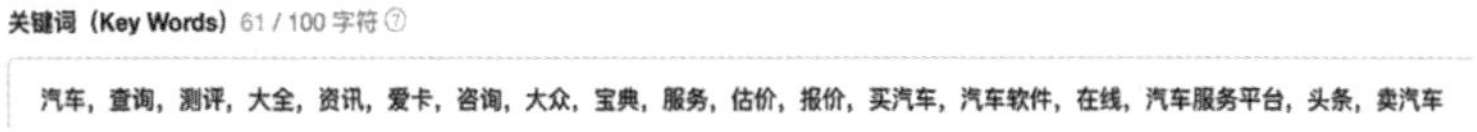

关键词（Key Words） 61 / 100 字符

汽车,查询,测评,大全,资讯,爱卡,咨询,大众,宝典,服务,估价,报价,买汽车,汽车软件,在线,汽车服务平台,头条,卖汽车

图4-13　去除重复关键词后的关键词

这样就一下从87个字符"瘦身"到61个字符，一共有18个关键词。

（2）根据热度及相关性组词。

接下来我们根据搜索热度进行排序，把热度高的关键词优先进行组合，一般用3~5个关键词组合成一个较长的词组：

汽车买卖查询测评大全，资讯咨询大众宝典，在线估价报价服务平台，头条爱卡软件。

（3）删除逗号。

逗号的作用是告诉苹果这是一个精准的关键词，方便系统快速索引收录。从动辄成千上万的关键词覆盖数据就可以看出，苹果的算法会对关键词进行混合和匹配。因此，从中文分词的角度来说，一般情况下有没有逗号的区别不大。

那什么时候用逗号？如下情况可以考虑使用。

①在用户可见的应用名称、标题中使用，方便用户阅读。

②在英文关键词设置中把空格替换为逗号，增加单词之间

的组词效率。

③针对自身产品难覆盖的关键词，用逗号隔开做加权处理，提高关键词被收录的概率。

回到主题，删除逗号后，上述词组的字符数减少为 34 个，如图 4-14 所示。

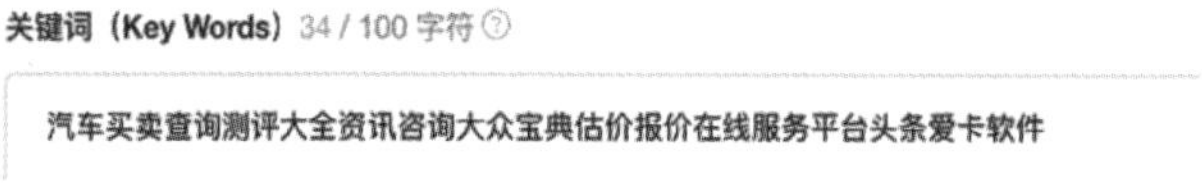

关键词（Key Words） 34 / 100 字符
汽车买卖查询测评大全资讯咨询大众宝典估价报价在线服务平台头条爱卡软件

图 4-14　删除逗号后的关键词

2. 时间的力量

苹果除了需要考虑开发者在各个渠道对自己关键词覆盖的主张，还要考虑用户的投票。有些关键词经过几个版本的迭代之后，跟 App 形成了很强的关联性，即便在后台中去掉，依然可以被苹果的索引收录。

关于这一点暂时没有直接的经验可以拿来使用，需要开发者耐心地比较每次关键词变动之后，对关键词覆盖数量的影响，慢慢地找出自己 App 的"高权重"关键词，并建立起自己的"高权重"关键词列表。

随着时间推移，这个列表越长，我们运营 ASO 的空间也就越大，覆盖的关键词可能就越多。如图 4-15 所示，这是我们为某产品做的关键词覆盖，从最初（2020 年 10 月 10 日）覆盖 300 词，到一个月后覆盖超过 3000 词，又历经 2 个月之后覆盖超过 10000 词，最终稳定在覆盖 13000 个关键词。

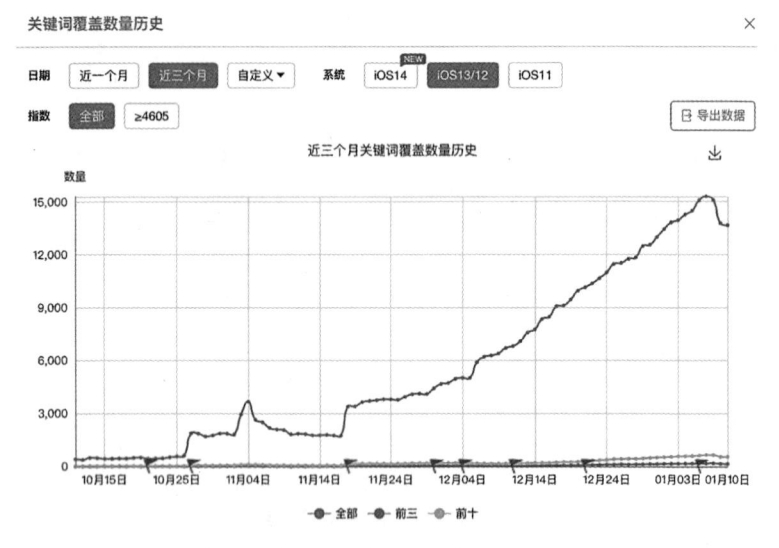

图 4-15　某 App 关键词覆盖优化的历史记录

第五节　跳出三界外，不在五行中

前文介绍了 ASO 关键词覆盖的三层功夫——从浅到深，再从深到"潜"的过程，如图 4-16 所示。

然而，任何方法的效用都是发生在特定条件下的，如果条件变化了，那么方法就得变化。所谓"跳出三界外，不在五行中"，是指我们要时刻审视每种方法、每件事的前提条件，以及前提条件的前提条件，如果条件发生了变化，那么方法也要发生改变。在 ASO 关键词的优化中，现在有一个条件发生了变化，那就是 ASA 来了。

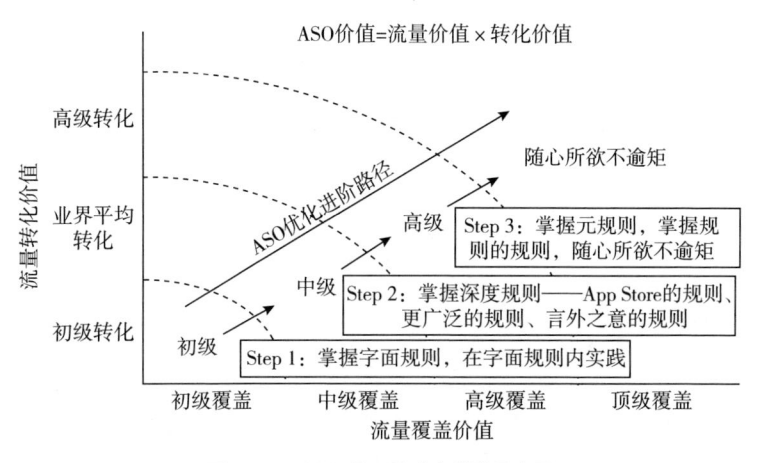

图 4-16 ASO 的三层功夫进阶示意图

我们知道，搜索关键词对于流量的贡献符合"二八原理"，即 20% 的关键词贡献了 80% 的流量。事实上，在 App Store 上这一表现更加极端，很可能是 0.1% 的关键词贡献了 80% 以上的流量，但是我们不知道那 0.1% 的关键词是确切的哪一些。

ASA 的出现让 ASO 的关键词覆盖方法出现了新的变数。过去，缺乏一个量化的依据来判断某些关键词能带来多少曝光、多少下载、多少转化率，而现在这组数据可以通过 ASA 的投放数据来间接获得。

以一个产品的数据为例，2018 年某时，美团在 App Store 中国区的覆盖数据如图 4-17 所示。

按照过去的逻辑，先有数量，再有质量。总体覆盖量达到 7769，这是一个非常不错的成绩。在这个覆盖数据中，一定有高质量的覆盖词，其下载转化贡献大、用户质量高，无论是停留时长，还是 LTV（用户生命周期价值，Life Time Value）都很

搜索指数	关键词数量	TOP3关键词	TOP10关键词
≥8000	18	3	5
7000~7999	28	0	8
6000~6999	50	1	22
5000~5999	98	3	29
4605~4999	1643	90	624

图 4-17　美团 App 的关键词覆盖数据

不错，只不过我们不知道这些关键词是哪些，其排名如何，还有哪些有潜力的关键词。尽管如此，覆盖 7000 多个关键词，证明这个工作是有意义的。

但更有意义的是 97 这个数字，就是热度超过 4605 且排名在前三的关键词是 97 个。

这个数字有意义，但还是不够有意义，更有意义的是往下问几层：

（1）哪些词分别能带来多少下载？

（2）哪些词的 ROI 或者留存好？

（3）哪些词的转化率高？

而 ASA 的归因数据可以回答这几个问题，这样就能重新理解这 97 个词的地位，回到上一节的组词和选词环节中，重新考量一下组词和选词，重新调整苹果后台系统关键词设置中词的选取和顺序。

第五章

秒变小白：ASO 方法论之重回初心

> 本章概要：本章重点探讨 ASO 的另一部分价值——转化价值，通过制作面向用户的 ASO 文案素材，引起用户的关注，提高用户的停留时长和转化效率。与第一部分探讨获取流量价值的工科思维不同的是，这部分是文科思维，基于对人性的理解，以及大脑认知方式的理解。

第一节　基于认知科学的方法论

一、ASO 素材制作的现状

在 ASO 具体实践中，目前各个企业强调得比较多的是 Value_Traffic，即关键词覆盖和流量获取等，忽略了 Value_Rate，诸如 ASO 文案与素材制作。

原因是多方面的：其一，关键词覆盖优化有直观的效果，立竿见影，而且有进步的量化标准，所以大家更注重；其二，转化率的优化与关键词覆盖优化恰恰相反，缺乏量化的手段，即便有效果也不容易跟职业经理人的 KPI 挂钩。这使得 ASO 文案的优化工作面临一些困难。

更深层的原因是转化率的优化缺乏系统的方法论，大家目前采取的手段主要是"借鉴"和"与众不同"。所谓"借鉴"，就是找来若干竞品，挨个研究，最后"借鉴"出一个方案，这个工作基本停留在 Copy 的阶段。所谓"与众不同",也是找来若干竞品,挨个研究,最后做出一些与这些竞品不一样的东西,这个工作基本停留在"人无我有,人有我也有"的阶段。

因此,整个 App Store 中国区的 App 的现实情况是:一方面,整个业界的水平都在及格线以上,很少有做得很差的;另一方面,很少有 App 达到 85 分以上的水准,而且都大同小异、人云亦云。

如何提升转化率属于一个典型的跨学科领域的问题,涉及计算机科学、认知科学、社会心理学、美学、逻辑学、修辞学等方面,因此鲜有人深入分析。本着"无知者无畏"的勇气,我们为波澜不惊的 ASO 引入一些新的方法论,为业界抛砖引玉。本章将融合计算机科学、逻辑学、认知科学、修辞学等领域的知识,试图提供一套旨在系统化提升 App 下载转化率的方法论。

二、问题分析

ASO 基础优化的主要问题在于认知背景不对等,即拥有专业背景的设计师和产品经理,与匆匆而过的用户之间,由于严重的认知不对等造成了沟通鸿沟,如图 5-1 所示。

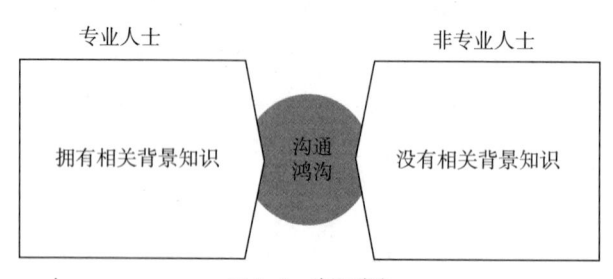

图 5-1 沟通鸿沟

在工作和生活中，我们经常发现：对一个专业知道得越多越细，我们越不知道怎么跟一个小白用户讲明白。互联网企业中的运营人员知道很多关于产品和运营的知识，诸如 App 的定位、功能、产品特色、推广方法、迭代次序、关键词覆盖要点，如果与同事和领导讲述起来，那是一套一套的，但如果面向小白用户就有点力不从心了，即缺乏一种跟用户，特别是小白用户沟通的能力，就是张小龙说的"秒变小白"的能力。

怎样才能扔掉所谓的专业的包袱、克服所谓知识的"诅咒"？怎么能让一个普通的 ASO 优化师在比较短的时间内，具备"秒变小白"的能力，低成本制作出一套包括图标、标题、副标题、截图/视频等在内的高转化率的 ASO 素材呢？

下面进入"正餐"，引入我们"秒变小白"的刻意训练方法——四步迭代法：秒变小白、用户逻辑、故事思维、制作素材。

三、大脑是如何工作的

本节要介绍的四步迭代法，就是要把神秘的"秒变小白"的能力拆分成若干环节和若干技术要领，然后通过后续的专项训练、反复推敲，让读者掌握一套系统化、低成本的秒变小白的能力，从而拥有张小龙般的思维方式和行动能力。即便做不到秒变小白，如果能做到一分钟或十分钟变成小白，也是一种强悍的工作能力。

在介绍四步迭代法之前，我们需要补充一点关于认知科学的背景知识，即我们的大脑是如何处理信息的。在浩如烟海的认知科学和心理学理论中，心理学家已经构建了很多关于大脑认知的模型。其中有两个模型非常重要，第一个是诺贝尔奖得主丹尼尔·卡尼曼的双系统理论（Dual Process Theory），另一个是巴德利提出的工作记忆理论（Working Memory Theory）。本节主要介绍工作记忆理论，并基于工作记忆理论提出一套关于ASO素材的制作方法和流程。

工作记忆模型，是一个帮助我们理解大脑如何处理信息的简化模型，并不需要复杂的大脑生理或神经学层面的专业知识。

在工作记忆模型中，大脑认知分为三个区域，如图5-2所示，左边是感官记忆，中间是工作记忆，右边是长期记忆。

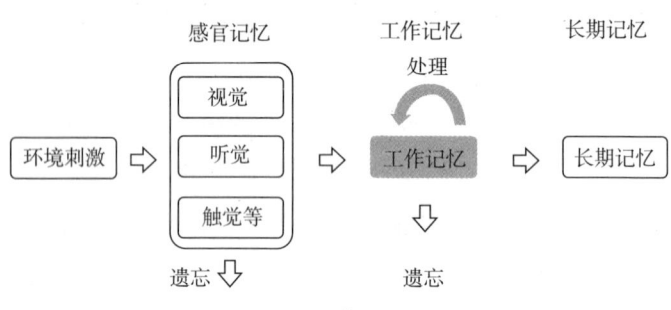

图5-2 工作记忆模型

感官记忆捕捉所有收到的信息，比如看到的和听到的，但是只储存很短的时间，刚够我们的大脑对它做个判断。据说，一个在一线城市工作的职场人，早上出门上班，从家到公司的路上，他会"看到"超过1000个品牌广告，但实际记住的并没有几个，这里"看到"1000多个品牌广告所用的就是感官记忆，它的带宽是无限的，但是持续时间非常短。

长期记忆的特点恰恰相反，持续时间长，至少能将放进去的信息保存好几分钟，而且记忆的容量无限，能保留几十年。

位于二者之间的工作记忆的功能很有趣，它能做四件事：

（1）集中注意力。

（2）解释我们所看到的和听到的。

（3）把接收到的新信息跟我们已知的信息重新组合，形成新的知识。

（4）决策。新的知识和决定会被放进长期记忆，以备后用。

工作记忆有一个很大的问题，即容量有限，就像一个连接两边的漏斗，口径小、流速慢，受到很多限制，包括注意力限制、容量限制、保留时长限制等。

什么是注意力限制呢？我们都知道，一次只能做一件事，我们做不到边发微信边跑步。我们也没法边说话边听隔壁桌上的人在说什么。

工作记忆的容量是有限的，它一次只能处理4~5个东西。想一想，我们是怎样记忆电话号码的？我们会把数字分段，如2个数字、3个数字或4个数字一段。因为5或6个数字对大脑来说太复杂了。

比如一个手机号码，13601148199，我们可以将其分为三段，1360-114-8199，几乎没有人将其分为五段以上进行记忆：13-60-11-48-19-9，对吧？

四、四步迭代法是怎么来的

根据工作记忆的特性，我们简化出一个大脑4步工作流程，如图5-3所示。

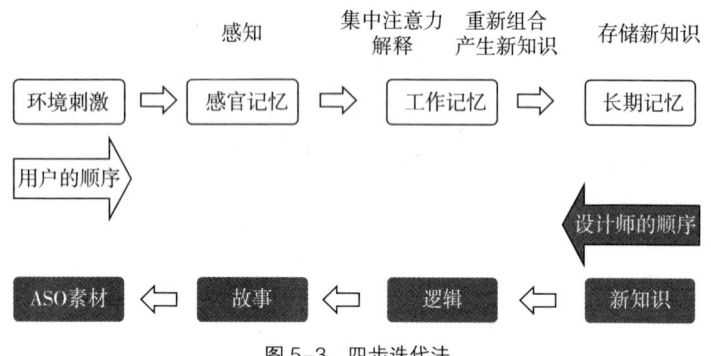

```
环境刺激 → 感官记忆 → 工作记忆 → 长期记忆
         感知       集中注意力   重新组合      存储新知识
                    解释        产生新知识

用户的顺序 →
                                         ← 设计师的顺序

ASO素材 ← 故事 ← 逻辑 ← 新知识
```

图 5-3 四步迭代法

请大家看图 5-3 的上面一半，我们的大脑按 4 个步骤工作：

第一步，用户感知事物，眼观六路、耳听八方，各个感官瞬时接收大量信息。

第二步，用户的大脑集中在其中 1~2 个元素上，大脑负责解释用户看到的和听到的是什么。

第三步，用户把接收到的新信息与其原有的知识重新组合，形成新知识。在这里，用户学到知识或采取决定。

第四步，用户把新知识和决定储存到长期记忆里。

接下来，我们把制作 ASO 素材的过程反过来，也是走 4 步，如图 5-3 所示的下面一半，从右到左：

第一步，要明确我们希望用户做出什么样的决定，在他的长期记忆里刻下什么内容。

第二步，想一想用户怎样才能得出这样的结论，做出这样的决定。在设计的时候必须挑选用户所需的信息，搭建足够简单的、用户能够跟随的逻辑。

但逻辑很有可能让人觉得无趣，因为逻辑只包含事实和推理。所以，为了确保吸引用户的注意，确保用户理解应用的价值，我们必须从逻辑里再生出故事来。

第三步，我们把隐含了逻辑的故事呈现出来。

第四步，给故事加上文字和图片，这样用户就能看懂和听懂了。

五、四步迭代法

秒变小白、用户逻辑、编织故事、制作素材，这4个阶段需要4种不同的思维，如图5-4所示。

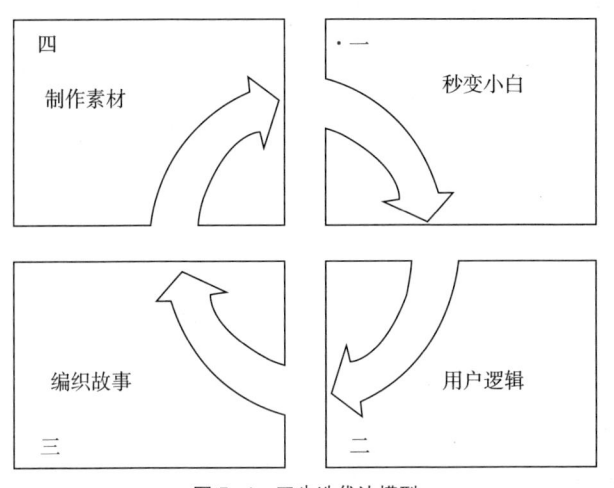

图5-4 四步迭代法模型

第一阶段：秒变小白。需要站在用户的位置上，像小白一样思考。用户是谁，有什么样的认知背景，处于什么样的使用场景。面对这样的用户，如何说服他们、打动他们。

第二阶段：用户逻辑。使用最简单的逻辑把用户引向我们的目标。

第三阶段：编织故事。要具备段子手的叙事能力，给逻辑添加吸引人的例子、故事、比喻，抓住用户。

第四阶段：制作素材。要像一个编辑，根据逻辑和故事做出素材、文案。

实操中的关键一点是，要把文案和素材的制作放到最后，这样才能节约大把的时间。

第二节　秒变小白

本节重点介绍"秒变小白"的分解动作。首先，花 10~15 分钟梳理一下文案的核心是什么，我们从以下三个问题出发。

（1）用户是谁？他们是一群什么样的人？

（2）我们的目标是什么？

（3）我们的策略又是什么？

用户是第一位的，是最重要的，试图从以下角度想想：

（1）他们到底是谁？

（2）他们对这个应用/产品知道多少？

（3）他们会认同哪些方面？

所有这些问题都很重要，而其中最重要的是：

（1）用户为什么进入这个位置？

（2）他通常是从哪些搜索词进入的？

（3）从你的产品里，他们能得到什么？哪些是对他们自己有用的？

我们经常下意识犯的错误是，在准备文案素材的时候只从自己的角度看问题。我们常常看到产品经理在 App 详情页中罗列出产品的很多特性,这个功能很好用、那个性能很厉害,等等,但这都是我们自己的视角。

我们要切换成用户视角:本产品能帮助他们解决什么问题?用户为什么会(搜)到这个位置?

假如关于用户的需要没有弄明白,后边的工作就要停下来。

如何切换成用户的视角呢?具体的方法是通过三个关键词:认知、感觉、行动。具体包括:(1)我们希望用户在看完搜索结果页、App 页面之后得出什么结论,产生什么样的认知;(2)我们希望用户有什么样的感觉,这种感觉是潜意识的,潜意识的东西才是影响用户决策的东西;(3)这种认知和感觉,会造成用户什么样的行动,是下载还是离开。

最后要做的是制定策略。我们已经知道了用户搜到产品之前在哪里,也清楚了我们想用文案把他们带到哪里去,然后要考虑的就是限制条件。我们可能要考虑很多东西,其中最重要的是时间,即用户给你留了多少时间。

时间问题是一个坑,这也是大多数运营经理、ASO 优化师容易栽倒的地方。他们想表达的内容太多,而用户就给了一秒钟的时间,如果你提供的信息需要一分钟,用户就会离开。要避免这样的情况,我们必须控制文案内容,在第一时间吸引用户,在其他环节回答他们的次要问题。

事实上,用户停留在搜索结果页上你的 App 上的时间比你想象的要短。想象一下,你开车在高速公路上看到指示牌的时间是多少。

小结一下"秒变小白"的内容,要像哲学家那样思考,问自己一组问题：

（1）用户：他们为什么来到这个搜索页面（榜单页面）？他们通常是用哪些词搜索而来的？他们的动机是什么？

（2）目标：我要用户知道什么，有什么感受，采取什么行动？如果只要他们记得一样东西，那是什么？

（3）策略：用户给了我多少时间？用户在每个页面上停留多长时间？我怎么使用时间？我是把信息点分开放在不同的几个页面，分几个阶段介绍给用户，还是一股脑儿地抛给用户？

第三节 用户逻辑

第二个阶段是用户逻辑，在此阶段，我们要化身理工生，搭建 ASO 素材的框架。这里又分成三步：

第一步，梳理文案所需的信息。

第二步，写出关键点和提纲。

第三步，用金字塔结构组织信息。

一、梳理方案所需的信息

第一步，我们要梳理出哪些关键信息需要出现在文案中，出现在包括图标、标题、副标题、截图、描述、评论等在内的文案中。然后把这些信息列成清单，这张清单越短越好，不要罗列出所有的信息，只展示用户需要知道的内容，详见后面的用金字塔结构组织信息。

然后开始搭建结构，组织信息，结构要尽可能简单，有逻辑性。搭建结构的方式有很多种，其中，金字塔方法最为实用。金字塔是麦肯锡非常推崇的商业写作技巧，如图 5-5 所示，自上而下，把结构分为两个部分：导语部分和结构部分。后边将分别介绍这两部分。

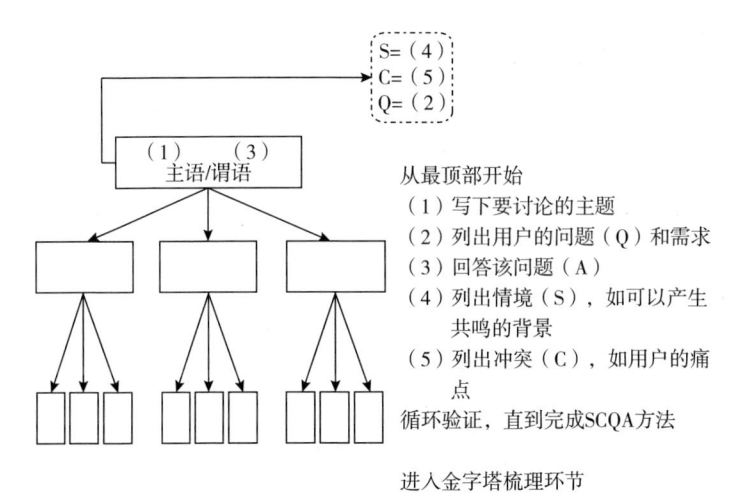

```
            S=（4）
            C=（5）
            Q=（2）

    （1）  （3）
     主语/谓语
```

从最顶部开始
（1）写下要讨论的主题
（2）列出用户的问题（Q）和需求
（3）回答该问题（A）
（4）列出情境（S），如可以产生共鸣的背景
（5）列出冲突（C），如用户的痛点

循环验证，直到完成SCQA方法

进入金字塔梳理环节

图 5-5　自上而下的金字塔方法

二、写出关键点和提纲

简单地说，就是用户为什么会搜到这里。在这里我们引入一个叫作 SCQA 的方法来帮助写导语。SCQA 方法是一个结构化表达工具，是麦肯锡咨询顾问芭芭拉·明托在《金字塔原理》中提出的。

S（Situation，情景）——由大家都熟悉的情景、事实引入。

C（Complication，冲突）——实际情况往往和我们的要求有冲突。

Q（Question，疑问）——怎么办？

A（Answer，回答）——对问题提出解决方案。

S 陈述的通常是大家都熟悉的事、事情发生的背景，有点像古代修辞手法"兴、比、赋"中的"兴"。由此切入,既不突兀又容易让大家产生共鸣,产生代入感,然后引出冲突C。Q是疑问,是根据前面的冲突从对方的角度提出他所关心的问题,最后给出A,是对Q的回答也是接下来我们要表达的中心思想。

整个结构其实是一个不断"挖坑"和"填坑"的手法——首先创建一个良好的沟通氛围,然后带出冲突和疑问,最后提供可行的解决方案。

很多广告用的都是这个套路,如用一个观众已经知道的"故事"来建立跟观众的连接(他们有这方面的背景经历和情感痛点),接着用冲突引起共鸣,最后用问题引出解决方案——快买我们的产品!如图5-6所示是灰指甲的电视广告策划。

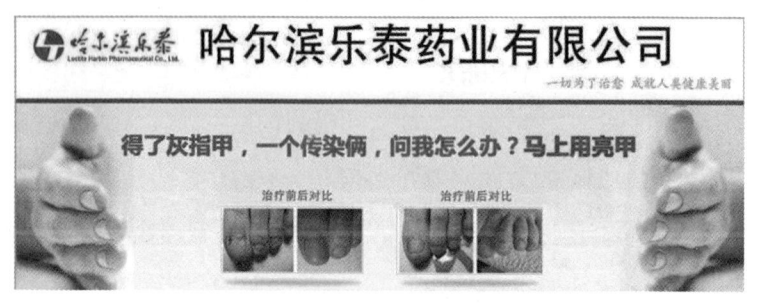

图5-6　SCQA方法用于广告的例子

S(得了灰指甲)——陈述背景,引发共鸣。

C(一个传染俩)——在这个背景下发生了冲突。

Q(问我怎么办?)——站在对方的角度,提出疑惑。

A(马上用亮甲!)——给出解决方案,这是文案要表达的重点。

再举一个笔者所供职的公司服务 iOS 的例子。

S（人口红利消失）——陈述背景，从业者引发共鸣。

C（投放效果变差）——在这个背景下，提出客户的痛点。

Q（问我怎么办？）——站到对方的角度，提出问题。

A（解决方案）——要想 iOS 买量效果好，就找量江湖。

三、用金字塔结构组织信息

金字塔结构能够以最具逻辑性的方式，把信息组织起来。导语的后半段是你的关键信息，是金字塔的顶层。在你的关键信息中，要纳入更多的细节来发展剩下的逻辑。

继续以量江湖公司的官网设计为例，量江湖公司的市场人员呈现给潜在客户的内容总是显得很贪心：

我们既做 ASA，也做 ASO；

我们既有投放工具，也做全托服务；

我们既有成功案例，也有"大咖"点评；

资讯上我们既有新闻动态，又有业界洞察；

我们既有实战营，又有商务对接；

我们既想表达自己是专家，又想说自己是苹果官方认证的企业；

我们既有优化师经验的优势，又有工具平台的优势；

我们既想说效果好，又想说行业领先；

我们既想说巨头认可，又想说客户数量多；

……

如果按照金字塔原理，经过一番思考之后，梳理出的结构如图 5-7 所示。

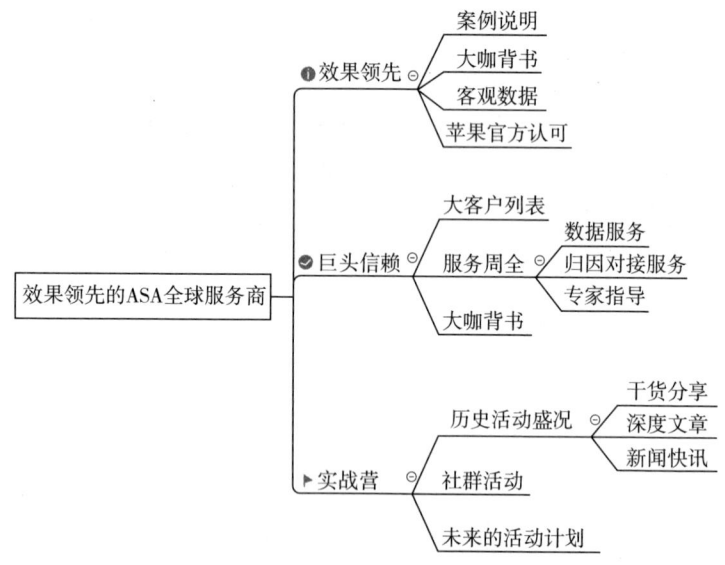

```
                            ┌── 案例说明
                            ├── 大咖背书
                  ① 效果领先 ┤
                            ├── 客观数据
                            └── 苹果官方认可

                            ┌── 大客户列表
                            │              ┌── 数据服务
效果领先的ASA全球服务商 ──┤ ✓ 巨头信赖  ├── 服务周全 ──┼── 归因对接服务
                            │              └── 专家指导
                            └── 大咖背书

                            ┌── 历史活动盛况   ┌── 干货分享
                            │                  ├── 深度文章
                  ▶ 实战营  ┼── 社群活动       └── 新闻快讯
                            └── 未来的活动计划
```

图 5-7　量江湖公司网站金字塔结构示例

整个网站如果只有一个统领信息，就是回答量江湖公司是什么——"效果领先的 ASA 全球服务商"，那么支撑这个统领信息的有三个元素，第一个是"效果领先"，第二个是"巨头信赖"，即赢得大客户的青睐；第三个是"实战营"。

第一点"效果领先"和第二点"巨头信赖"是说明和证明"我是谁"，第三点"实战营"是网站的一个职能，是承接网站流量，把访客变为潜在客户的服务站。因为客户决策流程比较长，不可能因为看到你的网站就跟你签约，他们需要对你有更多的了解，那么实战营就是客户在浏览网站之后下一个了解量江湖公司的环节。这样网站就完成了品牌宣传加客户转化的使命。

针对"效果领先"这一点，需要一系列的信息做支持，这样就把案例说明、大咖背书、客观数据等信息组织起来了。

针对"巨头信赖",则可以把大客户列表、大咖背书、服务周全等信息组织起来。

针对"实战营",则可以把资讯类的信息组织起来,诸如历史活动盛况、社群活动、未来的活动计划。

这样就用金字塔结构把整个网站的信息组织起来了。

上文中量江湖公司的网站结构的搭建需要一点行业背景知识,为了方便更多的人理解,我们借用一个生活中非常常见的例子来说明如何使用金字塔结构,如购物。

比如,你要去买东西,要买面包、馒头、大饼、水、糕点、牛奶等,如果你没有纸和笔来列清单,各种东西如图 5-8 那样繁杂,你会很难记下来。面对这么长的购物清单,我们会不自觉地采用什么样的方法来记住它呢?

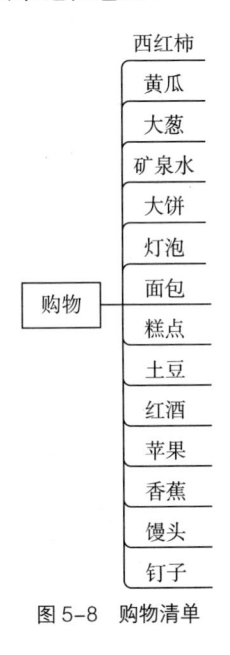

图 5-8 购物清单

当然是把单子分段,把东西分类。如图5-9所示,我们会把清单上的东西按照去哪个商店、哪个柜台购买进行分类,这样每一类就只包含3~4样东西。当我们用这样的方式组织信息时,就能轻松记下很多东西。

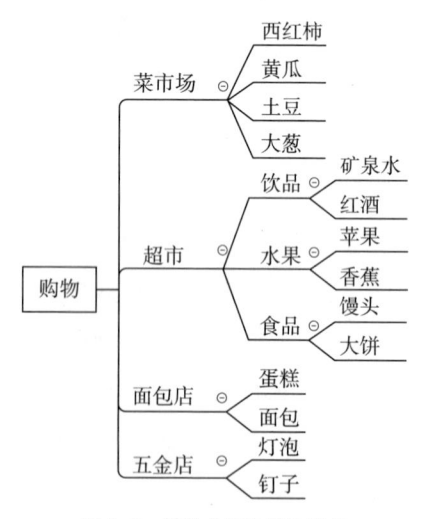

```
                 ┌ 西红柿
        ┌ 菜市场 ┤ 黄瓜
        │       │ 土豆
        │       └ 大葱
        │              ┌ 矿泉水
        │       ┌ 饮品 ┤
        │       │      └ 红酒
        │       │      ┌ 苹果
  购物 ─┼ 超市 ─┤ 水果 ┤
        │       │      └ 香蕉
        │       │      ┌ 馒头
        │       └ 食品 ┤
        │              └ 大饼
        │       ┌ 蛋糕
        ├ 面包店┤
        │       └ 面包
        │       ┌ 灯泡
        └ 五金店┤
                └ 钉子
```

图5-9 结构化后的购物清单

小结一下"用户逻辑"部分的内容。

首先,列出所有要在文案和素材中提到的内容,再把这张清单变得尽可能短,只包含有助于用户收到关键信息,也就是我们要用户做出的结论的内容。

其次,写出导语。先写情境,还原用户已经知道的信息和搜到这里的动机,然后说明如何解决面对此类情境的疑难,再说明我们打算回答一个什么问题,而那个回答就是关键信息。

最后,用金字塔结构把各种信息组织起来。

第四节　编织故事

在"用户逻辑"阶段，我们用金字塔结构组织的信息是枯燥的、无趣的，并不能吸引用户，需要将其变成故事。

什么故事呢？在认知科学中，故事被认为是一种精妙编码。精妙编码是一个心理学术语。为了方便大家理解，这里举一个经典的心理学试验："是面包师，还是 Baker"。

心理学家组织了两组志愿者做测试。其中，他们请了一个面包师对两组志愿者做自我介绍。面包师对第一组志愿者说："你好，我的名字是 Baker。"对第二组志愿者说："你好，我是面包师 Baker，我是做面包的。"如果一个月以后面包师再次见到这两组志愿者，哪一组志愿者会更记得他呢？答案是第二组。为什么呢？

这是因为 Baker 作为一项职业的名称，能让用户产生很多联想，用户会想到面包，想到面包的香味，想到面包师围裙上的花等这些记忆的抓手。这就是精妙编码。而 Baker 作为一个人的名字，激发不出那么多联想。

所以，到了"编织故事"这一阶段我们该做什么呢？我们需要在金字塔结构中加入尽可能多感性的抓手。我们要举例，制造疑惑，出其不意，这样用户才能被吸引，才能理解得更好，记忆得更深刻。

这就是编织故事。

编织故事不是说把整个文案和素材变成一个长长的故事，而是在文案中插入不同的故事元素，让内容变得可见和真实。

我将这些故事元素称为抓手。我们可以穿插一些段子、一些身边的趣事。此外，尽可能用图片、动画、视频，效果要好很多。

还有很多其他抓手可以让用户印象深刻。比如 2017 年，如日中天的暴风影音就有一个经典的"杀了一个程序员祭天"的例子，如图 5-10 所示。虽然暴风影音产品早就淡出一线了，但它的故事还在流传，这就是故事的魅力。

图 5-10　故事示例

总之，有很多种方法能让 ASO 文案脱颖而出，被人记住。

第五节　制作素材

四步迭代法的最后一个阶段是制作素材，在这个阶段，要根据实际情况制作素材。由于图标、产品标题和产品详情页中涉及上下文的信息太多，我们没有办法具体展开，所以只提两个建议。

第一个建议是关于时间的，要充分考虑用户给我们的时间。文案收官时，想象一下你在做一个高速公路路边的路标或广告牌。路标必须简单明了，人们才能在以每小时 120 千米的速度驶过时，清楚地看懂路标，而不需要减速。产品的标题、副标题、图标、截图也要像路标那样。如果用户需要减速才能看到，那么一定有什么东西不对劲。

  第二个建议是请外行来看看。不要一上来就找竞品、模仿竞品，而要自己先构思一下结构，想想它是怎么出现在搜索结果页上或者榜单上的，看看它是否足够简单、清楚、有效，甚至可以做出搜索结果页的截图，找一些非专业人士，比如你的男/女朋友、父母、其他行业的同学和老师，请这帮"外行"先看看。

  最后，套用林语堂关于讲演的一句话做个比喻：

  一个好的 ASO 文案要像一条超短裙，短到不能再短，以吸引众人的目光，同时，长到足够长，以覆盖需要遮蔽的部位。

第六章
ASA 的正面与侧面

> 本章概要：本章针对广告主最关心的几个方面，回答 ASA 作为一个流量渠道的几个关键问题，包括：ASA 广告怎么收费，渠道的用户质量如何，ASA 作为渠道应该如何使用，ASA 和 ASO 之间的关系如何，以及一个更为底层的问题——ASA 的流量分发机制如何。借此，我们对 ASA 有一个轮廓上的认识。

第一节　ASA 的基本情况

ASA 的全称是 Apple Search Ads，目前是 App Store 上的官方搜索广告平台。一般而言，一个搜索词的搜索结果列表中最多只有一条置顶 ASA 广告，以浅蓝色底和"Ad"字样来区分自然搜索结果。广告通常有三种方式——纯文本、拼图、视频。最关键的是，ASA 是置顶广告，如图 6-1 所示。

苹果搜索广告的计费方式是按照点击计费，在苹果的话术中，"点击"的英文是 Tap，因此付费模式为 CPT（Cost Per Tap）。

竞价的对象是关键词。关于搜索词和关键词的区别在后续的章节中有介绍。竞价能否成功的核心因素有两个，分别是相关性和出价。相关性越好，出价越高，越容易竞价成功。点击产生的实际价格是按照次高竞价取值，就是广义的第

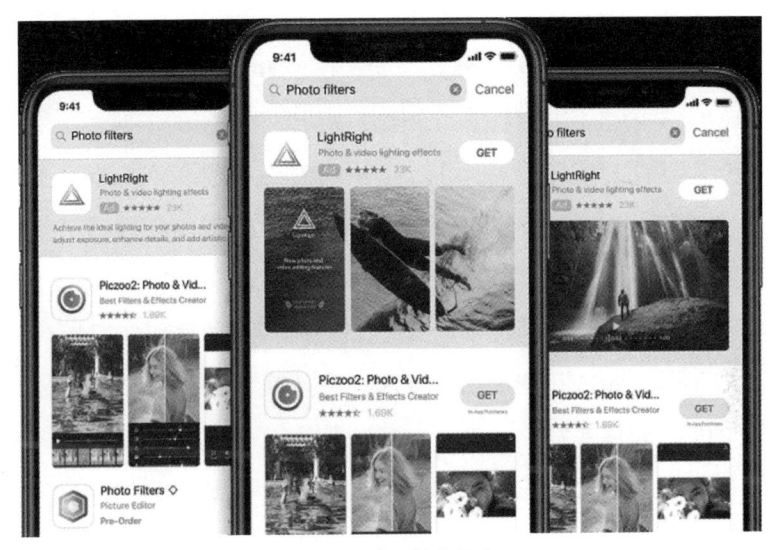

图 6-1 苹果搜索广告

二高价,关于竞价原理在后续的章节中有详细介绍。

截至 2020 年 12 月底,苹果已经在 60 多个国家和地区开放了 ASA 服务,目前在中国大陆地区尚未上线。

第二节 ASA 用户的质量与量级

对于广告主而言,ASA 是一个可选的流量渠道。关于是否要将此渠道加入自己的流量池中,广告主一般关心两个问题:一个是用户质量如何,另一个是用户量级如何。这是广告主评估一个流量渠道的两大标准。

一、用户质量

关于 ASA 的用户质量问题,先说结论:ASA 是所有媒体广告平台中用户质量最高的渠道之一。

目前，App Store 已经在 60 多个国家和地区开放了 ASA 服务。其中，在美国本土最先开始，已经开放超过四年，因此，我们主要采信美国的数据和案例作为研究和分析的依据。

关于用户质量，我们可以看两个指标：浅指标和深指标。

所谓用户质量的浅指标，重点关注该渠道用户的活跃度，其中最直观的活跃度指标就是用户留存。如图 6-2 所示是美国区 ASA 的用户留存情况，包括次日留存、7 日留存和 30 日留存。数据表明，ASA 用户的活跃度仅次于自然流量用户，比排名最好的广告媒体要好。

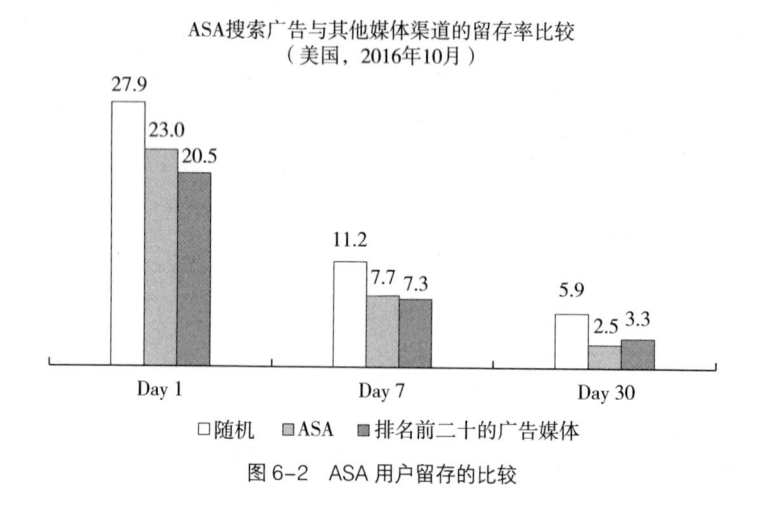

ASA搜索广告与其他媒体渠道的留存率比较
（美国，2016年10月）

	Day 1	Day 7	Day 30
随机	27.9	11.2	5.9
ASA	23.0	7.7	2.5
排名前二十的广告媒体	20.5	7.3	3.3

图 6-2 ASA 用户留存的比较

关于这组数据，有个背景知识要交代一下：在北美地区，iPhone 用户和安卓手机用户在 ARPU（每用户平均收入，Average Revenue Per User）贡献上的差别不像在中国市场那么明显。北美用户选择 iPhone 还是其他安卓手机，比如三星，更多的是品牌偏好，而非由收入阶层决定；中国则有所不同，从商业运营的数据上看，iPhone 跟安卓手机相比，其 ARPU 值明显要高，在很多游戏产品中占比不足 20% 的 iOS 用户贡献了超过 50% 的营收。

考虑到这个情况，可以预见，如果 ASA 在中国上线，其用户质量的表现要比上面那组数据好得多。

所谓深指标，则需要考查用户的贡献。用户贡献有三个方面：用户的内容产生价值、用户传播价值、用户购买价值。其中最直观、最具说服力的就是用户的购买价值，本节重点分析这一点。

用户购买可以分为两个维度，一个是购买贡献，另一个是更加尖锐的 ROI。根据 AppsFlyer2017 年发布的全球广告平台综合实力报告，ASA 在 iOS ROI 表现排名中位居第一，其中，与排名中的其他广告平台相比，ARPU 值高出 30%，而价格则低 40%。

AppsFlyer2017 年发布了《广告平台综合表现报告》，该报告仅统计了 2016 年 7 月~12 月的数据，而当时在美国 ASA 于 10 月份才上线，在统计时长明显吃亏的情况下，iOS 非游戏和游戏类的实力排名已经分别攀升到第三位和第六位，如图 6-3 和图 6-4 所示。而到了次年，也就是 2017 年上半年，这两个实力排名分别攀升到第二名和第三名，其用户质量可见一斑。

非游戏 / iOS / 北美

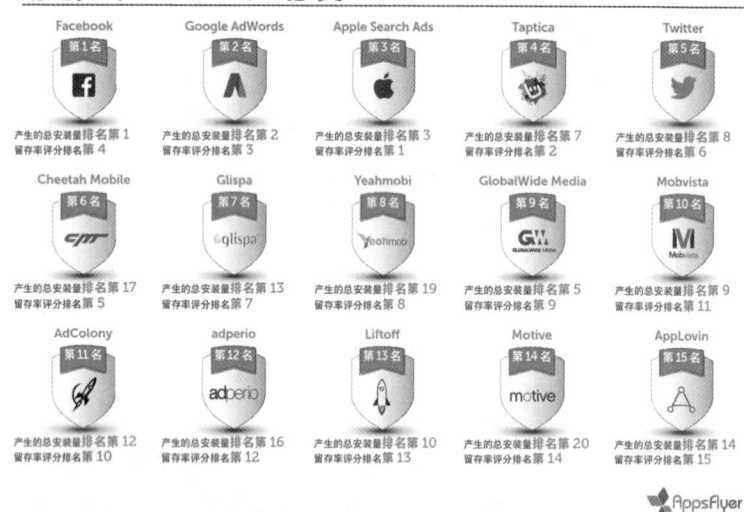

第1名 Facebook
产生的总安装量排名第1
留存率评分排名第4

第2名 Google AdWords
产生的总安装量排名第2
留存率评分排名第3

第3名 Apple Search Ads
产生的总安装量排名第3
留存率评分排名第1

第4名 Taptica
产生的总安装量排名第7
留存率评分排名第2

第5名 Twitter
产生的总安装量排名第8
留存率评分排名第6

第6名 Cheetah Mobile
产生的总安装量排名第17
留存率评分排名第5

第7名 Glispa
产生的总安装量排名第13
留存率评分排名第7

第8名 Yeahmobi
产生的总安装量排名第19
留存率评分排名第8

第9名 GlobalWide Media
产生的总安装量排名第5
留存率评分排名第9

第10名 Mobvista
产生的总安装量排名第9
留存率评分排名第11

第11名 AdColony
产生的总安装量排名第12
留存率评分排名第10

第12名 adperio
产生的总安装量排名第16
留存率评分排名第12

第13名 Liftoff
产生的总安装量排名第10
留存率评分排名第13

第14名 Motive
产生的总安装量排名第20
留存率评分排名第14

第15名 AppLovin
产生的总安装量排名第14
留存率评分排名第15

图 6-3　ASA 在北美地区的实力排名

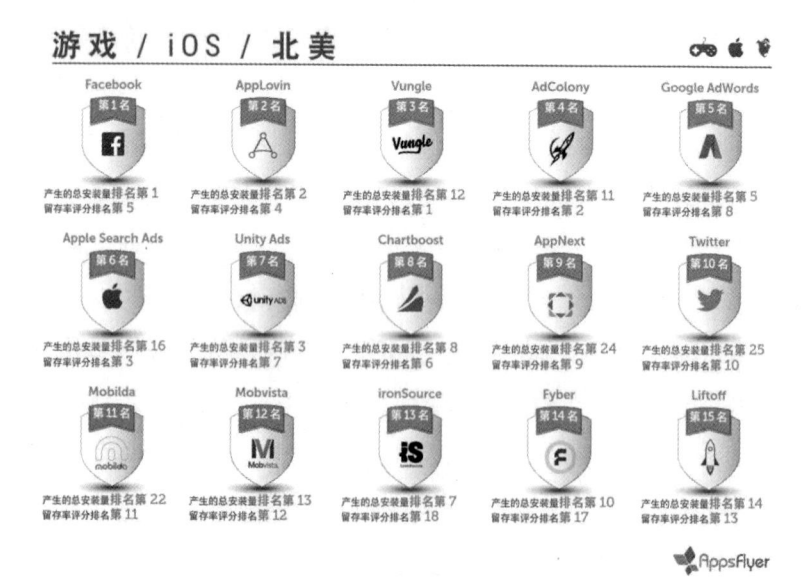

游戏 / iOS / 北美

第1名 Facebook
产生的总安装量排名第1
留存率评分排名第5

第2名 AppLovin
产生的总安装量排名第2
留存率评分排名第4

第3名 Vungle
产生的总安装量排名第12
留存率评分排名第1

第4名 AdColony
产生的总安装量排名第11
留存率评分排名第2

第5名 Google AdWords
产生的总安装量排名第5
留存率评分排名第8

第6名 Apple Search Ads
产生的总安装量排名第16
留存率评分排名第3

第7名 Unity Ads
产生的总安装量排名第3
留存率评分排名第7

第8名 Chartboost
产生的总安装量排名第8
留存率评分排名第9

第9名 AppNext
产生的总安装量排名第24
留存率评分排名第9

第10名 Twitter
产生的总安装量排名第25
留存率评分排名第10

第11名 Mobilda
产生的总安装量排名第22
留存率评分排名第11

第12名 Mobvista
产生的总安装量排名第13
留存率评分排名第12

第13名 ironSource
产生的总安装量排名第7
留存率评分排名第18

第14名 Fyber
产生的总安装量排名第10
留存率评分排名第17

第15名 Liftoff
产生的总安装量排名第14
留存率评分排名第13

图 6-4　ASA 在北美地区游戏品类中的实力排名

二、用户量级

关于 ASA 的用户量级，同样先说结论：在北美地区，ASA 的用户量级还属于第二梯队。ASA 在非游戏类的流量好于游戏类的流量，如图 6-3 所示。在非游戏品类中，仅仅几个月的时间，其安装量已经排名第三，在用户量级上属于第二梯队的头部广告平台。

作为一个天然自带广告流量的平台，ASA 和整个安卓平台没有关系，我们只讨论其在 iOS 平台上的表现。iOS 在美国的用户占整个智能手机市场用户的比例超过 45%，而在中国市场这个数据超过 20%。这意味着，未来 ASA 进入中国市场之后，在量级上属于第二梯队，会排在广点通等头部广告平台之后，在第二梯队中位居前列。

更为具体的量级目前还无法给出。根据北美地区的项目经验，ASA 能占到 App Store 总体流量的 5%~30%，变化幅度之大，主要与 App 的类型、体量以及获量方式有关。在产品品类上，教育类、摄像类、体育类的比例高一些；在产品的体量上，与 App 的质量和其所处的应用/游戏总榜排名有关系。排名越靠前，流量占比越高，也就越容易获得流量。我们的数据表明，在美国区一个排名进入总榜前 1000 名的 App，可以拿到日均 3000 甚至以上的下载量。据不完全统计，在我们已知的出海客户中，头部客户已经把 ASA 作为一个标准渠道对待了。

将来在中国市场，也大概是这样的局面。

小结一下，针对中国市场的 ASA 做一个预测：一，其用户质量是优等用户，最接近 iOS 自然流量的用户质量；二，其用户量级应该属于第二梯队,但在第二梯队中排名位居前列。

第三节　ASA 与 ASO 的关系

ASO 和 ASA 同为 App Store 上搜索流量的获取方式,二者相辅相成,相互影响。广告主应如何选择呢?

我们知道,在中国的 App Store 市场中,所有开发者都会做 ASO,但并非所有开发者都会做干预型 ASO。而选择了积分墙、干预型 ASO 的开发者,又各有各的选择,有的选择长期坚持做,有的选择阶段性地做,有的只挑特殊的时间节点做,比如"双十一"期间等。

开发者做与不做 ASO 是由一个模型来衡量的,是两股力量之间的较量结果,具体如下:

ASO 的投放需求 = 动力(业绩压力 + 业绩需要 + 效果显著程度)- 阻力(归因问题 + 可选手段 + 实施阻力);

其中,动力包括三部分:一是业绩压力,二是业绩需要,三是效果显著程度。下面具体分析一下。

(1)业绩压力。运营人员在业绩压力面前,会改变其心理模型而采取漠视风险的行动,从而释放出冲 ASO 的动力,比如到了"双十一",电商公司的运营人员在业绩压力之下也会选择 ASO。

(2)业绩需要。如果 ASO 的效果已经是现有业绩的重要构成部分,那么开发者就会一直做。因为一旦 ASO 停了,流水就跟着往下掉。

(3)效果显著程度。就是做 ASO 产生的效果占比越高,则动力越大。当处于一个存量市场，用户被"洗干净"的时候，ASO 的效果不明显，那么动力就变小了。比如，一些国民级的应用，早就把用户"洗"了很多遍，做 ASO 是看不出什么明显效果的。

阻力也包括三部分：一是归因问题（或决策阻力），二是可选手段，三是实施阻力。

（1）归因问题。归因不明会造成内部汇报和部门协调之间出现压力。这一压力会变成阻力，减少 ASO 的预算。

（2）可选手段。运营人员可选的有效手段越多，轮到 ASO 的概率就越小，运营人员就会避开这些归因不明的流量。

（3）实施阻力。就是在实操过程中的各种协作风险，诸如核销等。

前文提到的 ASO 投放需求的公式能够解释为什么有些开发者会持续做 ASO，有些开发者会阶段性地做，而有的开发者则偶尔做一做。

同理，这个模型也适合评估开发者对 ASA 的需求。

ASA 的投放需求 =（效果显著程度 + 业绩需要 + 业绩压力）-（决策阻力 + 可选手段 + 实施阻力）

对于开发者而言，很容易做选择。如表 6-1 所示，与 ASO 相比，ASA 成了必选项。到了 ASA 时代，流量运营可选的渠道越来越少，在人口红利终结的后互联网时代，业绩压力只会增加不会减少。事实上，ASA 一旦与后续的付费锚定，更会成为开发者的流量必选项。

表 6-1　广告主做出投放决策时 ASA 与 ASO 比较

因素	子项	ASO	ASA
动力	效果显著程度	有效果但不清晰：iOS 在国内用户质量高，ARPU 值高，即使归因不清晰，也会考虑用	效果显著且清晰动力强劲
动力	业绩需要	因人而异：在有些产品商业化中，ASO 的流量成为收入的重要组成部分，变成业绩的一部分，无法离开	动力强劲，不受影响
动力	业绩压力	因人而异、因时而异：很多公司平时不用 ASO，只在特殊促销期间采用，如"双十一"	品效合一，动力强劲不受业绩压力影响
阻力	决策阻力	阻力大：由于其归因不清晰，造成决策阻力大，部门间的沟通压力大	无阻力：与 ASO 相比，不仅有效果，而且归因清晰可信
阻力	可选手段	可选项，因人而异：很多开发者选择 ASO 的原因是可选择的渠道有限	必选项：由于 ASA 品效合一，是开发者的必选项
阻力	实施阻力	有核销阻力：因为 ASO 效果不稳定，经常出现扣减核销问题。涉及的公司也比较多，协作是问题	无核销阻力：整个核销数据由苹果提供，有信用，也无协作问题

关于 ASA 与 ASO 的组合使用，在后续章节会专门介绍，而关于 ASA 和 ASO 在流量分发机制上的不同，在下一节详细介绍。

第四节　ASA 流量分发机制

很多看似错综复杂的表象问题，说到底是一个核心问题在不同场景下的表现而已。只要把这个核心问题搞清楚了，其他问题就迎刃而解了。

看似复杂的 ASA 投放问题，其核心问题只有一个，即苹果 ASA 的流量分发机制是怎样的。在苹果的生态下"玩"流量，就必须知道和掌握那些规则和潜规则。

这里的"潜规则"不是传统意义上的潜规则，而特指苹果没有明确公开地说，却是这么干的，而且在业界也大致采用的类似规则和算法。我们用的词是"流量分发"，而不是"广告买量"或者其他更加商业化的词语，是因为苹果作为生态的控制者就如同一个中央政府一样，不仅要考虑短期利益，还要考虑长期利益；不仅要考虑自己的利益，还要考虑用户的利益，平衡开发者的利益；不仅要考虑开发者的利益，还得考虑开发者中已经出现的贫富分化现象，扶持弱势群体，给底层 App 更多的机会，为其打开一条上升通道。

特别是经过 iAd 关闭事件之后，苹果针对广告的策略发生了重大变化，从业务部门变成服务部门，ASA 更加注重生态的平衡。所以，我们用的是"流量分发"这个非常中性、技术化的词，就是想表达这样的概念。

ASA 流量分发的依据是三个关键词——效率、随机性、观察期，也可以总结成一句话：效率优先，兼顾随机。

效率隐含了三个东西：苹果默认的相关性、点击转化率、下载转化率。

相关性又称权重。App 与关键词之间是有相关性的，相关性越高，这个词的广告流量就越容易分发给这个 App。这个相关性是一个非公开的数据。

点击转化率，是指点击量/曝光量，这是一个公开数据。

下载转化率，是指下载量/点击量，这也是由 ASA 提供的一个公开数据，代表了在这个关键词上 App 的转化效率。

显然，转化效率越高，苹果就越愿意把流量分发给这个 App，这样的结果皆大欢喜。首先是苹果高兴，能实现流量变现的最大化，因为苹果是按照 CPT 计费的，愿意看到高转化率；其次是用户满意，用户看到广告，愿意点击查看，还愿意下载甚至支付，说明这是用户需要的，更像一个内容，而非广告；最后是 App 开发者满意，转化率高说明开发者没有花冤枉钱。

所以，ASA 流量分发的第一准则是效率优先。如果某个 App 跟某个关键词的相关性很低，而此 App 非要强行竞价这个关键词，那么结果有两种情况：其一，压根就没有展示，即便出价很高；其二，偶尔有展示，经过一段时间的观察期，发现展示无转化，说明把这个词的广告位展示给这个 App 是低效的，系统就会降低展示率。

那么，如何理解兼顾随机呢？

某 App 可以竞价跟它有一定关联性的关键词，苹果也会把一些关联性不是很高的词通过搜索匹配或者广泛匹配分发给这个 App。在投放实践中，我们发现有大量的长尾词，就是这个原因。

苹果为什么这么做呢？

首先，关键词或者搜索词与用户的意图之间并不是唯一确定的。同一个搜索词对于不同的用户可能代表不同的意图，所以关键词与 App 之间的关联性是动态的，苹果没有把握确定双方之间的固定关系，所以采取一个有观察期的弹性策略，把但凡有点关联的词通过自动映射的方法，观察和统计更大范围内关键词与 App 之间的转化效率。这个策略也让苹果保持了很好的开放性，对文化多样性的接纳、对未来舆情以及文化变化的适应性。

应该说，苹果的这套流量分发机制有很强的商业效率，同时保持了政策的弹性，对于意外情况以及环境变化具有很强的学习能力，是一种高明的策略。

另外，大家更关心的一个问题是：ASA 流量分发机制跟现在的 App Store 流量分发机制有什么不同？换句话说，置顶的搜索广告展示（简称 ASA 流量分发）规则与 App Store 搜索结果展示（简称 ASO 流量分发）规则是不是一回事？

答：不是一回事。

ASA 和 ASO 流量分发机制是两套独立的分发系统。我们看到一个搜索结果页，第一部分置顶的 ASA 广告是一个叫作 ASA 的系统通过计算后展示出来的，而下面的搜索结果页是另一个系统计算输出的排列结果。也就是说，这个搜索结果页的内容是由两个信息填充而来的。对于 ASA，平台有一个衡量关键词流量的指数叫作流行度；对于 ASO，平台也有一个衡量关键词流量的指数叫作搜索指数。

二者是独立的，却有很强的关系。

首先，二者是独立的，比如，在美国某个时间段内（2017年 5 月份数据），有的词有流行度，但没有搜索指数，如表

6-2集合了流行度较高的部分关键词信息。例如，以"episode choose your story"作为关键词，流行度为61，说明该关键词是一个流量相当可以的关键词，但其搜索指数却为0，这些词属于ASA广告流量分发机制中的关键词，却不在ASO的关键词数据中，说明这是两套系统独立运行的结果。

表6-2 个别关键词的搜索指数和流行度对比（一）

地区	关键词 （Keyword）	搜索指数 （Priority）	流行度 （Popularity）
美国	捕鱼达人	0	61
美国	借款	0	61
美国	episode choose your story	0	61
美国	scruff gay chat dating and social	0	61
美国	free music download	0	60
美国	t mobile	0	60
美国	directv app for ipad	0	60
美国	gallery doctor	0	59

同理，有的词有搜索指数，但没有流行度，如表6-3选取的是一批搜索高热词，它们的热度维持在7000以上，这些词的数量在美国总共也不超过1000个，但其居然没有流行度，说明什么呢？

表6-3 个别关键词的搜索指数和流行度对比（二）

地区	关键词 （Keyword）	搜索指数 （Priority）	流行度 （Popularity）
美国	微信	8374	0
美国	at&t app	7483	0

续表

地区	关键词 （Keyword）	搜索指数 （Priority）	流行度 （Popularity）
美国	c. a. t. s.	7268	0
美国	plants vs zombies	7200	0
美国	bank of America-mobile banking	7134	0
美国	free music download.	7024	0
美国	weed farm	7001	0

再次说明，这两个系统用的不是一个分词体系，它们各玩各的。

第五节　ASA 的其他常见问题

一、ASA 对榜单的影响

很多广告主关心 ASA 对 ASO 是否有影响。所谓 ASA 对 ASO 的影响，主要是两部分：一部分是 ASA 对关键词的覆盖是否有影响；另一部分是 ASA 的流量是否对榜单的提升有影响。我们一个一个地来回答。

ASA 对 ASO 关键词覆盖的影响为零。在无数的实践中，买某个关键词的 ASA 流量，无论大小以及占比多少，都不能影响关键词的搜索排名和覆盖数量。在苹果的官方文档中，也从未提到关键词跟 ASA 流量的关系。

但是 ASA 对榜单的影响有效且十分明显，即，足够多的 ASA 买量会导致 App 在榜单中排名的提升。这是因为苹果把搜索结果页中用户对 ASA 的点击流量当作自然流量，大量的购买虽然不能累积到该关键词的权重上，但可以累积到整个 App 的

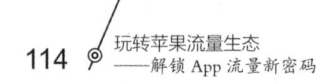

日新增下载。

举一个实战案例,某摄像类 App 的买量效果如图 6-5 所示。

图 6-5　ASA 买量对榜单排名的影响

该 App 在 2017 年 11 月 25 日开始投放 ASA,到 12 月 4 日结束。在投放过程中,其在分类榜排名中从最初的第 685 名,仅用 3 天时间就快速攀升到第 156 名,并影响了其在付费榜的排名。而当我们停止投放之后,分类榜榜单出现了松动,快速降到第 562 名。(注:在此期间,我们未做任何影响 ASO 的其他操作。)

那么,多少 ASA 买量才能让榜单产生变化?

这个答案在上一个例子中非常明确:这款产品每日自然新增安装量为 5000～10000,而每日 ASA 买量下载为 500～700,ASA 流量能占到总流量的 5%～10%,这个比例对于榜单有明显的影响。在我们有限的统计中,ASA 的占比超过 3% 就能有影响,如果能达到 10%,那么效果就会立竿见影。

二、自投或委托第三方

很多开发者关心是否应将 ASA 委托给第三方来投放。关于这个问题，没有统一的答案。据我们目前海外客户的分布来看，10%～20% 的客户选择了自己投放，而 80% 以上的客户选择了委托第三方投放。

每个开发者都有自己的实际情况，开发者的选择受很多因素的影响，既包括外部因素，如市场中是否有满足需求的 ASA 投放服务商，又包括内部因素，即企业所处的阶段、企业文化、组织结构、人员配备等各个方面，所以很难给出具体建议。

但本书可以提供几点信息帮助开发者做选择，一个是学习成本和学习门槛；另一个是专业投放和业余投放的区别。开发者可以自行判断。

1. 学习成本和学习门槛

（1）时间成本：如果有足够多的案例的话，熟练掌握 ASA 投放需要 1～2 个月的学习、实践和摸索。

（2）学习需要掌握的内容：账户搭建、拓词与筛词、关键词出价管理。其中，令人比较头疼的是拓词和日常出价管理。

（3）培训效果：目前从我们的筛选过程来看，淘汰率高达 50% 以上，这当然跟培训水平、人员素质、学习意愿有关，仅供参考。ASA 是一个专业的平台，入门有一定门槛，想要精通比较难，这也是苹果推出 Search Ads Basic 版本的原因。

2. 专业投放和业余投放的区别

在同样的 CPA（成本控制要求）下，如果业余人员可以投到每天 1000 个下载，那么专业人员可以投到每天 1500～3000

个下载，后者是前者的 1.5～3 倍。

下面再补充介绍一下 Search Ads Basic。Search Ads Basic 是一个不错的选择，投放门槛低，但每月 5000 美元的限制可能是多数广告主最苦恼的部分。至于其投放效果，是不能太指望的。据我们分析，苹果此举意在提升用户体验，简化操作，但是以牺牲投放效果为代价。

从企业文化的角度看，有的老板喜欢所有事情都自己做，主要是出于数据方面的考虑。有的公司则倾向选择社会化大分工，信奉专业主义。最终应根据自己的实际情况做选择。

第七章
ASA 核心技术：外行看投放，内行看拓词

> 本章概要：在搜索广告领域，外行看投放，内行看拓词。ASA 拓词的重要性不言而喻。本章除了介绍关键词的价值与意义，还着重介绍基于苹果系统和三方资源的关键词来源和拓词方法，并对更加高阶的拓词方法进行了探讨。

第一节　ASA 拓词的基本知识和概念

一、拓词之于 ASA 的地位与价值

苹果搜索广告 ASA 的投放体系中涉及三个技术模块，分别是：拓词、账户、调价。

就如同计算机结构一样，在用户和计算机之间隔着芯片（硬件）、操作系统、应用，在 ASA 优化师和流量之间分别隔着关键词、账户结构和调价，其中的关系如图 7-1 所示。

用户要通过应用、操作系统和芯片之间的配合才能操控计算机，优化师要想操

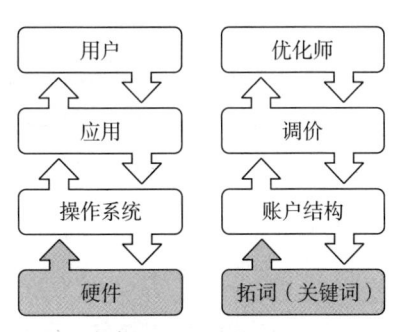

图 7-1　ASA 投放技术构成与计算机分层结构对比

作和运营流量，则需要通过关键词、账号结构和日常调价三者之间的配合才能完成。

账户结构就像电脑的操作系统，关键词就像芯片和硬件一样铆接在苹果的广告流量池中，而控制价格就像是跑在操作系统之上的应用程序。优化师在一个开放稳定的账户结构上，通过日常调价操作对每个关键词上的流量的阈值进行调节，从而控制进入自己体系内的流量大小。

每个关键词就像一条涓涓细流，汇集了带有某种意图的用户流量，而长江大河之所以滔滔不绝，正是因为汇集了千万条溪流，如果没有上游千万条涓涓细流的存在，那么就不可能有大河大流。无论是亚马孙还是长江的浩浩荡荡，都是因为它们汇集了千万条溪流。

每个 App 的流量累计来源于大量的合适的关键词，而合适的关键词则来源于拓词工作，这是所有工作的前提和基础。参加过国内高考的学生都熟悉一句话：考分儿，考分儿，学生的命根儿，那么对应的就是：拓词，拓词，ASA 的生死。对于 ASA 投放买量而言，没有好的拓词作为基础，就像没有芯片的计算机，无法在苹果的广告流量中汲取到合适的用户。拓词之于投放，就如同大米之于米饭，所谓巧妇难为无米之炊，不但发挥不出操作系统的优势，再好的账户结构也无济于事。

ASA 流量千万条，拓词选词第一条。

二、拓词的基本概念

通常我们说的拓词，就是在苹果体系内发现和挖掘被索引化的关键词。我们拓展的词是有一个限定范围的，不是用户的所有输入都能称得上关键词。在中文世界里，用户常用的搜索词数量有上亿个，但是被苹果索引化后定义为关键词的有 150~200 万（专指中国区），我们知道用户的输入，即搜索词跟关键词不是一回事，也不是我们拓展的范围。

1. 关键词（Keyword）

所谓 ASA 的关键词并没有一个官方的定义，在业界通常被认为是被苹果系统筛选收录了的、标注了并且为之配有流行度指数或者搜索热度指数的词的集合。而这个集合是动态的，不同时间段略有区别，在中文世界和英文世界通常保持在 150~200 万个。

2. 关键词类别

由于关键词数量庞大，通过将关键词合理分类，有利于我们更好地分析、管理关键词。关键词有很多维度去分类，常用的有两个维度，一个是含义，或者说相关性；另一个是流量，就是我们常说的搜索指数（Priority），又称热度。在 ASA 广告平台中还有一套衡量标准，叫作流行度（Popularity）。

根据关键词含义，业内普遍将关键词分为三大类：

品牌词：自家 App 名称及相关衍生词。

竞品词：竞品 App 名称及相关衍生词。

行业词：行业内通用词汇，如"产品""服务""需求"，等等。

根据流量，我们可以将词分为高热词、中等热词和低热词。

（1）高热词。

流行度大于 70 的关键词。这种词最吸量，但数量有限，以美国为例，这种关键词只有不到 1000 个，是投放中要特别关注的词。

（2）中等热词。

流行度大于 50 且小于 70 的关键词。以美国区的数据为例，这种关键词数量维持在 10 万个左右，是整个搜索流量的中坚力量。在中国区也差不多是这个量级，流量占比大概 40%。

（3）低热词。

流行度大于 5 且小于 50 的关键词。这区间的词汇最为丰富而且变化很快，有些词甚至连流行度的数据都没有，在美国区的数量大概维持在 200 万这个数量级，长尾流量达到 40%，将是未来构成低量词的主要成员。

上述两个维度的分类方法也可以参考第四章中关于 ASO 关键词覆盖的相关内容。

3. 关键词质量判断

在众多关键词中，如何判断每个词的好坏，如何选取核心关键词，是每个优化人员都关心的问题。判断关键词质量可以通过以下三个维度：

相关度：关键词含义与 App 越相关，则精准度越高，如自家 App "品牌词" 一般来说是高精准词。从效果数据看，高精准度的词通常在获量、收益方面有更高的转化率。

搜索指数（流行度）：关键词的搜索指数可以通过各工具平台查询。热度高的词，说明其搜索量大，获量机会也更多。

竞争程度：关键词的 CPT 点击价格越高，说明竞争程度越强。由于高热度词量级大，抢量的人多，所以通常竞争更激烈。

4. 核心关键词选取

核心关键词对账户的贡献大，选取核心关键词进行重点监控管理，可以更高效地调控账户效果。核心关键词具有相关度高、权重高、热度高的特点，其竞争程度在可接受范围内。"品牌词"通常作为账户核心关键词管理，因为自家品牌词一定具备最高的精准度，而且自家品牌的流量不希望被竞品轻易抢走。

5. 关键词、搜索词、否定词、低量词

关键词、搜索词、否定词、低量词是我们在日常管理账户中经常接触和运用的，不熟悉的人对它们的理解很容易出现问题，以下是对四者的相关解释说明：

关键词，添加到账户中进行投放的关键词，添加过程中需要设置"匹配类型"与"出价"。

搜索词（Search Terms），用户发现广告的实际搜索词，关键词的匹配类型决定匹配到的搜索词是什么。

否定词（Negative Keywords），不希望出现在广告中的搜索词，可以在账户中添加为否定词。

低量词（Low volume terms），每日展示量小于 10 的"搜索词"，苹果统一用"Low volume terms"表示。

6. 投放匹配类型

投放有以下三种匹配类型，不同匹配类型对应匹配到的搜索词不同，分别有各自的优劣势，其中匹配搜索词原理与举例如表 7-1 所示，不同匹配类型优劣势如表 7-2 所示。

表 7-1　匹配搜索词原理与举例

匹配类型	匹配原则	关键词	对应的搜索词
精准匹配（Exact Match）	与关键词拼写一致或相似	微信	微信
广泛匹配（Broad Match）	与关键词含义相近	微信	微信、QQ、语音聊天
搜索匹配（Search Match）	与 App 相关，不需要设置关键词	微信	微信、QQ、语音聊天、陌陌、探探

表 7-2　不同匹配类型优劣势

匹配类型	优势	劣势
精准匹配（Exact Match）	流量精准	获量机会变小
广泛匹配（Broad Match）	获量机会变多	流量不精准
搜索匹配（Search Match）	操作容易，获量机会增多	流量不精准，不可控

第二节　拓词的基本方法

一、拓词意义

正如开篇所言，每个关键词就如同一条溪谷，覆盖的溪谷越多，那么汇聚的流量也就越大。在 ASA 账户投放的关键词越多，理论上获取流量的机会越大。在新建账户及日常优化维护中，拓词是核心工作之一，账户拓词的数据及质量，对账户投放效果影响很大。

二、拓词策略

拓词和选词有两种不同的出发点，一种是以更多流量为目的，另一种是以确保 ROI 为目的。以获取更多流量为目的：尽可能拓更多数量的关键词投放，放宽关键词质量要求；以保障 ROI 等收益指标为目的：优先选择更高质量关键词投放，根据效果表现可以逐步投放更多词测试。

三、拓词方法

如何才能找到更多高质量的关键词？如果只凭头脑硬想，拓词数量与质量都难以保证，而借助一些外力或工具，可以让拓词工作变得更加容易，以下是推荐的一些 ASA 拓词方法、来源。

1. 苹果系统 App 的推荐词

苹果系统推荐的与 App 相关性强的关键词，最多有 100 个，由于相关性算法是苹果制定的，所以苹果系统推荐的词大部分都比较容易出效果，建议全部投放。

操作方法如图 7-2 所示，新建 campaign 后，进入关键词页面，点击添加关键词，默认显示的这些就是苹果推荐的词。

2. 苹果系统关键词的推荐词

苹果系统推荐的与某个关键词相关的其他关键词，可以实现关键词二次拓展的目的，实际运用中建议将账户核心关键词通过此工具进行二次拓展。

操作方法如图 7-3 所示，进入关键词页面，点击添加关键词，在搜索框中输入要拓展的关键词按回车键进行搜索，搜索结果即该关键词的推荐词。

添加关键词

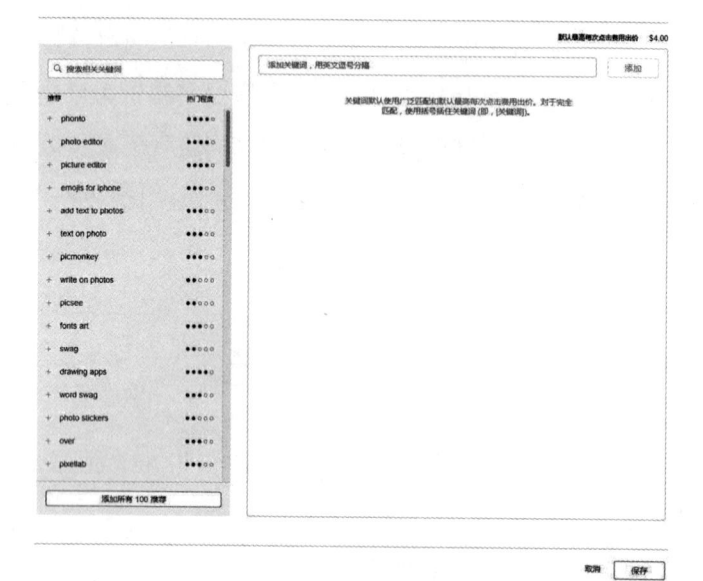

图 7-2 Search Ads 后台添加苹果推荐词

添加关键词

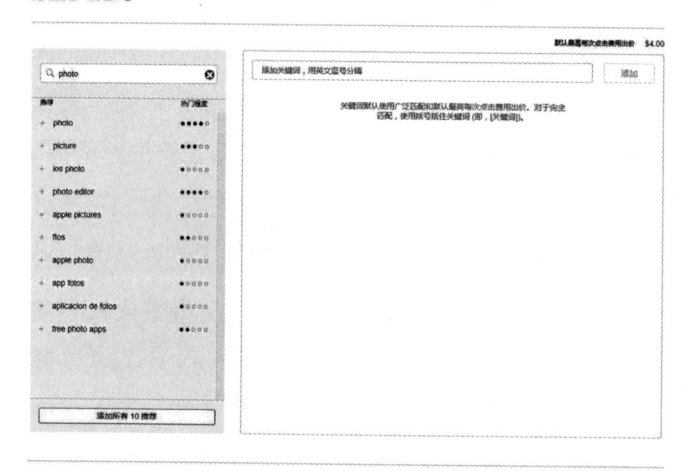

图 7-3 苹果系统关键词的推荐词

3. ASO 覆盖词

从苹果算法层面看 ASO 能覆盖的词通常具备一定的相关性，投放时有很大概率上流量。但从词义看，ASO 覆盖词中包含很多不相关词，需要剔除。选词时优先选择热度高、排名靠前的词投放，更容易上流量。操作方法如图 7-4 所示，目前主流 ASO 工具平台都有 ASO 覆盖词报表导出功能，导出后可筛选关键词。

图 7-4　提取 ASO 覆盖词

4. 苹果推荐的关联 App（顾客其他购买）

苹果根据海量用户购买数据，推荐的与 App 强相关的其他 App，通常为质量较高的竞品 App，十分适合广告投放。

操作方法如图 7-5 所示，目前可在主流 ASO 工具平台"应用信息"页面底部直接查看，或进入应用商店点击 App 详情页底部查看。竞品 App 名称可以直接作为关键词投放，在查看竞品标题或 ASO 覆盖词时，如果有好词也可以投放。

图 7-5　关联 App

5. 竞品

通过找竞品的方式，可以直接发现优质竞品词，同时可以观察竞品的标题及覆盖关键词，如果发现好词可以直接拿来投放。

操作方法如图 7-6 所示，首先确定用于找竞品的搜索词，搜索词可以是"核心行业词""自家 App 名称""核心竞品词"等，然后在 ASO 工具平台搜索，在搜索结果中挑选排名靠前且榜单靠前的 App，分析 App 标题及覆盖词，整理出关键词。

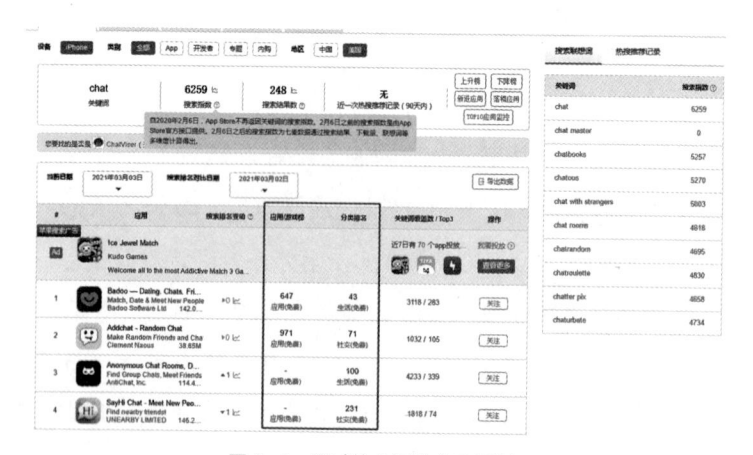

图 7-6　通过核心词找竞品示例

6. 竞品竞价词

竞品投放过的关键词，我们拿来直接投放，是一种很方便的拓词手段。

操作方法如图 7-7 所示，在第三方网站通过 App ID 或 App 名称查询竞品 App，在"历史竞价词"栏目可以查看竞品投放过的关键词，其中有"展示量占比""近期竞价 App"等多项实用指标可供分析参考。

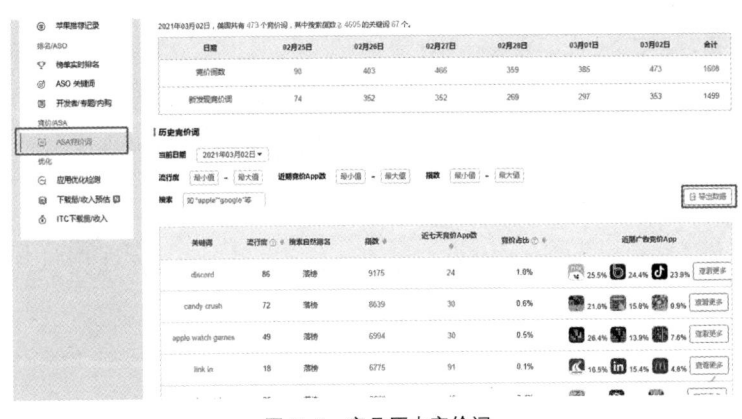

图 7-7　竞品历史竞价词

7. 广泛匹配、搜索匹配拓词

ASA 中有一个搜索匹配功能，这个功能正是基于对海量用户数据的理解，然后把一些合适的流量分发匹配到合适的 App 上。苹果对用户和 App 两端的理解应该是最全面、最深入的，苹果的智能系统，也就是 Search Match 系统最可能意外发现一些优质关键词。

因此，开启关键词投放广泛匹配或开启搜索匹配后，仔细观察这组数据，可以意外发现一些细节。观察搜索匹配也是一个非常有效的拓词手段。

操作方法如图 7-8 所示，登录苹果搜索广告 Search Ads 后台，查看搜索词报告，也许能够发现新词。

图 7-8 下载搜索词报告

第三节　高阶拓词

一、拓词可持续积累的挑战

之前介绍的拓词方法有以下几个问题。第一个问题是严重依赖苹果系统，无论是搜索覆盖词，还是 ASA 系统给出的推荐词，以及竞品延伸出来的关键词。大家都用这套方法，那么就缺乏差异化的拓词能力。

第二个问题是拓词的能力看天吃饭，看运气。以美国区的数据为例，被苹果收录和检索的关键词大约有 200 万个，在美国区上架的 App 大概有 200 万个，理论上，任何一款 App 都有潜在的 200 万个关键词。然而通过上述的方法，我们为其中的一个 App 找到合适的关键词大概为千个或者万个，漏掉了更多的关键词，更为关键的是我们得到这些关键词靠的是运气，而不是系统。

这套方法虽然快捷好用，但有一个底层缺陷，即缺乏可持续性，做一个项目丢一个项目，项目之间也没有联系，像狗熊摘棒子，摘一路，丢一路，没有积累；词在每个 App 上的表现没有积累，词与 App 之间的关系没有积累，词与词之间的关系没有积累。而事实上，每次投放都是在做这些对应关系的数据测试、数据收集和数据积累。

也就是说，缺乏一套系统化的办法，把拓词做成一个系统化、可以积累、可以持续的事情。

二、App 的兴趣图谱

什么是系统的拓词方法呢？

回到关键词、App、用户三者之间的关系上，关键词是连接用户与 App 之间的中介（Media）。用户有很多意图，这些意图体现为搜索词或者关键词，而这些关键词跟 App 之间有关联，这个关联我们称为相关性或者权重。当我们用网络的思维方式思考这些关系的时候，会发现 App 和 App 之间、关键词和关键词之间、App 和关键词之间是关联的，只不过有的关联度大，也就是我们说的权重高，比如"App 京东"跟关键词"购物"。"京东"跟"天猫"之间也是有关联度的，这个关联度就要比"京东"和"知乎"之间更紧密；同样"购物"和"电商"之间就比"购物"和"知识付费"的关联度高。这是我们人类直观的理解，在学界已经有比较成熟的体系来表达这种情况，就是图论和兴趣图谱。参照 Twitter 和微博，我们可以把各个 App 当作一个个网络节点，App 有很多兴趣偏好，体现为关键词。兴趣和兴趣之间也是有关联性的，App 和 App 之间也是有关联性的，于是就构成了一个 App 产品的兴趣图谱，如图 7-9 所示。

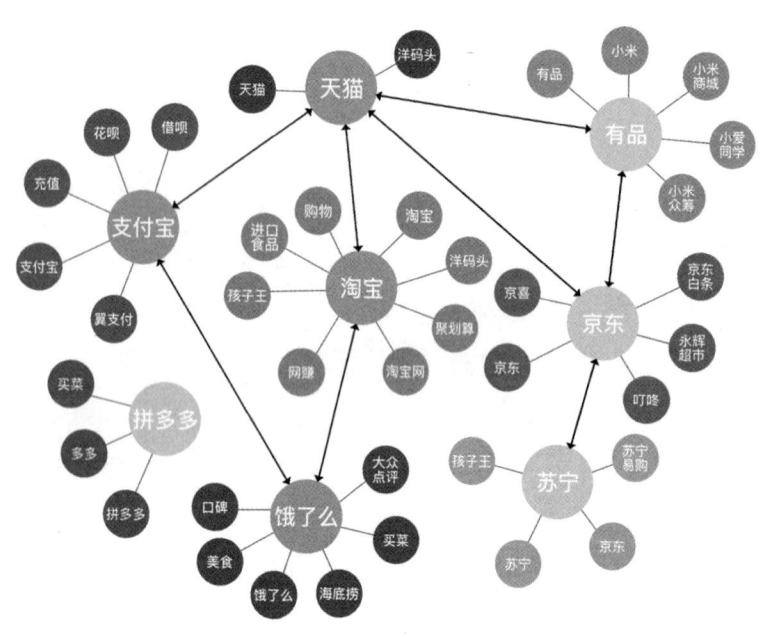

图 7-9　App 的兴趣图谱

苹果自身是有这么一套体系的，就是 App 与关键词、App 与 App、关键词与关键词之间的网络图谱，但是苹果只通过 ASA 等平台输出了一些结果，而没有把整个体系展示给开发者。更为重要的是，苹果的这套图谱网络是在不断演化的，需要通过用户的点击、下载等行为为 App 和关键词之间投票，从而更新这些相关性的数值。换句话说，关于 App 和哪些关键词之间有更好的权重，苹果也需要从用户的行为里去判断。

高阶的拓词方法，就需要对更底层的逻辑和方法进行研究和利用。拓词能力若要突破苹果现有系统的限制，就需要对词、搜索词、关键词乃至分词系统有所了解。

苹果是如何建立自己的关键词的呢？这就涉及分词技术。分词技术是自然语言处理的一部分，也是人工智能的重要课题。在 ASO 关键词覆盖章节已经就中文分词做了简单介绍，感兴趣的读者可以移步那里。

三、举例

如果不依赖苹果，建立高阶的拓词方法和系统，就是要重构一个关于 App 和关键词之间的兴趣图谱，包括：App 与 App 的关联，App 与关键词的关联，关键词和关键词的关联。

对于前两个数据，苹果拥有独特的优势，我们不容易突破。所以突破口是建立关键词和关键词之间的相关性网络图谱。一般而言，我们可以先对全网文章进行自然语义的挖掘，通过机器学习的算法，可以在一定程度上建立一套呈现词与词之间相关性的网络。具体由三部分构成：

1. 用爬虫技术对全网数据进行全面抓取；

2. 对数据进行清洗之后，通过寻找合适的机器学习算法对海量数据进行计算和归类，得到一套词与词之间的关系拓扑图；

3. 提供一个人机接口，供运营人员查询、搜索，以帮助完善拓词体系。

以关键词"汽车"为例，如图 7-10 所示，给大家展示一下高阶拓词的方法。传统的、依赖苹果系统的拓词，具有很大

#	ID_频道	人数	Links数	Links
0	979_汽车	4412645	141	汽车(1.000)| 汽配(0.999)| 买车(0.976)| 车占令(0.964)| 车展(0.907)| 广汽本田(0.885)| 奇瑞(0.878)| 4S店(0.859)| 广汽本田(0.848)| 汽车游热区(0.847)| 雪佛兰(0.841)| 换力士(0.835)| 狗泽法(0.830)| 汽车新闻(0.822)| 迷政(0.821)| 劣别克(0.819)| 泛名苏(0.806)| 汽车服务业(0.802)| 汽车维修(0.801)| 二手车维(0.793)| 购车(0.792)| SUV(0.774)| 世表(0.773)| POLO(0.768)| 速腾(0.766)| 绅瑁(0.741)| 汽车(0.741)| 飞度(0.740)| 车割引牌(0.734)| 起亚(0.731)| 汽车配件(0.715)| 蒙华者(0.703)| 汽车销售(0.699)| 科迈罗(0.697)| 迈腾车(0.691)| 汽车脚垫(0.687)| 汽车达人(0.686)| 菲翔(0.678)| 自主品牌(0.675)| 汽车电子(0.667)| 陆御车(0.662)| 思城(0.661)| C5(0.654)| 汽车越(0.651)| 改装(0.635)| 东风欣驱(0.629)| 汽车服务(0.627)| 爱锁欣(0.624)| 汽车(0.623)| A3(0.622)| CTS(0.617)| 汽车导航(0.606)| 斯柯达(0.605)| 国庆装(0.603)| 起亚(0.600)| 汽车改装(0.599)| 比亚迪(0.594)| 二手车交易(0.590)| Q5(0.590)| 汉兰达(0.584)| 汽车用品(0.583)| CC(0.571)| 途胜(0.564)| 长安铃木(0.562)| 科锐傲(0.559)| 汽车驾(0.552)| 起亚(0.540)| 梅赛(0.539)| 汽车导航(0.534)| 汽油(0.533)| 奥德赛(0.517)| 东风本田(0.512)| 东风(0.512)| 二手(0.511)| 松腾(0.511)| 二手车销件(0.506)| 梅赛德斯(0.504)| 迈腾(0.496)| 防弹装(0.495)| 骄磨(0.493)| 世华(0.491)| 品牌优势(0.484)| 东风风物(0.483)| 上海大众(0.483)| 进程驴(0.469)| 汽车音响改装(0.468)| 上路(0.460)| 南亮(0.458)| 长城(0.456)| GTI(0.451)| 汽车雪铁(0.447)| 普通(0.447)| 一汽大众(0.441)| 迷政高赛赛(0.437)| 东风悦达起亚(0.436)| 轮轮苹(0.435)| 科赛(0.433)| 汽车用品(0.425)| 飞彪(0.424)| 一汽大众(0.423)| 奔田(0.415)| 科迈赛(0.408)| 科赛(0.406)| 长安铃木(0.405)| 车赛网(0.399)| 厦赛(0.393)| 敦赛(0.393)| Q7(0.393)| 日本(0.382)| 圣率(0.378)| 宝马(0.377)| 轮道后光(0.376)| 马自达(0.375)| 剧赛(0.370)| K2(0.369)| K3(0.367)| 汽车电子(0.363)| 所印度(0.355)| BMW(0.351)| 英朗GT(0.300)| 北京现代(0.348)| 改赛车(0.343)| 利维(0.341)| 进口大众(0.338)| IMG(0.336)| 端标(0.333)| 剧舌(0.332)| 英朗GT(0.321)| 北京现代(0.317)| 奥轮神(0.313)| 相柳呼(0.311)| 沌劲(0.309)| 联道(0.308)| 第八代奕华(0.305)| 本田(0.305)

图 7-10 关键词 "汽车" 的兴趣图谱

的局限性。而在高阶拓词方法中，当我们输入"汽车"时，系统会提供跟"汽车"相关的其他关键词，并且按照权重进行排列，所谓权重就是词与词之间的关联度。如图 7-10 所示，"汽车"和"汽车"的关联度为 1.0，为最高，而"汽车"跟"汽配"在现实生活中的关联度非常高，权重为 0.999，其后是"买车"，关联度是 0.976，再次是权重为 0.907 的"车展"等。

这套独立于苹果系统的拓词体系，虽然在不同的应用场景中，关键词的关联度不一定保持完全一致，但其意义非凡。其一，一套完整的关键词之间的关系图谱，可以补齐常规拓词方法的不足与缺失；其二，将用户在关键词下对每个 App 的行为（诸如点击、下载）进行记录，积累用户、关键词、App 之间的数据，长此以往，便可以积累一套自己的 App 和关键词的兴趣图谱，这不仅有助于增加关键词的数量，而且有利于提高关键词的质量，从而大大缩短关键词的拓词时间以及测试时间。

第八章

攻防兼备、软硬通吃的三层漏斗式账户结构

> 本章摘要：本章主要介绍 ASA 账户搭建的方法论，分为三部分。一、苹果 ASA 账户的基本知识。主要介绍苹果 ASA 平台中所支持的账户层级与结构，以及权限管理的层级和范围；二、ASA 账户搭建方法与挑战。主要介绍市面上常用的账号搭建方案的优点以及遇到的挑战；三、攻守兼备的三层漏斗式账户结构。

第一节　ASA 账户的基本知识

Search Ads 投放的核心技术三件套是：拓词、账户搭建、调价控量。三项核心技术中，账户搭建处于中心地位。一个合理的账户结构，不仅有利于管理关键词、拓词和筛词，而且有利于 CPT 的调价及控制。

如图 8-1 所示，账户结构就像计算机体系中的操作系统（OS），关键词就像芯片或者硬件结构，直接连接着计算（Computation），而调价就像是运行在操作系统之中的应用程序，优化师通过账户结构等完成对流量的操纵。

操作系统在计算机系统中的地位是可想而知的，想想当年诺基亚的手机操作系统 Symbian，再想想今天苹果公司的 iOS，就知道各操作系统之间的差异有多大了。因此，我们也能感受

到在 ASA 投放中建立一个兼具稳定性和开放性的账户结构是多么重要。

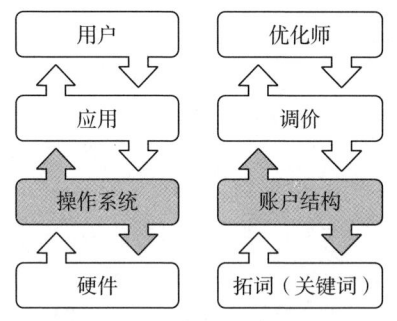

```
用户              优化师
 ↕                ↕
应用              调价
 ↕                ↕
操作系统          账户结构
 ↕                ↕
硬件              拓词（关键词）
```

图 8-1　账户结构在 ASA 中的地位

一、苹果 Search Ads 的账户结构

在介绍具体的方法之前，我们先来回顾一下苹果搜索广告平台为开发者提供的账户层级结构。要知道，苹果 App Store 上，全球开发者有上千万之多，有像腾讯这样的互联网巨头，拥有多如牛毛的 App 产品矩阵，而且在多个国家和地区开展业务提供服务，他们对账户结构的需求就是层级多、复杂、可以灵活配置。也有聚焦到某个细分市场的工作室开发者，他们业务单一，就希望结构简单、使用方便。

苹果为了适应开发者的各种情况，提供了一套多层结构的框架，尽量满足更多的需求。如图 8-2 所示，最顶层的是 Account（账户），然后是 Campaign Group（广告组系列）、Campaign（广告系列）、Ad Group（广告组）和 Keyword（关键词）。

Keyword 是最小的投放单位，是具体的执行单位，Account 是账户，不参与具体运营投放，是管理单位。

这样的结构对于支持像腾讯这样的巨头，还是有些单薄，

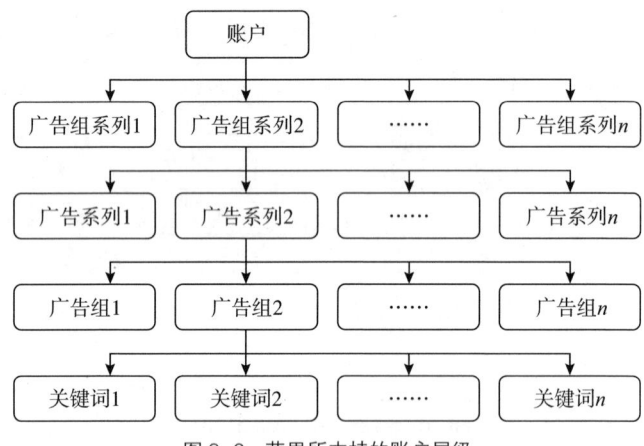

```
                        ┌──────┐
                        │ 账户 │
                        └──────┘
        ┌──────────┬──────────┼──────────┬──────────┐
   ┌─────────┐ ┌─────────┐         ┌─────────┐
   │广告组系列1│ │广告组系列2│  ……    │广告组系列n│
   └─────────┘ └─────────┘         └─────────┘
        │          │                    │
   ┌─────────┐ ┌─────────┐         ┌─────────┐
   │ 广告系列1│ │ 广告系列2│  ……    │ 广告系列n│
   └─────────┘ └─────────┘         └─────────┘
        │          │                    │
   ┌─────────┐ ┌─────────┐         ┌─────────┐
   │  广告组1 │ │  广告组2 │  ……    │  广告组n │
   └─────────┘ └─────────┘         └─────────┘
        │          │                    │
   ┌─────────┐ ┌─────────┐         ┌─────────┐
   │ 关键词1 │ │ 关键词2 │  ……    │ 关键词n │
   └─────────┘ └─────────┘         └─────────┘
```

图 8-2　苹果所支持的账户层级

但是对于专注于单一市场的工作室级别开发者而言，已经足够复杂了，学习成本偏高。众口难调，所有产品和方案都是妥协的产物，苹果 ASA 的账户层级与结构也不例外。这就是苹果 ASA 在后来推出 Search Ads Basic 版本的原因，为中小开发者提供一个低门槛的学习方式。这是后话，按下不表。

二、权限管理与分配

关于账户权限管理，苹果也提供了一套立体的权限分配系统，以方便应对开发者的各种需求。该系统主要包括两个维度，一个是角色管理与授权，另一个是权限范围，如表 8-1 所示。

表 8-1　ASA 系统中权限分配系统

	管理员 （Admin）	广告组管理员 （Campaign Manager）	只读 （Read Only）
查看报告	是	是	是
推广管理	是	是	否
账户管理	是	否	否

续表

	管理员 （Admin）	广告组管理员 （Campaign Manager）	只读 （Read Only）
用户管理	是	否	否
付款管理	是	否	否
API 管理	是	否	否
税费发票	是	否	否

角色管理，可理解为授权管理，在苹果的体系中，一共有三种角色：

1. Admin，超级管理员，相当于 Root 用户（根用户）、Super User，拥有最大的权限，其他用户的权限都来自他的授权；

2. Campaign Manager，广告组管理员，每个 App 都会建立一个 Campaign Group，他们是日常操作和广告投放的实际操作人员，岗位是优化师，属于业务人员，而 Admin 通常是管理人员；

3. Read Only，仅有"只读"权限，我们戏称为"围观员"。在代理投放的模式下，这个角色一般是代理将自己的账户授权给广告主，除了不能操作，广告主可以了解所有的投放细节，包括花费、出价、展示情况、转化率、下载以及查看各种报表。

为什么会出现这三种角色呢？这是企业层级庞杂和广告生态复杂等原因造成的。在类似腾讯这样的巨头企业内部是层层授权分工的，各项工作任务需要多级支持；除了广告主、苹果，还有第三方角色，诸如 ASA 优化服务商。专业的服务商团队，需要对几十名专业优化师和成百上千的 App 项目进行管理。

授权范围，主要包括报告查看、推广管理、账户管理、用户管理、付款信息及技术信息。权限内容包括：

1. 报告查看，这个功能是只能查看投放报告；

2. 推广管理，这个功能是最常用的功能，也就是90%的投放操作是在这里完成的，包括拓词、设置目标受众、广告组管理、出价管理，以及其他日常账户操作；

3. 账户管理，主要是对其他账户进行授权，只有Admin才拥有分配账户权限的权利；

4. 用户管理，就是将Apple ID 跟 Account 关联起来的功能；

5. 付款信息，包括支付的配置、信用卡的切换、发票信息等；

6. 技术信息，包括API、证书的管理。在第三方追踪授权时，投放授权和Cert证书的管理都属于API权限。有些大型的投放公司不是使用苹果的界面，而是直接调用苹果后台提供的API接口。

第二节　ASA账户搭建方法与挑战

在实操环节，应该如何利用苹果的层级设计来管理好我们的账户呢？常规做法是分层管理。

一般而言，一个开发者有若干个App产品，每个App产品可能会在不同的国家和地区投放，在不同的国家和地区中的App产品需要进行单独管理，因而需要建立多个广告组，每个广告组内管理多个关键词。一个合理的对应关系如表8-2所示。

表 8-2　ASA 账户层级对应的权限与设置

层级名称	对应的权限范围
账户	其他账户的授权管理、API 接入管理、开户、付款、税费、财务等管理
广告组系列	授权管理、API 管理、渠道区分管理
广告系列	投放 App、地区管理、预算管理、发票管理
广告组	受众管理、出价管理、关键词管理、调价管理、创意集管理
关键词	匹配管理、出价管理

举一个例子，米哈游是一家国际化的游戏公司，主打东亚市场，在几十个国家和地区都开展业务，旗下有若干款游戏产品，知名产品有《原神》《崩坏》。如果米哈游要在 ASA 开设账户，那么账户结构应该如何搭建呢？

首先，米哈游应该建立一个跟自己 iTunes 账号绑定的同级 ASA 账号（Account），并绑定一个 Apple ID 做 Admin 管理员账号。

在账号这个层级下，拥有 Admin 权限的管理员，可以设置管理税费、API、证书（Cert）、开设其他用户权限，可以完成付款等 Root 级的操作；还可以为自己的两款产品《原神》和《崩坏》设立两个独立的广告系列组，分别是"CG_原神"和"CG_崩坏"。

然后，我们顺着"CG_原神"这条线往下梳理。《原神》在日、韩两个国家都做了发行，需要开始 ASA 的投放。

在广告系列组，可以为"CG_原神"在日、韩两个国家中，设置两个不同的广告系列：Campaign_KO，Campaign_JP，两个广告系统独立运营，互不干扰，各自可以有自己独立的预算、独立的管理与考核、独立的优化师。

顺着日本市场这条线继续往下梳理,《原神》在日本发行之后,就要适应日本的流量环境,需要设置不同的广告组。

在广告系列这个层级,可以为《原神》在日本的市场上设置几个广告组,假设分别是:AD_品牌词组、AD_行业词组1、AD_行业词组2、AD_友商词组、AD_其他词组等。

继续顺着"AD_行业词组1"这一脉络往下梳理,在日本这个成熟的游戏市场,要想在行业词上得到更多更好的流量,就需要深耕细作。

在广告组这个层级上,就需要对"AD_行业词组1"进行配置:对关键词和受众人群(Audience)精挑细选,对匹配方式(match)深谋远虑,对出价(CPT Bid)、目标下载成本(CPA Goal)慎之又慎,对于害群之马(否定词)提高警惕,对于创意集(Creative Set)经常对比。

如果有些关键词特别重要,比如品牌词,那么就要需要重点照顾,需要在关键词层级上专门管理,设置单独的 CPT Bid 和观察频率。

通过这个例子,我们可以初步感受到:ASA 账户搭建的核心是在中间这三层(Campaign Group、Campaign、Ad Group)之间建立一套灵活多变的账户体系,特别是如何充分利用 Ad Group 的特性,构建出兼具稳定性和开发性的账户结构。

在实践中,面对 ASA 这个复杂的账号结构,同时又是一个第二梯队的流量渠道,无法顾及太多,广告主通常有两种选择:第一种是做甩手掌柜,把投放交给苹果,要么依赖于搜索匹配

（Search Match），要么依赖 Basic 版本；第二种是把投放权更多地把握在自己手里，做一个相对静态和稳定的账户结构进行投放。

第一种做甩手掌柜。广告主把投放更多地交给了苹果的搜索匹配，而苹果的搜索匹配的好处是苹果对拥有所有数据的掌控，因此苹果可以根据包括这个 App 的每个词对应的下载量在内的全局数据，以及每个关键词的转化率，来做流量分发，把苹果的算法认为适合这个 App 的流量，引流给这个 App。因此，整个投放过程超级简单。

然而世界上从来就没有一劳永逸的事情，这种投放操作简单且关键词充沛，但其代价是投放成本居高不下，而且不稳定。搜索匹配经常会带来一些莫名其妙的关键词，点击成本（CPT）居高不下而转化率低，导致整个 CPA 波动很大，整个投放不受控制。

第二种是静态投放。每一款 App 在投放前做了充分的拓词，积累和筛选出不少效果不错的投放词，这些词不仅流量可观、转化率稳定，而且在竞价获量方面也有一定的竞争力。那么，很直观的结果就是，开发者就把这些词归拢在一起，用精确匹配（Exact Match）或者广泛匹配（Broad Match），然后控制出价（CPT Bid），并且为了防止成本跑飞，在整个组限制一下 CPA 目标，就可以得到一个不错的结果。这种方式最大的优点是成本可控。同时问题也很明显：很多关键词被竞品用低价抢过去，流量上不去，缺乏灵活性。特别是苹果由于学习环境的需要，不断尝试将关键词的广告分发给不同的 App 产品，最后证明，不断发现好的关键词是后来"测试"出来的，而不是"拓"出来的，因此这种结构的问题是缺乏学习能力。

综合二者的问题，不难看出这是一个保持学习能力和控制成本之间的矛盾，因此账号结构的挑战在于如何同时实现对成本的控制以及对新关键词的吸收和学习能力。其难度在于"同时"二字。

这就是三层漏斗式账户结构要回答的问题。

第三节　三层漏斗式账户结构

我们来回顾一下苹果 Search Ads 投放中的结构性矛盾，既要对已知世界进行把控，也就是对关键词的把控，无论是从量级还是价格上，都能做到有效控制，最终能在最大量级的前提下把 CPA 成本控制在一个合理的范围内。同时，还要对未知世界进行积极有效的探索。一般而言，我们能投放的关键词数量有限，而苹果在中文世界的关键词大概是 200 万个，在英文世界也差不多是这个数量级，而搜索词就更多了，大概超过 500 万个。所以这个投放结构还要保持强大的开放性，当然，这个开放性也有一个限定，就是成本可控的开放，我们总不能把其他的 500 万个词汇轮询一遍，观察一段时间后再下结论，显然这样做既不经济也不现实。

我们提出了一个 ASA 三层漏斗式账户结构，能很好地同时解决拓词开放性和成本稳定性的问题，下面重点介绍这套结构的搭建方法与维护方法。

三层漏斗式结构的基本思路如图 8-3 所示，将 App Store 搜索流量比作一个大的流量池,通过三层漏斗获取、筛选流量,并逐渐将获取的流量转换为精准流量,起到精准把握账户的目的。三层漏斗的结构分布是开口的 Search Match 层、中间的 Broad Match 层,以及收口的 Exact Match 层,其结构酷似一个漏斗,层层过滤,层层筛选,故称为三层漏斗式结构。

账户结构优化

Keywords	Negative Keywords
Search Match	Broad Match
Broad Match	Exact Match
Exact Match	无

图 8-3　三层漏斗式结构示意图

一、三层漏斗式账户结构详解

1. 第一层漏斗

广告组用搜索匹配(Search Match)方式获量,获取的流量最宽泛,有最大的获量范围。第一层漏斗的作用是拓展新流量。漏斗做法:单独建立广告组,打开搜索匹配,广泛否定所有投放词,确保此广告组获取的都是投放词以外的流量。其要义在于获"新",即新的关键词,这体现了该结构的学习能力。

为什么要这么做呢?这是对苹果流量分发机制的理解和应用:

(1)苹果拥有全量数据,对于哪些词可能适合该 App 有全面的认识,因此最有发言权;

(2)Search Match 这个功能就是苹果分发和尝试各种关键效果的工具;

(3)苹果为了保持一定的随机性和弹性,会随机分配各种各样的词进行展示测试和投放测试，以维持系统的活力；

（4）苹果是为了保障全局最优，而不保障具体某 App 投放最优，因此会有一定的浪费，所以要控制好。

第一层的要点在于：

（1）否定已经入选在广泛匹配内的关键词；

（2）通过设置 CPA 目标来控制成本；

（3）通过一个合理的默认出价，来调节这个漏斗口的大小。

因此，在本层完成的任务是：低成本、高效率、最大范围地获"新"。

2. 第二层漏斗

本层关键词以广泛匹配方式获量，获取的流量精准度适中，获量范围适中。第二层漏斗的作用是拓展新流量、管理低量词流量。漏斗做法：单独建立广告组，添加关键词进行广泛匹配投放，精准否定所有投放词，确保此广告组获取的流量都是精准投放词以外的流量。

对于苹果流量分发机制和 Search Ads 系统的利用在于：

（1）苹果的广泛匹配也可以拓词，可以拓出非拼写相近、拼写错误的意图相近的关键词；比如美团、每团，小米有品、小米优品，尽管用户输入的是每团，但很可能是因为输入法联想的问题导致的，所以苹果系统仍可能会将美团这个正确的搜索词展示在搜索结果里。再举个英文的例子："amigo"这个词可能会与搜索词"friend"广泛匹配。

（2）意图这个概念，在自然语言的语义中进行是比较难的，只有知道全量数据（从展示到投放）的苹果最有发言权，因此要利用好这方面的信息。

第二层的要义在于：

（1）充分利用苹果 Broad Match 的能力，不断找出意图相近的词汇；

（2）通过针对每个词支付不同的价格来控制成本。因为这时对每个词隐含的意图及其转化率已经心中有数了，可以做一定程度的精准控制。

3. 第三层漏斗

关键词精准匹配方式获量，获取流量最精准，获量范围最小。第三层漏斗的作用是管理精准流量。漏斗做法：单独建立广告组，添加关键词精准匹配投放，确保此广告组获取的流量都是投放词的精准流量。

能够进入这一层的关键词是有限的，一般是几个到几十个，但又是对下载量贡献最大的词组，因此可以对每个词进行有针对性的、精细化的投放管理：

（1）考察 ROI、CPA、流量占比、展示量等，严格监控各种波动；

（2）严格和精细管理出价；

（3）有针对性地做竞品分析，比如哪些词的展示量和下载量出现了异常，其数量特别多或者特别少时，就要仔细分析。

我们从以下几个方面研究一下原因：

（1）来自竞争端的变化，如友商竞品加价了，或者友商退出竞争了；

（2）来自苹果系统的波动；

（3）来自用户端的变化，用户的集体行为出现了异常，访问量忽然变大，可能是某个KOL的推荐。

二、三层漏斗式结构维护

账户的维护工作分为两类，一类是基于关键词这个颗粒度的操作，另一类是关于组这个颗粒度的操作。关于组这个级别的操作我们放到"变化与变种"中讨论，这里重点讨论基于关键词这个级别的维护。

在三层漏斗式结构的关键词的日常优化和维护中，有两类工作，一类是移词移组，另一类是否定限制。

1. 移词移组

在第一层漏斗（搜索匹配）或第二层漏斗（广泛匹配）发现新的搜索词后，挑出来作为新词分别添加到广泛组及精准组中投放，并在相应广告组内分别否定。

其要义在于：

（1）维护的频率：多长时间维护一次；重要的账户或者新建的账户，可以1天维护一次，坚持15天或者直到稳定；对于已经稳定的账户，3~7天维护一次。

（2）节奏，保持一张一弛的节奏：

①有一段时间调整账户是为了开源，那么就从Search Match整理起，逐级放大流量来源。

②当流量稳定下来之后，就进入了CPA控制成本的阶段，那么就从三个组一起调整，调整的方向就是在保障流量不变的前提下实现CPA的降低。

如果同时调整这两个方向，就会出现混乱，找不到原因，这是不建议的。

2. 否定限制

在每一层漏斗中，通过数据观察，挖掘和甄别不适合的关键词，也就是发现害群之马。观察的数据包括 CPA、CR、TTR、花费等，发现异常数据就进行评估。对于异常关键词有两种选择，第一种是调整其出价，第二种是直接否定，将其添加到否定关键词中。

关于维护的频次：重要的账户或者新建的账户，可以 1 天维护一次，坚持 15 天或者直到稳定；对于已经稳定的账户，3~7 天维护一次。

三、变化与变种

为什么要变？主要是因为环境变化了，有越来越多的 App 用类似的方法加入流量的竞争行列。为了适应这一变化，要在激烈的流量竞争中、在成本可控的情况下获取更好的流量，要让买量更加有竞争力。

这里只讲一些原则和原理，在原理的基础上大家可以根据需要进行发挥，还是那句话，对苹果理解有多透彻，投放水平就有多强大。

让我们重新理解一下苹果的 ASA 流量分发系统。苹果作为一个生态的统治者，它跟其他参与者的视角不同，它要兼顾各方的利益，保持所有参与者利益的同时最大化。参与者有三个：

1. 用户：这时的用户利益有两点，一个是体验，另一个是效率。因此，广告和关键词之间的关系不能太离谱，这是所谓权重（weight）的意义，不是什么词你想投放都能投放的。

2. 广告主（开发者）：广告主的利益有两点，一是投放效率，即投放的性价比；二是量级。苹果尽可能地保障这两点的平衡，问题出在"尽可能"三个字上。

3. 苹果自己：苹果自身的利益短期在于营收，长期在于公平和体验。

苹果流量分发的原则是：效率优先兼顾公平，效率导向又保持一定的随机性。因此：

1. 苹果不会特地照顾某个广告主，它的出发点就不是这样，它有这个能力但没有这个意愿，所以广告主滥用 Search Match 一定会吃亏。

2. 苹果又将很多能力显现出来了，广告主要利用好这些能力，比如：Search Match、Broad Match。充分吃透这些功能的红利才是王道。前文的三层漏斗就是对苹果各种功能红利的吸收。

3. Search Ads 的投放因能力不同会有巨大的差异，投得差和投得好有天壤之别，尽管每个 App 能获取的流量都有自己的天花板，但我们可以无限地接近这个天花板（事实上，很多人的投放效果离这个天花板还有十万八千里）。就像人工智能的算法优化，智能程度取决于数据，而算法的价值是在现有的数据量下，无限接近这个上限。

在充分理解这一原则的基础上，运营人员可以发挥自己的主观能动性，构造出各种样式的三层结构，但漏斗原理一直都在。

第九章

调价：优化师日常中的日常

> 本章概要：调价工作是 ASA 优化师频率最高的工作，本章主要介绍最为日常的账户管理工作，内容涉及五部分。（1）策略框架：分析开发者面临的环境与对应的策略；（2）底层逻辑：介绍竞价的原理；（3）工具与武器：工欲善其事，必先看 ASA 的武器；（4）最小模型：介绍 ASA 调价最小模型；（5）常见问题与参考经验。

ASA 投放核心技术三件套：拓词、账户搭建、调价控量。三项核心技术的关系就像计算机技术中硬件、操作系统和应用之间的关系一样。账户结构就像电脑的操作系统，关键词就像底层数据以及连接硬件的底层驱动，而调价就像是跑在操作系统之上的应用程序。

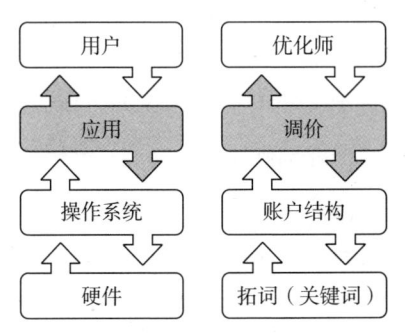

图 9-1 计算机结构和投放结构的对比

作为最上层的调价管理，就像丰富多彩的应用世界一样，不仅具有最广泛的多样性，而且最贴近优化师的工作，是优化师的日常。拓词告一段落，账号结构搭建起来，然后就是调价策略和日常的账户管理。

第一节 策略框架：开发者面临的环境与策略选择

一、开发者面临的环境

日常调价的底层逻辑是策略，只有充分理解了底层逻辑，才能活学活用这些日常工具。

调价策略选择主要取决于开发者的需求。而开发者的需求不是完全自主的，每个开发者的需求都是在权衡了外界的竞争环境、自己的产品属性和可选的投放策略之后的一种选择。

所谓竞争环境，主要考虑两个方面，一个方面是宏观环境，就是开发者所要进入的市场的竞争情况，是处于早期的红利期，还是中期的红海战场，还是整个流量市场的衰退期；另一个方面是微观环境，就是开发者的友商们，其他相关 App 的投放情况。通常在抢量的市场中，同行是冤家，大家会在相关的关键词上展开竞价厮杀，直到市场进入一个均衡的环境，而且在此期间，各个 App 都会去抢友商的品牌词，在 ASA 的系统中并没有品牌保护这一说，谁抢到用户就是谁的。

产品属性，也包括两个方面，一个是产品的类别，是游戏、社交，还是工具类产品。每个分类的情况不一样，由于它们的商业效率不同，竞争程度不同，所以在买流量的投入力度上也是不同的。比如，游戏类的产品的 CPA 就明显高于工具类的，因为游戏类产品的 ARPU 值高，而且生命周期短，所以开发者更愿意投入成本，而工具类的产品变现周期长，ARPU 值低，获量手段比较多，因此大家投入不疯狂。另一个是产品自身的自然下载量。最能体现下载量的就是榜单上的排名，还有就是关键词的覆盖情况。如果 App 的日新增表现是好的，那么通常也容易得到 ASA 在广告流量上的偏爱，毕竟这是用户投票的结果；如果关键词覆盖得好，也容易从苹果的 ASA 中得到广告流量，毕竟所有的流量体现方式就是关键词和搜索词，关键词覆盖住了，说明这个词在苹果系统中的权重高，苹果算法系统自然就会把流量导过来。

如上所述，尽管影响因素很多，为了方便理解，综合考虑环境和产品因素，把它们分为四种情况，如图 9-2 所示。

从这四种情况中，找到可选的投放策略。

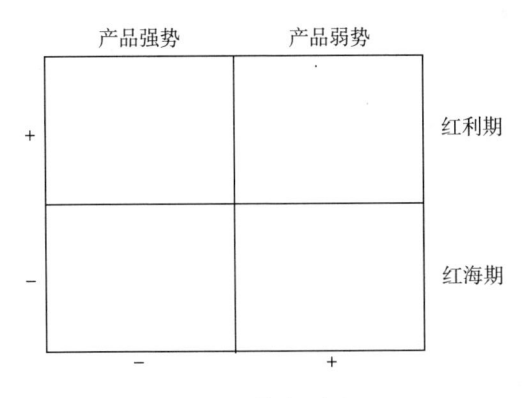

图 9-2 策略四象限

1. 产品强势 × 红利期

这时的 ASA 作为一个渠道，是一个几乎完美的渠道：用户质量高、量级大，CPA 成本低，ROI 回报好，归因清晰，我们建议开发者采取进攻型策略。首先，红利期的时间窗口较短，应该尽快抓住机会，这不仅可以在短期获利，对于长远获利也是有帮助的。这时的流量投入有几个好处，第一，ASA 的流量被算作自然流量，可以提升榜单排名，榜单排名也会增加获取流量的机会；第二，ASA 投放效果好的关键词会增加 App 和关键词的相关度；第三，按照苹果广告的售卖规则，高相关度和高权重有利于低成本获量，有利于分配到更多的流量，是一石三鸟之举，也有利于长期获利。

2. 产品强势 × 红海期

这种情况最常见，也最纠结。一方面，开发者的选择比较多，可以继续选择进攻型策略，也可以选择防守型策略；另一方面，这个局面持续的时间最长，开发者的选择也会在进攻型和防守型之间摇摆，执行上容易首鼠两端，犹豫不决，在二者时间交错进行。这也是我们后续具体介绍和比较的地方。

3. 产品弱势 × 红利期

在目前的竞争环境下，这个时间窗口非常短，所以我们的建议是采取进攻型策略，尽快完成 ASO 的关键词覆盖，同时采用攻击型的投放策略，先要量，后压价。后续会提到这一情况。

4. 产品弱势 × 红海期

这种情况下，可以选择的策略不多，无论是进攻型策略，还是防守型策略都不理想，在 ASA 上能做的事情不多，主要还是要慢慢完善 ASO 的优化与关键词覆盖，通过外部带量慢慢增加关键词跟 App 之间的权重。

可以看出，在四个不同的象限中，通常有两个不同的策略，一个是积极型策略，另一个是保守型策略。

为什么会出现这两种策略呢？这是根据开发者自身的条件和所处的环境来综合衡量的。比如，有的开发者重点是在信息流，如在 Facebook 上买量，而且是工具类的产品，商业转化周期比较长，买量的预算有限，而且 ASO 的关键词覆盖也不是工作的重点，因此他们在 ASA 上的策略就可能采取保守型策略，把自己品牌词和一些核心关键词用比较低的成本守住，不让其他人用低成本蹭走流量。

而对于游戏开发者而言，产品生命周期短，iOS 用户的付费意愿和付费能力都很强，因此，他们就偏向于进攻型策略，有的甚至采取比较极端的进攻策略。

二、积极型策略与保守型策略

深度分析一下积极型策略和保守型策略。

这需要回到 ASA 买量的本质。从技术讲，ASA 投放的本质是为一个 App 产品找到合适的关键词的过程。对于一个产品（App）来说，冥冥之中一定有一批好的关键词。但是，这些关键词是什么，起初开发者不知道，苹果也不确定。

所谓找到合适的关键词，就是要从数以万计的候选关键词和搜索词中，筛选出在量级、CPA、ROI 等方面合适的数以百计的关键词，而筛选关键词的关键是靠数据。那么数据是从哪里来的？数据是花钱买来的，通过在 ASA 平台上针对有潜力的关键词进行各种价位的"投放测试"，最终得到这个关键词跟这个产品（App）与出价（CPT Bid）、目标下载成本（CPA）之间的关系和数据，并通过这组数据不断筛选出该产品合适的关键词。关于这点，我们在第七章中介绍高阶拓词的原理时，有更为详细的介绍。

虽然开发者通过过去的 ASO 关键词覆盖和排名可以有一批候选关键词，但到底哪个是、哪个不是，开发者并不知道。苹果按照自己的数据，也有一批候选关键词，就是所谓的推荐词，但是未经实战测试，苹果也不知道哪些词的转化效果更好。

ASA 投放的过程，更像是测试过程，在此过程中，不断地对候选词进行效能测试，测试其在量级、CPA、ROI 等各个方面的表现。通过一系列的测试，不断地将"差"词漏掉，如图 9-3 所示，最终筛选出合适的关键词。

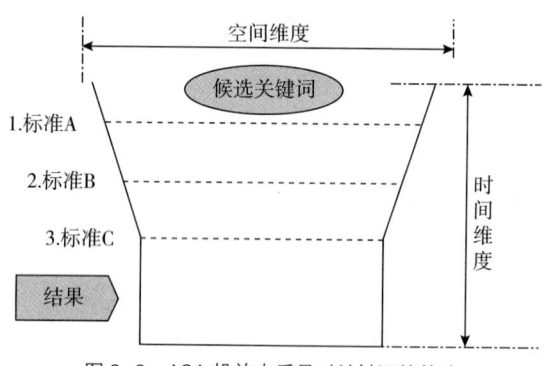

图 9-3　ASA 投放本质是对关键词的筛选

这个测试筛选过程有两个重要的维度，一个是时间，另一个是空间。所谓时间，就是测试出这些合适的关键词所需要的时间，这个时间当然是越短越好。所谓空间，就是在测试的过程中，候选关键词范围的大小，以及我们在这些关键词上的出价变化范围，看看对于同一个关键词不同的出价导致的不同的量级、CPA 以及 ROI。

而这个获取合适关键词的过程有两种策略，如图 9-4 所示，一种是积极型策略，另一种是保守型策略。

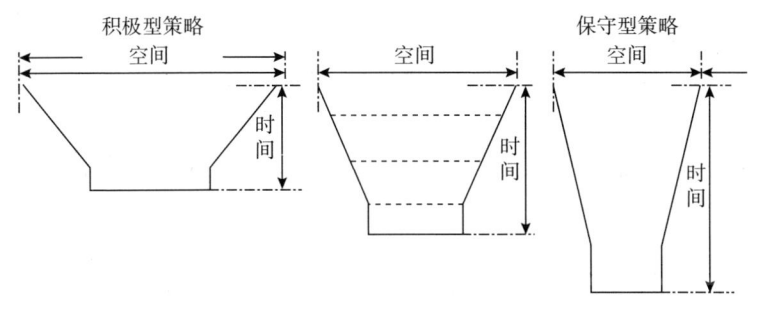

图 9-4 积极型策略与保守型策略的对比

从数以万计的候选关键词中筛选出数以百计的"合适的"关键词的这个过程，可以被压缩，也可以被拉长。这个过程的用时被压缩就是积极型策略，而这个过程被押长的策略就是保守型策略。

所谓积极型策略，就是"空间换时间"的策略，通过加大投入，放宽漏斗的开口，对更多的候选词进行比较全面的测试，快速获取每个关键词的性能（Performance）表现，诸如 CPA、ROI，快速得到数据的策略，比如在 2 周到 2 个月的时间里就可以完成初步的数据验证与测试，其特点是花钱买数据。

所谓保守型策略，就是细水长流，漏斗口子开得比较小，起投价格比较保守，用比较低的投入测试出一部分关键词的 CPA、ROI 的表现。如果要达到进攻型策略同样的效果，用时比较长，可能是六个月，也可能是一年，也可能永远也找不到。

积极型策略的特点是效率优先、兼顾成本；方法就是花钱买数据，在一个比较短的时间窗口，获得全面的数据，然后投放进入稳步正轨。这个策略适合强势产品和杠杆大的产品，比如，千万用户级的 App 产品，能在一段时间里搞清数据，快速进入投放，节约出来的时间加上千万级的用户杠杆，收益将是很明显的。不仅如此，由于得到的数据比较全面，覆盖的关键词体量很大，所以在投放需求发生变更时，比如量级需要增加时，可以快速起量，因为数据已经在那里，关键词也在那里，不需要再摸索测试走一遍这个流程。

而保守型策略的特点就是成本优先，适当考虑效率。尽可能在一个比较小的、比较有确定性的关键词范围内进行出价幅度比较窄的"投放测试"。由于投放测试范围比较狭窄，所能触及的关键词有限，最终得到的"合适"关键词也有限。

第二节　竞价原理

苹果 ASA 广告平台是典型的搜索广告。而搜索广告是在搜索业务的发展中随着商业变现的需求逐步发展出来的计算广告。随着搜索业务变现的需要，以及精准受众定向技术的发展，在搜索广告和展示广告中都产生了竞价交易的广告新模式。

搜索广告是以上下文查询词为颗粒度进行受众定向，并按照竞价方式售卖和以 CPC 结算（苹果是 CPT）的广告产品。在苹果的 ASA 广告展示搜索结果页的最上端，是用户最先看到的内容。

目前，苹果的搜索广告展示形式与自然结果的展现形式非常接近，仅仅在底色和文字上有不引人注意的提示。这样的产品设计使得其广告有原生广告的意味，也进一步提升了广告效果，但同时也要求广告结果与搜索词的相关程度远远超过展示广告，所以在根据查询匹配广告时需要非常精细的策略和技术。

搜索广告位代表的竞价广告实际上是像拍卖销售广告的展示机会，也就是说，系统根据广告主的出价，以及由此计算出的 eCPM 决定谁可以得到某次广告位。

围绕位置拍卖最重要的机制设计是所谓的定价问题，它研究的是在一次位置拍卖中让各参与者出价他们自己期望的收益。如何对最后获得某位置的广告主收取合适的费用，目前苹果采取的是广义第二高价，也就是所谓的次高价。

所谓第二高价，指的是在只有一个位置的拍卖中，向赢得该位置的广告主收取排名在下一位的广告主的出价，这样的拍卖也被作为 Vickrey 拍卖。在搜索广告的拍卖过程中，很容易下意识地将第二高价策略推广成下面的策略：对赢得每一个位置的广告主，都按照排在其下一位广告主的出价来收取费用，这就是广义的第二高价。

我认为第二高价是一个位置拍卖时的最佳定价策略。为什么是合理的呢？按理说，按照广告主自己的出价收取费用不是更好吗？这是反直觉的。

我们先看一个广告主和平台之间博弈的例子。假设有一个位置的广告机会在拍卖，开始有两个广告主参与，A 的出价是

1元，B的出价是2元，当然B应该赢得此次竞拍，如果按照其出价来收费，平台就应向他收取2元的费用。在广告市场里，这样的拍卖机会还会不断重复出现，比如某个关键词反复被用户搜索，而广告主可以调整自己的出价，假设B在出价2元得手后，自然会想到是否可以调低出价，用更低的成本获取流量。

于是B不断地压低出价，直到把出价压低到1.01元。于是系统博弈的结果就会稳定在A出价1元、B出价1.01元。我们继续假设，又有一个新的广告主C加入竞价之中，希望赢得此次竞拍，并且经过一番调整之后，找到了最佳的出价是1.02元，那么市场的收入就是1.02元。

那么，我们有没有可能通过调价定价策略来影响系统的总收入呢？答案是肯定的，比如我们在A出价1元、B出价2元竞价时，并不对获胜者B收取2元，而是直接收取其下一名即A的出价1元，那么B就没有动力下调其出价了，那么当C加入系统竞价时，则需要出价2元才可以赢得竞价，这时系统的收入就变成了2元。这个简单的例子告诉我们，在广告这样的参与者可以针对同一个标的物不断调整出价的拍卖环境中，通过聪明的定价策略完全可能为市场创造更高的收益和更好的稳定性。

第三节 ASA 提供的调价手段

在ASA系统中提供了两个常用的调价工具：每次点击费用出价和每次转化费用目标，如图9-5所示，前者CPT Bid，是对点击成本出价；后者CPA Goal，是控制目标安装成本。

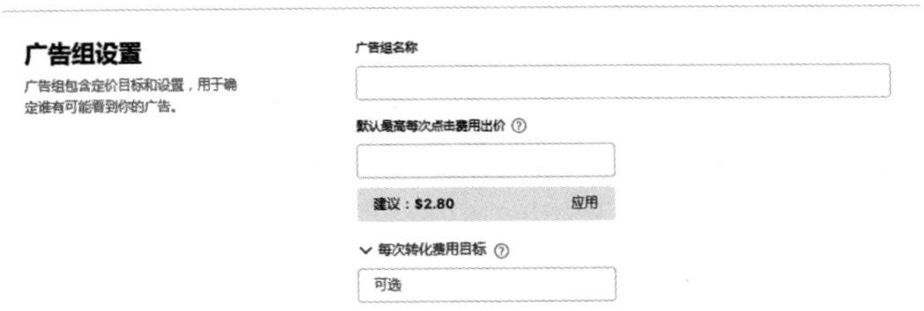

图 9-5 调价的两个工具

什么是 CPT Bid？

CPT Bid 是竞争中的出价价格，作用是竞争苹果分配的展示量和控制点击成本。但是一般投放者为了竞争到更多的展示量级，对 CPT 的出价会远高于目标点击成本。

什么是 CPA Goal？

CPA Goal 是 ASA 系统中提供的一个可以控制最终的安装成本的工具。这个工具是一个妥协的结果，也是一个推测的结果。一方面，ASA 是按照点击收费的，并不能够直接控制广告的安装成本；另一方面，从客户的需求来看，他们看的是回收，看的是点击安装成本，这是广告主内部考核的一条标准线。所以苹果不得已推出这么一个折中的方法，CPA Goal 对安装成本的控制事实上是基于苹果预估的安装量，按照点击成本等于安装成本乘以点击率的公式去控制点击成本的。也就是说，对于很多设置了 CPA Goal 的广告来说，它的点击成本设置事实上并不是 CPT Bid，而是 CPA Goal 乘以苹果预估的安装率所得出的金额。

对于 ASA 优化师而言，CPA Goal 更像是一道保险锁。如果一个广告组设置了 CPA Goal，即使这个组里的关键词出价再高，也不会拿到超过 CPA Goal 的点击价格。比如，一个广告组的关键词出价都为 10 美元，但是 CPA Goal 设为了 5 美元，那这个组可以拿到的最高点击价格不会超过 5 美元。因此，优化师可以睡个好觉。

设置 CPA Goal 有何优缺点？

CPA Goal 的优点明显，一方面，可以控制成本，保持账户稳定，不会受到友商出价以及环境变化的影响；另一方面，CPA Goal 可以成建制地使用，可以针对广告组使用，也可以针对广告系列使用，方便管理大批量关键词，提高管理效率。但其缺点也很明显，一旦设置，就会限制量级，难以上量。所以要根据实际情况来使用。

常见出价搭配策略有哪些？

CPT Bid 和 CPA Goal 搭配策略有四种，如图 9-6 所示。

	低出价	高出价	
+		极端的 积极型策略	无CPA Goal限制 或高CPA Goal
−	经典的 防守型策略	稳健的 积极型策略	有CPA Goal
	−	+	

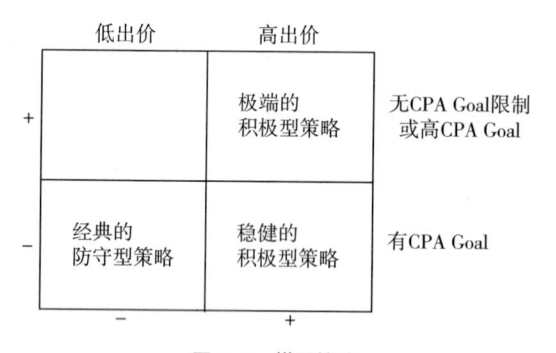

图 9-6 搭配策略

1. 低出价、无 CPA Goal：比较少用的一种策略。

2. 低出价、有 CPA Goal：经典的防守型策略，本来出价就低，还限制了 CPA Goal，成本控制住了，量级也比较小，在一些特别的组可以使用。

3. 高出价、无 CPA Goal：极端的积极型策略，不太推荐使用。但极端情况下，这个策略可以放开量级，得到出其不意的效果，比如发现一些意外的、好的关键词，增加某些关键词的展示占比，并影响权重。

4. 高出价、有 CPA Goal：稳健的积极型策略，比较推荐使用。一方面通过 CPA Goal 保障成本控制，另一方面通过高出价，利用苹果的第二出价原理，可以得到更多展示的机会。

第四节　调价操作的最小闭环模型

ASA 调价是一套非常复杂的投放实践，苹果提供了灵活的框架，从流量获取粒度上分关键词、广告组、广告系列、广告系列组四个等级，在关键词和广告组层级上可以调控价格。调控手段有两个，一个是出价，另一个是目标下载成本；观察手段有：花费、展示数量、展示占比、成本（CPA）、转化率 CR、TTR，以及第三方数据。

灵活的架构、丰富的手段、多维的数据参考虽然为投放调价工作的发挥提供了很大的空间，但也给大家带来了困惑，这是一个有三个维度的矩阵，特别是对初学者来说，学习门槛比较高，不知应该如何下手。

在实践中，不同优化师采用了不同的投放组合和调价方法，都取得了不错的效果，几乎每个优化师都有自己的"投放经"，调价的手法和方法也是众说纷纭。这些层出不穷的经验信息，反而成了负担，增加了初学者的学习成本。

在这里介绍一个 ASA 最小调价模型，也是 ASA 投放工作的最小实践，无论优化师们的投放多么多变，都是基于这个模型演化出来的。这样就大大降低了学习门槛，初学者不但可以理解各种玩法，而且可以举一反三，构建自己的"套路"和风格。

1. 基于关键词的最小投放模型

ASA 的最小实践，如图 9-7 所示，首先是一个最小投放闭环，它是从设置开始，然后观察数据，在分析之后调整策略，最后再操作设置的一个操作闭环。可以从一个最小投放单位关键词开始。

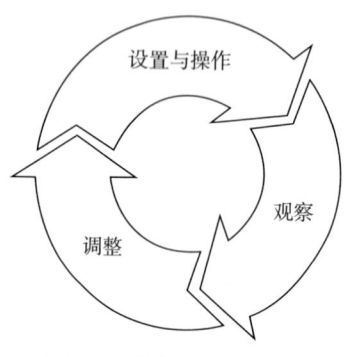

图 9-7 最小调价闭环模型

操作单位是关键词，四步循环如下。

操作：设置出价。

观察：让子弹飞一会，观察数据，执行数据。

调整：定期分析数据，如果发现异常，如 CPA 太高、CR 转化太低时，给出判断；如关键词不符合预期，调整关键词。

再操作：执行策略，调整出价、关键词处理，如降低 CPT

Bid 或者加入否定词等。

投放启动之后，先观察数据，常用的数据有：花费、展示次数、点击次数、激活量、转化率、激活率、CPA 等。

然后分析数据。如图 9-8 所示，CPA 是否符合预期，量级是否符合预期；如果有异常，则分析数据，为什么 CPA 偏高或者量级下降。

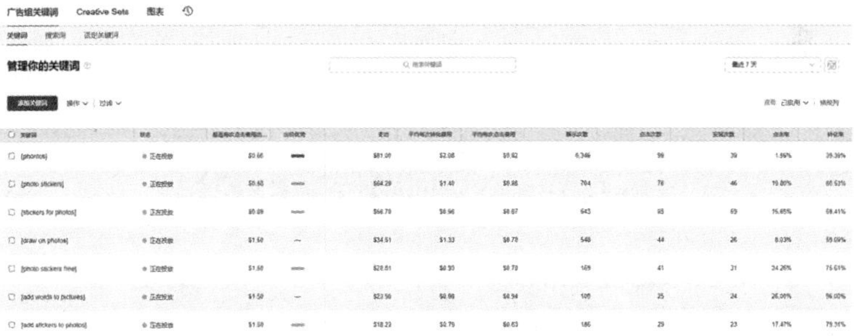

图 9-8 投放数据观察

最后进行操作。第一规则，对出价进行调整，以让量级或者 CPA 符合范围，一般调整价格的 50% 为大调，20% 为微调。超出规则之后，就是对关键词进行处理，如 CPA 持续太高、展示量太少，则删除或者降组；如果效果非常理想，是一个新发现，则升组。

2. 基于广告组的最小实践

将最小实践放大到广告组。

对象：广告组，广告系列。

操作：设置组的出价。

观察：观察数据，这时观察的内容和维度比较多。

分析：数据分析。

再操作：出价管理、关键词处理。

观察数据有整体观察和个体观察两种方式。

整体观察。整组的花费情况、转化率、CPA 成本等关键数据。

个体观察。把整组的数据按各个维度排序，选出突出的数据，诸如：突出的展示量，突出的花费，突出的 CPA，突出的量级，突出的转化率，等等。针对数据的情况进行分析，再决定下一步的策略。

第五节　常见问题与参考经验

一、词组的管理方式

每种关键词的管理方式一样吗？每个组的管理方式一样吗？

不同种类的关键词的管理方式当然不一样，比如在品牌词、行业词、竞品词三个维度中，品牌词的转化率稳定、效果好，是最核心的词，这是我们的基本盘；而行业词和竞品词的变数就很大，词本身的数量就很庞大，而且在不断地增加之中，每个词的展示量、花费、成本变化的幅度也非常大，这些词所带来的流量变化也非常大，整个投放效果差别就体现在对这类词的管理和处理上。人的精力是有限的，所以对于不同性质的词，我们的策略应该是不一样的。

将不同性质的词归入不同的分组之中。非常稳定的关键词，我们一般会将其归到精准匹配组；而变数比较多的词则归到广泛匹配组；另外，苹果自带的搜索匹配也可以分为一个组。

精准匹配组，一般而言，本组词跟 App 的相关性强，词的数量也比较小，转化稳定，量级稳定。管理策略也非常清晰，就是通吃，有多少吃多少，来者不拒，不让他人有觊觎之心，所以这个组的设置也非常清晰。

1. 高开 CPT Bid；

2. 不设 CPA Goal 或者很高的 CPA；

3. 很高的预算；

4. 观察周期也放宽，从 1 天到 1 周不等。

广泛匹配组，一般而言，词的数量非常大，有上千乃至上万个，词本身就不稳定，转化也不稳定，量级很大，是变数最大的地方。因此，策略也非常清晰，就是慎吃，即细嚼慢咽，富贵险中求，这是整个投放环境中最为复杂的地方，也是成本经常失控的地方，但也是量级最大的地方，所以也是技术含量最高的地方。

1. CPT Bid 设置得很讲究，就是自己能够接受 CPA 的 1.5～3 倍；

2. 压低 CPA Goal，控制在自己能接受的 1.2～0.8 倍；

3. 预算要根据经验和历史数据，慢慢调整到一个合适的位置；

4. 观察周期放短，特别是账户建设的早期或者变动频繁的时候，每隔 3 小时观察一次账户；

5. 观察数据要非常详细，除了整体数据，还得从多个维度观察每个词，从花费排名、展示量排名、CPA 排名、TTR、CR

排名分别排序看看有什么异常。

对本组词要分两种情况处理：

（1）整体处理，针对本组的花费等数据，对 CPT、CPA Goal 整体预算进行处理。

（2）个别处理，针对各个关键词的处理要具体问题具体分析。如果价格和成本偏离，那就就调整价格；如果有重大发现，比如成本奇高，那就处理为否定词；如果是一个意外惊喜的关键词，那么就升级到精准词，按照准确匹配的待遇处理。

二、设定初始价格的方法

最初的价格如何设定呢？回答这个问题之前要弄明白两个问题，一个是初始出价，另一个是价格收敛策略。

1. 初始出价。第一次为某 App 的某关键词出价，即初始出价。初次出价跟经验有关，也跟投放积累有关，是一个经验积累的产物，不能一概而论。好的优化师，第一次出价就很接近未来很长时间内的出价。

2. 价格收敛策略。当一个关键词的成本不符合预期，CPA 过高或者 CPA 过低时，就需要控制价格。那么 CPT Bid 控制多大的幅度能让 CPA 符合预期？又需要几次调整呢？这就是价格收敛策略：如何通过收敛价格，让 CPA 符合预期。

设置初始价格，一共有三种策略：

1. 高开低走

优点是快速摸清自己应该在的价位，是用成本换效率的过程，能够在 3~5 天就找到这个 App 大概的成本位置，缺点是成本有点高。

2. 低开高走

以低价作为初始价格，然后逐步加价，优点是成本控制得好，缺点是需要 2 周左右的时间才能摸索出合理的价格以及 App 的量级情况。

3. 经验设置

每类 App 都有一个基准价，那么随着投放经验的积累，对每类产品的不同排名都有一个预判，比如在美国区：

（1）图片工具类的 CPA 在 0.3~0.8；

（2）教育类的产品 CPA 在 0.5~1.0；

（3）轻度类游戏的 CPA 在 1~2；

（4）slg 重度类的 CPA 在 5~10；

（5）社交类的 CPA 在 1~3。

以上数据仅仅是举例所用，仅供参考。

第十章

iOS 流量运营最佳实践

> 本章概要：本章主要试图介绍 iOS 获量的完整实践，分为两部分：一部分是单纯的 ASA 全流程实践，从项目准备、拓词、搭建账户、日常调价到最后复盘迭代等；另一部分是 ASA 时代之后，ASA 与 ASO 的融合实践探索。

第一节　ASA 的最佳实践

前面几章我们介绍了 ASA 投放的三个关键技术，俗称"ASA 三件套"，即：拓词、账户搭建、调价。每个部分都单独用一章的篇幅从原理到实操，从苹果的环境到开发者决策机制，从方法到工具等，从上到下，从左到右，把 ASA 实践中最重要的这三部分单独介绍了一下。

本章则要换一个视角，从细节抽身到全局视角，以鸟瞰的视角，审视 ASA 投放的全生命周期，把 ASA 涉及的所有环节梳理一遍：包括事前的准备，事中的操作，事后的复盘与调整。如图 10-1 所示，ASA 投放是一个循环迭代的过程，从投放开始，没有终点：投放准备→投放实操→复盘迭代→调整计划→投放实操。

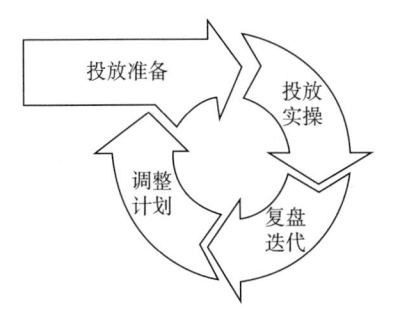

图 10-1 ASA 投放流程图

本节介绍三个问题，一个是投放前的准备工作，一个是投放中的实际操作，第三个是投放后的复盘与优化迭代。

一、准备工作

投放前的准备工作是最容易被忽视的。很多开发者基本上是拿起产品就开户、起投。这样做的好处是可以快速开局，快速熟悉苹果环境。当然这样做问题也不少，最大的问题莫过于浪费时间。古人云，"凡事预则立，不预则废"。匆匆而投的产品，经常在经过几轮迭代之后才能发现问题，等到纠正错误时，几个月就过去了，甚至一直带病操作，直到产品生命周期结束也未能发现问题。忽视投放前的准备工作会造成几方面的问题：一方面是金钱的浪费，另一方面是错失一些好的关键词，但最大的问题莫过于浪费时间，错失时间窗口。无论是客观忽视还是主观地减少投前准备，都不是最佳实践。

通常，投前准备分为四部分：产品与需求分析、ASO 评估与优化、归因及追踪设置、制订投放计划。

1. 产品与需求分析

产品与需求分析分为五点：（1）自身的产品分析；（2）产

品的受众分析；（3）竞品分析；（4）市场特点分析；（5）产品和市场之间的匹配度分析。

（1）产品分析。

首先，要对待投放的 App 产品有一个全面的了解，包括产品的题材、类型，以及产品所在 App Store 上的分类榜，对产品是垂直头部产品、腰部产品，还是弱势产品等方面有一个基本的判断。

（2）受众分析。

了解一下产品受众的特点，诸如年龄、地区、性别、用户画像、用户为什么要使用这款产品。尽可能多地收集这些信息，这会在投放过程中以显性或者隐性的方式帮助到你。

（3）竞品分析。

了解一下该产品有哪些竞品，哪些竞品是行业里的标杆产品或者典范，列出竞品的名称、品牌和核心关键词。从公开数据中收集这些竞品的关键运营数据：DAU 或者 MAU、营收情况、市场占有率等，如若需要，下载并使用几个关键的竞品感受一下。

（4）市场特点分析。

了解一下要投放的市场的情况，包括经济发展情况、语言情况、法律法规等基本情况，以及市场中 iOS 的市场占有率、iOS 的存量市场量级，特别是 ASA 的竞争情况，是处于红利期还是红海期，竞品是否已经在从事 ASA 投放，竞品的品牌词以及行业的核心关键词下都有哪些 App 产品的广告。

（5）匹配度分析。

了解一下竞品在 ASA 的投放情况，ASA 对于这类产品是否为主要投放渠道，量级占比如何，ASA 是一个标准的买量渠道还是补量手段。

2. ASO 评估与优化

首先，了解待投 App 在榜单和分类榜上是否有排名，如果有排名，可以粗略估算一下日新增和日活的量级。这些数据对于 ASA 获取流量的量级具有很大参考价值。

其次，了解一下产品的标题、副标题、图标以及 App 产品详情页，做一下 ASO 的评估，给出基础优化建议和方案。

再次，通过第三方工具，了解 ASO 关键词覆盖的情况，排名前三的搜索指数超过 4605 的数量，罗列一下排名前三的搜索指数超过 6000 的关键词，分析这些词的性质、热度、相关性、词的类别（品牌词、行业词、竞品词）。

最后，给出该产品的 ASO 方案，包括关键词覆盖调整方案，以及 ASO 素材制作和产品详情页的方案，具体方法参考之前两章关于 ASO 关键词覆盖和素材优化的内容。

3. 归因与追踪设置

了解产品是否接入了第三方的归因 SDK，是哪家 SDK。如果开发者使用的是自己的 BI 系统，需要明确归因时间窗口的定义、用户的标识方式和定义方式、新老用户的定义方式、归因模型的选取等。

了解开发者是否接入了 Search Ads 的归因 API（iAd 框架），调用是否正确，关于 iOS 归因的最佳实践在后续的章节有详细介绍。

4. 制订投放计划

（1）确定基本策略。

投放规划应该是自上而下的，所以第一件事是跟开发者明确投放策略。根据实际情况（竞争环境、竞品情况、用户、自身条件、开发者的意愿）确定选择保守型还是积极型的投放策略。具体方法请参考相关章节的内容。

（2）确定预算和 KPI。

要跟开发者确定本阶段 ASA 投放的预算和 KPI，同时初步设定一下开发者在此阶段能够接受的 ROI 和 CPA 范围，以及观察时间窗口（建议至少一个月）。

（3）确定阶段目标。

确定 ASA 投放的阶段划分，以及本阶段要实现的目标，包括：获量目标，成本控制目标，数据目标（本期要对多少关键词完成观察）等。

（4）制定弹性策略。

根据产品特性、受众特性、苹果的政策等，制订节假日的投放策略和计划；根据产品特性和季节特点，制订特殊情况下的投放计划。保持投放计划的弹性和灵活性。

二、投放操作

在实操环节，最基础的实践包括：拓词、账户搭建与操作、广告组设置等几部分。

1. 拓词

兵马未动，粮草先行。拓词是进入实操环节的第一件事情。拓词的方法有很多，除了苹果给的推荐词，主要有三种拓词机制：竞品找词、数据挖掘、人机结合。

（1）竞品找词。

就是通过挖掘竞品来挖掘关键词。通过竞品可以挖掘到更多的竞品，通过关键词也可以挖掘到更多的竞品，然后通过竞品挖掘出背后的关键词，包括 ASA 投放词、ASO 覆盖词、品牌词，等等。

（2）数据挖掘。

这个拓词会在 App 正式投放之后，在 Search Match 和 Broad Match 拓展出来的各种词汇中筛选和挖掘。

（3）人机结合。

人工启发，机器迭代。基于人的认知能力，通过拓展出联想词、近义词等，然后通过人工智能系统（诸如，搜索引擎）拓展出新的关键词。更高阶的拓词方式就是建立自己的关键词与 App 之间的拓扑关系，进而把投放的效果数据积累到关键词与 App 的权重关系上，更多的拓词详情参看第七章的内容。

2. 账户搭建与操作

（1）开户。

登录苹果 ASA 官方网站，按照系统提示和要求开通一个新的账户，如图 10-2 所示。

（2）账户结构设置。

苹果 Search Ads 为了尽可能满足不同开发者对其 App、投放市场和关键词等几个层级进行管理，提供了一套四层结构，分别是：Campaign Group、Campaign、Ad Group、Keyword。

创建账号

[ASA 开户界面截图]

图 10-2　ASA 开户

针对苹果现有的账号层级管理框架，我们通常按照如表 10-1 所示的内容来管理账户：

表 10-1　ASA 账户层级对应的管理内容与能力

层级	管理内容	注释
Campaign Group	App	一个开发者通常有多个 App，多个待投 App
Campaign	国家或地区	一个 App 可能会投放在不同国家或者市场
Ad Group	关键词组	为了更好地获量，把关键词分为几类，不同的组采取不同的策略

其中，预算设置和发票在 Campaign 一级设置。下面提到的三层漏斗式结构就是在 Ad Group 这层的操作。

（3）预算设置。

如图 10-3 所示，可以在 Campaign 这一层级设置总预算和每日预算上限。

广告系列设置

推广的 app
PicSee - Write text on photos

国家和地区
国家和地区：1　　　　　　　　　　　　　　　修改
美国

预算　　　　　　　　　　　每日预算上限
$999,999.00　　　　　　　　$249.00

图 10-3　在广告系列（Campaign）一级设置预算

（4）三层漏斗式结构。

关于 Ad Group 一级的搭建，目前我们推荐的入门最佳实践是三层漏斗式结构，如图 10-4 所示。

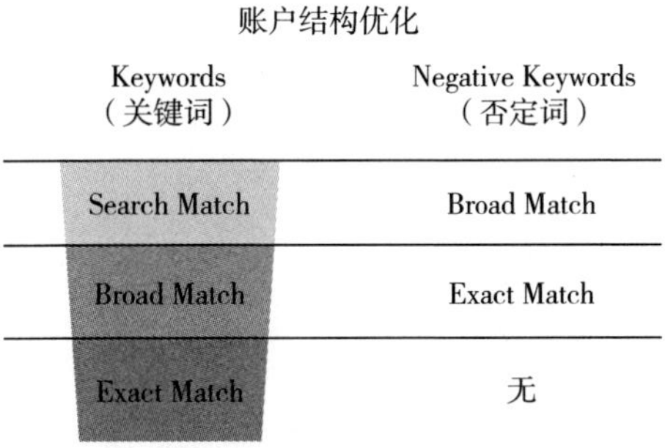

账户结构优化

Keywords（关键词）	Negative Keywords（否定词）
Search Match	Broad Match
Broad Match	Exact Match
Exact Match	无

图 10-4　三层漏斗式结构

漏斗开口 Search Match 的设置：否定词、CPA Goal、Search Match。

漏斗腰部 Broad Match 的设置：关键词的上传、CPA Goal、否定词设置，可以有多个组。

漏斗收口 Exact Match 的设置：关键词的上传、CPA Goal、否定词设置，可以有多个组。

3. 广告组（Ad Group）设置

Ad Group 一级的设置与操作最为丰富，大部分设置都在这一层，可以完成的设置包括但不限于：广告时段（Time）、广告受众（Audience）、出价、CPA Goal、否定词、关键词上传、创意集等。具体设置操作如下。

（1）广告时段。

广告时段的设置，如图 10-5 所示，在界面中设置时段开始时间和结束时间。

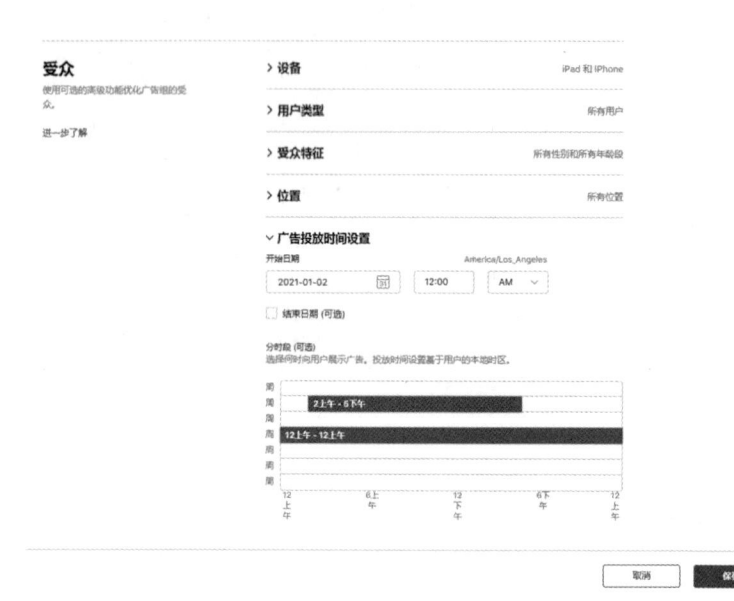

图 10-5　设置广告时段

（2）默认出价。

可以为每个广告组（Ad Group）设置组的默认出价，如图 10-6 所示。

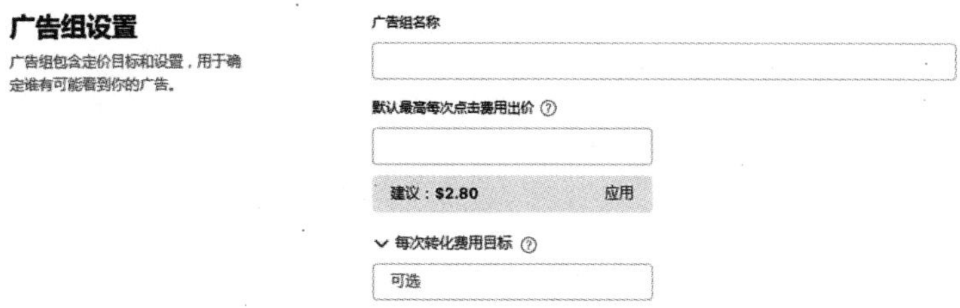

图 10-6　设置广告组的默认出价

实践建议：组的默认出价，会影响添加关键词时关键词的默认出价，也会影响 Search Match 组的出价；CPA Goal，对获量成本影响较大，建议设置成期望的 CPA 值。

（3）受众。

如图 10-7 所示，每个广告组都可以设置自己的目标受众，可通过如下几个参数的组合设置目标受众：设备、用户类型、

图 10-7　设置广告组的受众

地区、性别、年龄等。

实践建议：受众设置得越精细，获得的流量越精准，但所获得的曝光机会也会越少。

（4）创意集。

苹果 Search Ads 自 2017 年开始支持采用不同的创意集，即展示不同的广告素材，如图 10-8 所示。

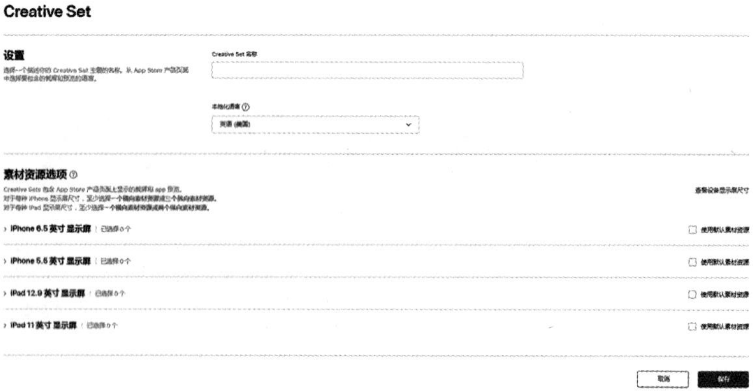

图 10-8　设置广告创意集

实践建议：选择不同的素材资源进行测试，对比效果后选出效果更好的素材资源。关于素材的制作参考第五章 ASO 的素材制作方法论。

（5）添加否定关键词。

在广告组一级，还可以设置添加否定关键词，如图 10-9 所示。

实践建议：将效果极差的关键词添加为否定关键词，则不会再买该词的广告流量。此外，添加否定关键词可以选择添加至广告系列或添加至广告组。

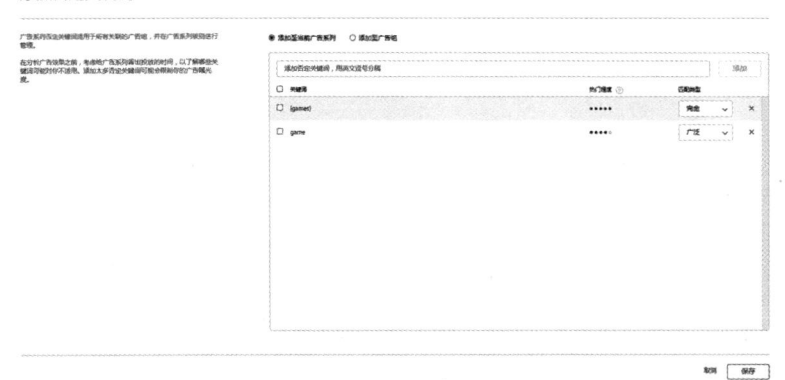

图 10-9　添加否定关键词

（6）关键词。

苹果 Search Ads 平台中可设置和添加自己的关键词，而且支持两种方式，一种是逐条添加，如图 10-10 所示；另一种是批量添加，如图 10-11 所示。

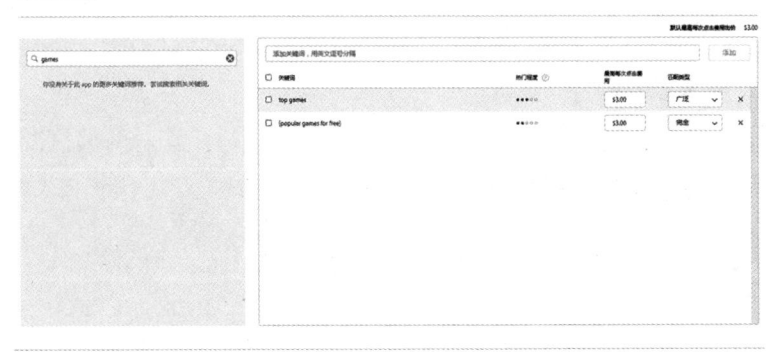

图 10-10　逐条添加关键词

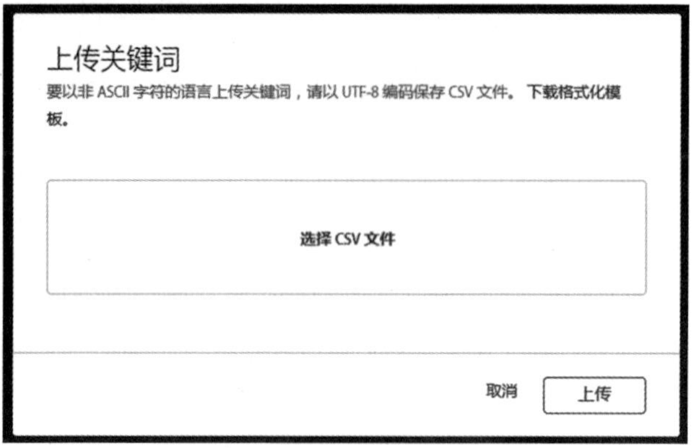

图 10-11　批量添加关键词

实践建议：逐条添加时，多个关键词之间用英文逗号分隔；若批量添加时，可使用 CSV 表格模板上传。

三、复盘与迭代优化

1. 查看报告与数据洞察

在投放优化的日常中，优化师最日常的工作就是查看数据，包括对创意集的效能评估、对广告组的评估、对关键词的评估、对受众的评估，具体如下：

（1）创意集的效能评估。

目前，苹果提供了界面，来对比和评估各个创意集的效率及转化率方面的效能，如图 10-12 所示。

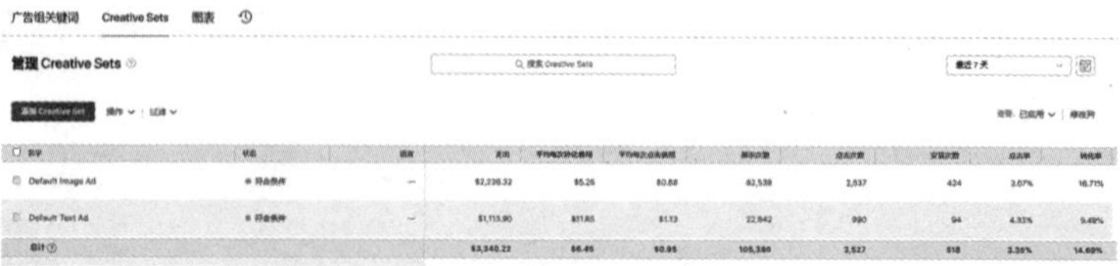

图 10-12　创意集的效能评估

（2）广告组的评估。

如图 10-13 所示，可以对每个广告组进行整体评估，评估的维度目前苹果提供了支出（Spend）、平均点击费用、平均每次转化费用、展示次数、点击次数等。

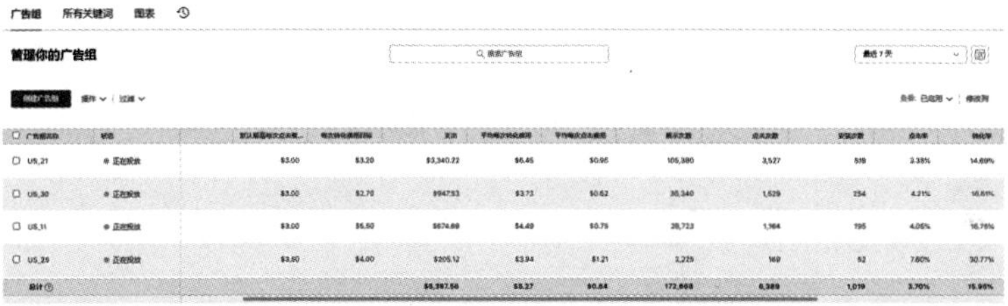

图 10-13　广告组的数据洞察

（3）关键词的评估。

如图 10-14 所示，可以通过各个维度看关键词的表现：看 CPA、看花费、看下载安装、看 CR，筛选出好词、符合预期的词、差词，然后进行下一步的操作。

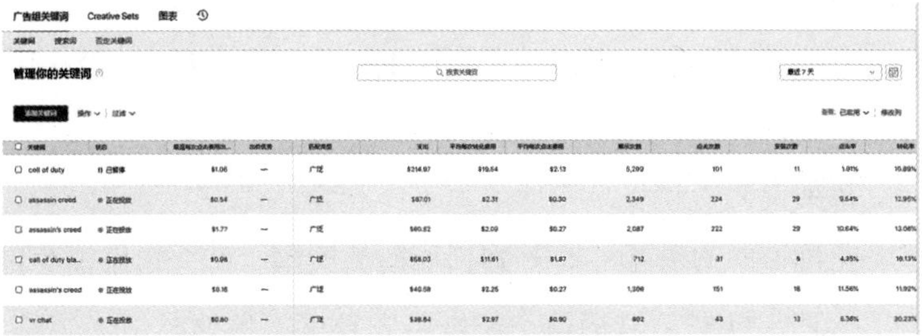

图 10-14　关键词的数据洞察

（4）受众用户评估。

如图 10-15 所示，可以从用户类型、地区、性别、年龄等维度进行分析比较。

图 10-15　受众数据分析

2. 调整预算、计划与策略

投放的优化与调整，分几个层级和不同的颗粒度。从小到大的颗粒度上分别是关键词、广告组，再到横向调整，包括受众、创意集。层级上，自上而下分别是整体投放策略的调整、账户结构的调整、广告组和关键词的调整。

复盘与优化分为两种，日常性复盘优化和阶段性复盘优化。

（1）日常性复盘优化。

主要是针对关键词、受众、创意集这些维度进行的周期性调整和优化。一般的顺序是自下而上，从颗粒度最小的关键词开始，到广告组。

①关键词。

关键词一般分为三类：超预期的关键词、符合预期的关键词、差词。针对关键词这个层级和颗粒度上的调整最为频繁，也是最为日常的工作，包括增加新的关键词、现行投放关键词的观察与处理。

针对差词，就是各方面表现不好（CPA、展示、CR、ROI）的关键词，通常采取的措施是暂停投放，甚至添加到否定词列表。

超预期的关键词，就是在成本、展示、转化这三方面超过同组的关键词，通常要重点关注，包括但不限于：转组、开启广泛匹配、提升 CPT Bid 等措施。

对于超预期的关键词，特别是在量级上有明显贡献的关键词，要重点跟踪词的属性。

②广告组。

对广告组要进行整体观察与处理。广告组管理分三种情况，如图 10-4 所示，一是精准词组管理，二是广泛匹配词组管理，三是搜索匹配组。第八章的重点就是在介绍这三种情况如何处理，详见第八章。

③横向调整。

创意集的调整。通过观察分析不同的创意组的转化效率，然后选择效果更好的那组。

受众的调整。受众虽然包括的参数比较多，如年龄段、性别、地区等，但影响最大的是新老用户分类，可以根据运营的需要，将新老用户分组投放，也可以把老用户屏蔽掉。

要注意一下 Search Ads 对新老用户（新安装和重新安装）的定义跟第三方的定义方法不同：苹果把下载并安装完成算作新安装，而第三方把激活完成算作新安装；而在重新安装上，苹果以相同的苹果 ID 来认定老用户，第三方则以设备 IDFA 来认定老用户。这就会产生一个问题，设备更换使用者以后，其 IDFA 是不变的，那么对于第三方的归因模型来说，这就是一个老用户；但如果新的使用者重新注册或登录新的苹果 ID，那么苹果就会认为这是一个新用户。关于归因部分的内容详见第十二章。

（2）阶段性复盘优化。

阶段性的复盘优化则是自上而下的。首先，要全面对整个阶段进行一次评估，是否持续之前的策略，确定下一个阶段的整体策略是积极型策略还是保守型策略，然后调整预算和KPI。在预算和KPI的尺度范围内，来调整账户结构的设置，是要激进一些还是保守一些的账号结构。然后针对不同的组，确定其初始价格、投放目标。最后到关键词这个级别，确定是否要积极地尝试更多的关键词，以及如何设置关键词的投放价格。

第二节　ASA结合ASO的最佳实践

随着ASA进入中国大陆市场，很多国内的开发者开始关心ASO是否还能与ASA共存，能否融合。ASA进入中国市场，ASO灰色地带会被严重地限制，而ASO基础优化等非灰色的运营方法反而会得到进一步的发展，特别是ASA+ASO组合玩法的局面将会出现。那么ASA和ASO应该如何安排呢？它们的预算分配会是什么样？本节主要分析如何充分使用ASO和ASA的组合手段，拿到流量红利，这应该是ASA市场开发后第一阶段的逻辑，随着大家对这套玩法的熟练，一定会演化出新的玩法和组合，对此，本文暂不讨论。

一、关键词分析

同样一笔预算，是买ASA的广告位，还是做ASO？这是一笔账，而算账的最小单位就是一个个的关键词。我们要重新回到流量分发的最小单位——关键词。

首先，在中国区的关键词从热度上分三部分。

1. 高热词：热度大于 7000 的关键词。虽然词不多，即便是在中国区也只有不到 1000 个，但流量占比能达到搜索流量的 20% 左右。

2. 中热词：热度大于 4605 且小于 7000 的关键词。在中国区，这种关键词数量维持大约在 10 万个，是整个搜索流量的中坚力量，流量占比大概为 40%。

3. 低热词：热度小于 4605 的关键词。这区间的词汇最为丰富而且变化很快，在中国区的数量大概维持在 200 万个这个数量级，长尾流量达到 40%。

然而，并不是所有关键词都可以做 ASO，随着苹果算法的调整，热度高于 7000 的关键词已经几乎做不动了，4605 以下的词管理成本太高，也不太有做的价值。

这就意味着，将近 60% 的搜索流量是 ASO 无法染指的，对于广告主来说，只有热度在 4605 到 7000 的关键词可以考虑 ASO，随着 ASA 的到来，未来这个范围还会进一步萎缩。

问题的焦点变成了：中等热度的词是适合做 ASO，还是适合买 ASA？

这个问题需要具体情况具体分析，正如前边提到品牌词和行业词下面的搜索结果流量分布规则大相径庭一样，有的分布模式几乎服从指数型，有的服从线性模式。因此，我们将 App Store 上的关键词姑且分为两类：品牌词和行业词，再逐一来做分析。

二、品牌词的实践分析

在大多数品牌词的搜索结果页面中,品牌 App 本身拥有先天的吸量优势。首先是天然的关联度,其次是用户的高下载转化率,会不断加强关键词与品牌 App 之间的相关性。通常,品牌词的搜索流量中,品牌 App 会拿走最大的流量,强势品牌会拿走三分之二甚至更高比例的流量,其流量分布模型如图 10-16 所示。

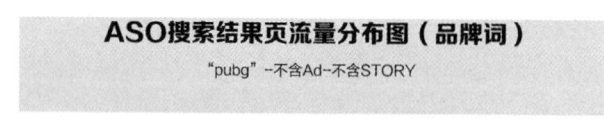

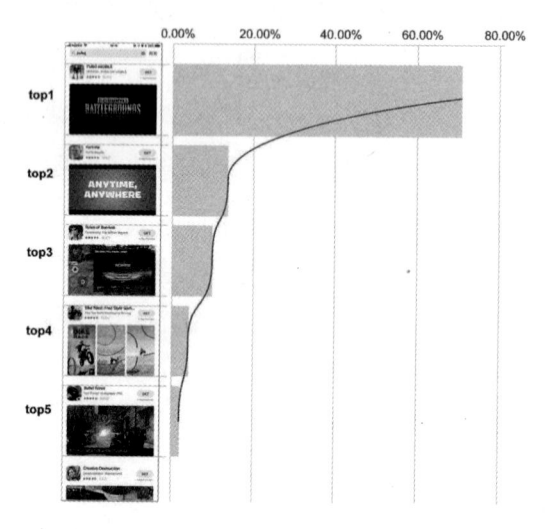

图 10-16　品牌词的搜索结果页流量分布图

图 10-16 的示例是没有置顶的搜索广告,没有 Story、开发者专栏信息、订购信息等的情况。

如果在品牌词下出现了置顶的搜索广告、Story(或者订购)

的情况呢？

通常情况下，Story 是跟品牌或者类别强相关的，虽然 Story 目前的带量效果不清晰，但我们可以假设其仍然不会影响品牌 App 分走大部分流量的局面。

这种情况下，品牌词的搜索结果页会出现什么样的竞争局面？

首先，品牌方有更大的概率会采取积极的买量策略。一是出于品牌保护，这是自己的流量，"卧榻之侧岂容他人鼾睡"；二是可以低成本拿到流量。为什么是低成本呢？因为品牌词与品牌 App 之间的权重高，权重高则出价低。

那么，在品牌词下，搜索结果最大概率出现的局面是：

Top（1）　【ASA 广告】　　　【品牌 App】
Top（2）　【自然搜索第一名】【品牌 App】
Top（3）　【Story/ 订购】　　【品牌 App 相关】
Top（4）　【自然搜索第二名】【竞品 App】
Top（5）　【自然搜索第三名】【竞品 App】
…………

这意味着整个页面的前三名都是与品牌 App 相关的内容，在现有的 App Store 搜索结果页面中，这将占到手机一屏半的覆盖，几乎实现了本关键词下的流量垄断，这对于品牌保护是一种好策略。同时，因为 Story（或订购）的出现，导致 Top（2）的位置更加吸量，会分到更高比例的流量，因此品牌会更加维护这个位置，而且会以非常低的成本来维护这个位置。整个搜索结果页的流量分布如图 10-17 所示。

ASO 搜索结果页流量分布图（品牌词）
"google" -含Ad-含STORY

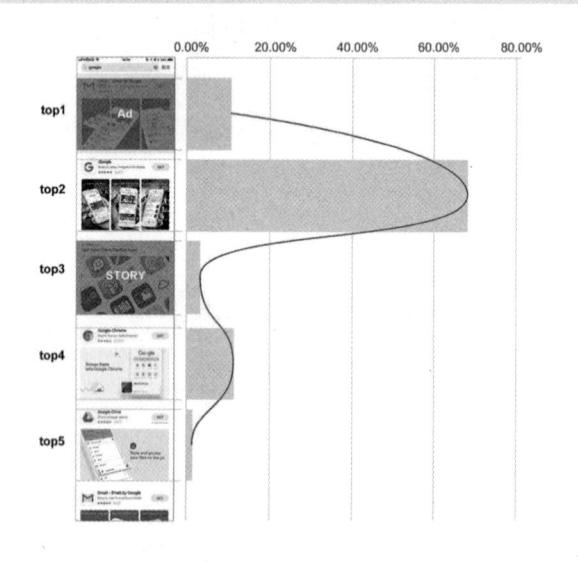

图 10-17　搜索结果页中加入广告及 Story 元素后的流量分布图

这个局面下，竞品的选择不多，其可行的方案有两个：一个是竞争 Top（1）【ASA 广告】的位置，另一个是竞争 Top（4）、Top（5）的位置。

但是由于 Story 的出现，导致 Top（4）、Top（5）位置的流量被挤压。因此，竞品会大概率把钱花在 Top（1）【ASA 广告】的位置上，即 ASA 广告位，而只会小范围尝试冲击一下自然搜索结果第一的 Top（2）的位置，然后再试试 Top（4）的位置，最后大概率会放弃，因为没有流量。

结论：在品牌词下，品牌方出于品牌保护一定会加大对品牌词下广告的购买力度，从而实现对该词流量的统治。而竞品的选择则不多，一是竞价置顶的 ASA 广告，另外就是尝试一下 Top（4）的位置。由于 ASA 提供了归因数据，可侧面估算出 Top（4）的效果是不划算的，从而可能会放弃做 ASO。

三、行业词的实践分析

之所以称之为行业词，特指用户在这个关键词下没有明显倾向的品牌 App，没有哪个品牌拥有绝对的相关度优势。其流量分布模型如图 10-18 所示。

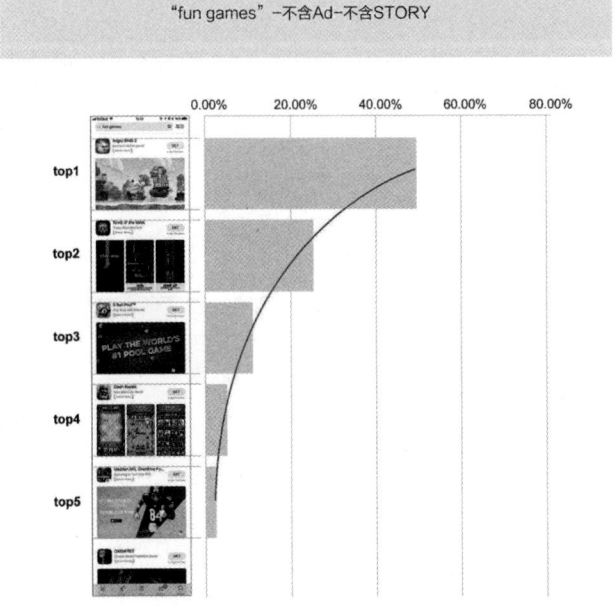

图 10-18　行业词下搜索结果页的流量分布图

加入置顶广告之后，流量分布如图 10-19 所示，前五个位置分别是：

Top（1）　【ASA 广告位】　　【Any】

Top（2）　【自然搜索第一位】

Top（3）　【Story/ 订购】

Top（4）　【自然搜索第二名】

Top（5）　【自然搜索第三名】

……

ASO搜索结果页流量分布图（行业词）

"notes" -含Ad-含STORY

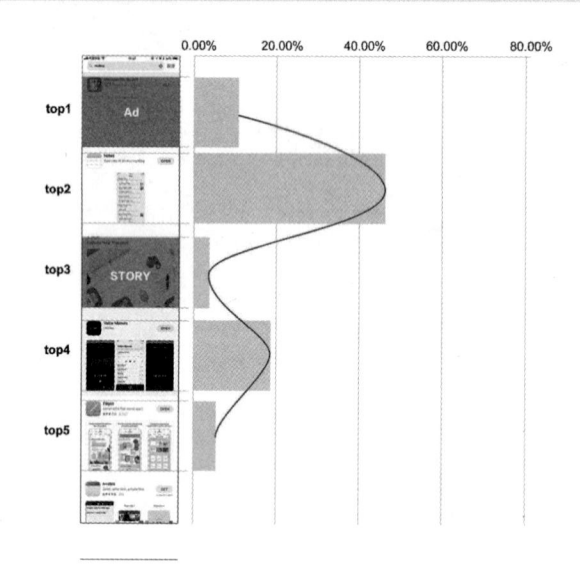

图 10-19　行业词下兼有搜索广告及 Story 元素后的流量分布图

行业词下竞争博弈的逻辑如下：由于 Story Top（3）的存在及 ASA 广告的体验，让流量集中在 Top（2）、Top（4）的位置上，而 Top（5）这个位置没有流量。ASA 又因为苹果的流量分发策略，导致这个位置的流量极度分散，会有几十款产品的广告出现在这个位置上，即便是高成本地持续购入这个位置的流量，分到的流量也不会超过总量的 30%。

因此，竞争者的理性策略是：

1. Top（1）位置的流量，通过 ASA 广告购买，可以获得此位置的流量，但占比不稳定，幅度在总量的 5%～30%。

2. Top（2）和 Top（4）位置有可观流量，采用 ASO 是可行的，因此竞争比较激烈。另外，因为 Top（1）位置流量分发的分散性，广告主一旦通过 ASA 的归因发现这个词的转化好、回收好，会加剧此处 ASO 的竞争，竞争的钱就都花到这里了。

四、小结

ASO 跟 ASA 的关系表现在两点：第一点是 ASA 压缩了 ASO 的空间；第二点是 ASA 重新塑造了 ASO。

在行业词下，当 ASO 和 ASA 都奏效的情况下，ASO 和 ASA 的使用比例取决于两个因素：（1）效果和效率；（2）竞争者的多寡，价位高低是由竞争者的多少决定的，即有多少个竞争者在"养"这个位置。最终在预算分配上，二者的投入取决于效果和效率。

ASA 的出现重新塑造了 ASO，而被量化之后 ASO 变得更加强大，将与 ASA 共同构成 iOS 流量运营的新手段。正是因为 ASA 上精确到关键词的归因数据，导致行业词两极分化严重，有些行业词由于转化率和 ROI 等数据，会被放弃；有些行业词由于 ROI 等数据，会成为香饽饽，而每家开发者做 ASO 的范围会再次被大幅缩小。

我们可以看到：ASA 跟 ASO 并非是非黑即白的对立关系。相反，ASA 的出现重新塑造了 ASO，变成了新的 ASO 玩法，而不是消灭了 ASO。

ASA 和 ASO 不是相杀相爱，而是相互依赖，变成了开发者手里的两种可以组合使用的工具。ASA 的出现虽然进一步限制了 ASO 的发挥空间，却为 ASO 提供了基于关键词一级的归因数据，而这组数据的出现，让 ASO 做得更有底气。

由于开发者手里有两张牌，让 iOS 流量运营的玩法出现了新规则，对于强势的品牌词，开发者可以采用 ASO+ASA 的双保险，实现对某些关键词下流量的垄断，也可以采取 ASA 的防守型策略，保持自己的竞争优势。

对于弱势品牌方，机会会更多一些。过去第一名的位置遥不可及，但是 ASA 却给了竞品词一些额外的机会。通过 ASA 竞价购买，组合使用 ASO 的手段，可以影响关键词跟竞品 App 之间的权重，从而获取 ASA 广告更多的流量占比。理想情况下，从竞品的品牌词置顶 ASA 广告拿到 30% 的流量是完全可能的，这在之前的 ASO 时代是想都不敢想的事情。

对于行业词，由于 Story、内购等信息比较少，没有强势品牌词，置顶 ASA 广告和 ASO 组合使用的舞台更大，空间更广。

第十一章

iOS 搜索流量运营的底层秘密：流量、指数以及位置之间的关系

> 本章概要：一个 App 产品在 App Store 上所能获得的流量，等同于其在 App Store 上每个位置所获得流量的总和，因此建立位置与流量之间的模型关系至为重要。本章主要介绍 App Store 搜索流量中，位置、流量和指数之间的关系模型，该模型由三部分组成：（1）搜索流量（Traffic）与搜索指数（Priority）之间的关系；（2）搜索结果页中流量分布模型；（3）搜索指数（Priority）和 Search Ads 平台中流行度（Popularity）之间的关系。

第一节 App Store 流量分布与构成

一、App Store 流量构成

App Store 的流量分布是一个树状结构，从主菜单分下去，在中国区有四个："Today""游戏""App"和"搜索"。其整个流量构成如图 11-1 所示。

我们每个 App 的流量都分布在这些位置上，只要有位置就会有流量，无论是 Today 的推荐位置，还是 App 中的推荐位置、榜单位置、分类榜的榜单位置，每个位置上都是有流量的。关于每种位置占比，苹果没有给出官方的信息，我们根据

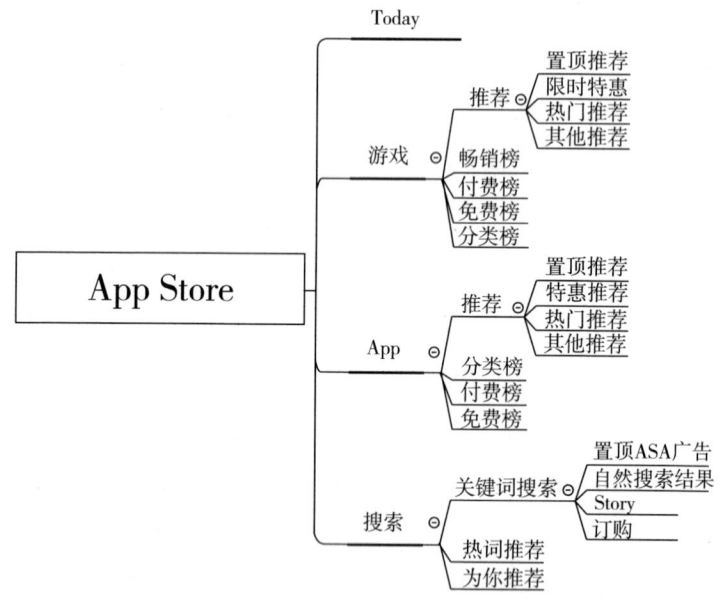

```
                            Today
                                          ┌ 置顶推荐
                                   推荐 ⊙ ├ 限时特惠
                                          ├ 热门推荐
                            游戏 ⊙         └ 其他推荐
                                   畅销榜
                                   付费榜
                                   免费榜
                                   分类榜
App Store
                                          ┌ 置顶推荐
                                   推荐 ⊙ ├ 特惠推荐
                                          ├ 热门推荐
                            App ⊙         └ 其他推荐
                                   分类榜
                                   付费榜
                                   免费榜
                                              ┌ 置顶ASA广告
                                   关键词搜索 ⊙├ 自然搜索结果
                            搜索 ⊙             ├ Story
                                              └ 订购
                                   热词推荐
                                   为你推荐
```

图 11-1　App Store 流量分布图

自己的经验给大家一些定向的参考，请注意是定向而不是定量的参考。

1. 搜索

搜索流量占比达 65%。在中国区收录的关键词有 200 万个左右，其中搜索指数超过 4605 的关键词有 10 万个左右，其能占到搜索流量的 60%。无论是 ASA、关键词覆盖，还是积分墙的重点都在这 10 万个词上。

2. 榜单

包括应用和游戏，其榜单流量约占 15%~20%，游戏类的占比会更高一些；榜单的更新节奏基本是每三个小时一个榜点，一天八个榜点，影响因素主要是单位榜点的产品下载量。

需要注意的是：手机端榜单排名只显示前 200 名的产品；不论应用还是游戏，产品首次进 Top 200 时必触发苹果机审，对应榜单表现会出现清榜 1~2 小时，正常情况会在下个榜点恢复排名。若被苹果审查出相关流量、产品等维度的问题，则产品会被清榜。

二、流量位置的可运营分析

App Store 上的位置包括但不限于：推荐位置、榜单位置、分类榜榜单位置、关键词的搜索结果位置、ASA 广告位置、订购位置，以及开发者专栏位置等各种附属位置。这些位置分别从获量大小和可运营性两个维度来考量，又可以分为：量大可运营、量大不可运营、量小可运营、量小不可运营四种情况，分别位于四个象限，如图 11-2 所示，其中"量大可运营"是我们关注的重点。

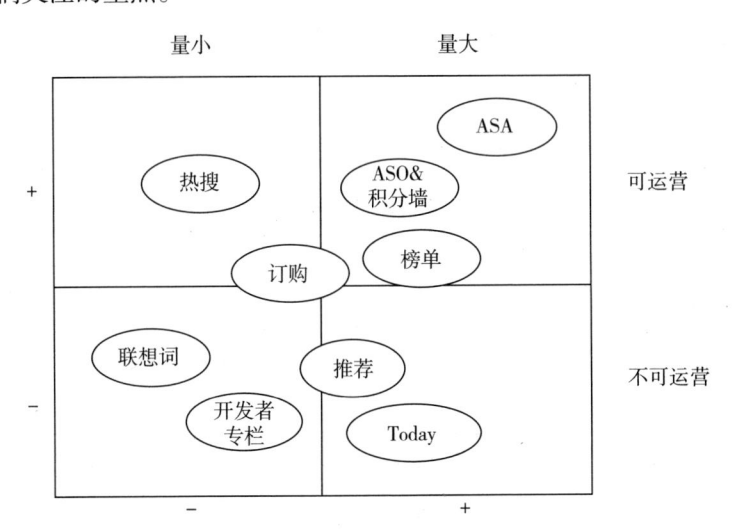

图 11-2 位置的可运营分析模式

如图 11-2 所示，我们可以看到：关键词搜索结果排行位置（ASO）、ASA 广告位置、订购位置属于可以被运营的位置，特别是搜索结果排行位置和 ASA 位置，不仅可以被运营，而且量级很大，说明 ASO 和 ASA 实在是 iOS 流量运营中最具活力、最具可操作性、最有回报的运营手段。

所以，我们的重点就是建立关键词搜索结果页上位置与流量之间的关系模型。

某产品在某关键词下的位置的流量，不但与该关键词的搜索指数有关，比如搜索指数为 10000 的关键词"微信"，其流量就要比搜索指数为 4605 的"涂鸦"大很多；同时，产品所在搜索结果页的位置，也会影响流量，比如产品排在第一和排在第十，其流量差别很大；此外，同样是第一，是自然排名第一还是 ASA 第一，其获得的流量大小也不相同。由此可见，一个产品在某关键词下的位置能获得的流量，跟关键词的搜索指数有关，跟排名位置有关，跟页面构成有关。

上述仅仅是一个定向的分析，那么是否存在一个定量的函数，让我们能得出一个可以量化计算的公式，来估算一个产品在某个搜索指数的关键词下，处于某个位置（Position）能获得的流量大小？

该问题难以回答。因为干扰的因素比较多，包括关键词的属性，是否有置顶的 ASA 广告，广告跟关键词的匹配度，搜索结果页的内容构成等，这些因素都对该关键词下的流量分布有影响。另外，苹果系统中的搜索指数屏蔽了日常搜索流量的波动，苹果搜索指数算法的变化以及规则都会影响搜索指数跟曝光量的对应关系。

强品牌词下，比如"抖音""京东"，与行业词下，比如"短视频""购物"，二者的流量分配完全不是一个概念，在前面章节有清晰的流量分布结构示意图。

如果搜索结果页中同时出现了置顶的 ASA 广告、Story、开发者专栏、订购信息，那么整个流量分布结构又为之一变。

面对如此复杂的局面，我们的策略是拆分。将不同的风险和波动控制在不同的部分，不让它们相互叠加、相互干预。我们可以把这个模型拆成三个独立的部分，让我们一步一步逼近事实：

（1）关键词搜索指数跟实际关键词曝光量之间的函数关系；

（2）产品所处的搜索排名位置能收获多大比例的流量；

（3）ASO 搜索指数跟 ASA 流行度以及热门程度之间的换算关系。

建立 App Store 上位置跟流量的关系，一直都是 App Store 流量运营关键的内容，是所有搜索流量和搜索广告流量运营的基础，是 iOS 流量运营最为核心的内容。

第二节　搜索的流量模型

搜索的流量模型主要关注三个问题：（1）搜索量与搜索指数的关系；（2）搜索结果页中流量的分布研究；（3）搜索指数跟流行度的换算问题。

一、搜索量与搜索指数之间的关系

建立搜索量与搜索指数的换算关系，如下述公式，一直是最重要的议题,也是最有争议的议题。

搜索量 = 搜索指数。

坊间传闻比较多,主要有三种,第一种是简单粗暴的线性函数;第二种是指数型,如图 11-3;第三种是 S 型,如图 11-4 所示。事实上,这三种猜测都太简单粗暴,有的甚至荒谬得不值一驳,都有对应的反例,这里限于篇幅就不赘述了。

搜索指数	搜索量
4605	1
5000	371
5500	611
6000	1008
6500	1662
7000	2741
7500	4520
8000	6452
8500	12286
9000	20257
9500	33399
1000	＞100000

图 11-3　坊间谣传的指数模型

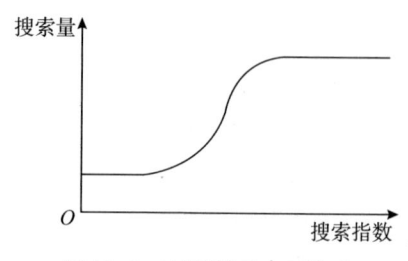

图 11-4　坊间谣传的 S 型模型

我们认为，搜索量跟搜索指数的关系模型是三段论，如图 11-5 所示。图形上明明是一个指数型，为什么要分成三段呢？主要是为了工程上使用方便，为了实用，做了近似估值，这样对于我们估算量级有实际的指导意义。如果一个模型理论上完美、精确，但不能实践应用到日常的工作中，那才是问题。毕竟，我们研究模型是为了更好地获取流量，更好地估算应用。

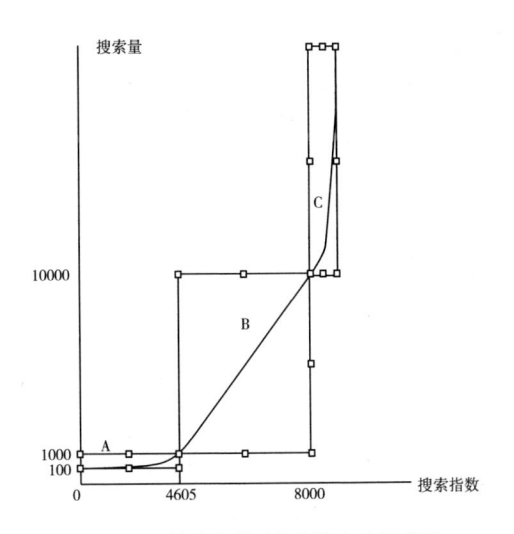

图 11-5 搜索指数对应的搜索量关系图

搜索量与搜索指数分布的三段论：

1. A 段，指数分布段，搜索指数为 0 ~ 4605。这段是呈指数分布的，每日搜索量在 100 ~ 1000 次；

2. B 段，线性分布段，搜索指数为 4605 ~ 8000。这段几乎是呈线性分布的，每日搜索量在 1000 ~ 10000 次；

3. C 段，指数分布段，搜索指数 > 8000。这段是呈指数分布的，每日搜索量在 1 万次以上，暂时没有上限；

以上数据仅供参考，特别是 100 和 8000 这两个数值都是模糊的折算。

为什么是 100？

这里牵扯一个关于搜索词和关键词的区别：搜索词是指用户（User）在手机端 App Store 上的搜索栏中输入的内容。

而关键词是指苹果系统将用户常用的搜索词，按照一定的阈值和条件，比如每天平均搜索量大于 100 次筛选出的词，以及用其他条件筛选出的一些词。这些词，系统会跟踪它们的搜索量，并用搜索指数等数值量化它们。

因此，二者的关系是：

1. 搜索词的数量远大于关键词，第一个的单位是亿，第二个的单位是百万，在中国区和美国区，Keywords 的范围经常保持在 150 万到 250 万之间；

2. 关键词是搜索词的子集。搜索词就没有结果吗？不是的。搜索词也可以出搜索结果，如图 11-6 所示。

#	应用	总榜排名	分类排名
1	小说阅读神器- 最热网络小说全 必备电子书小说阅读器 yuan ye	总榜	66 图书(免费)
2	QQ同步助手-手机通讯录安全备... 一键安全备份通讯录 Tencent Technology (Shenzhen...	103 总榜(免费)	11 工具(免费)
3	萌猫大师 - 我的美颜p图神器 全民美美自拍美图滤镜相机 DUAN YUNYONG	总榜	65 参考(免费)

图 11-6　搜索词"微信 app 下载"的搜索结果

100 这个数值，是我们为了假设分析而使用的。因为搜索指数"4605"对应的"1000"这个量级才是最关键的。我们经过反复验证，数据非常支持 1000 这个数值。这个数值只要不出现数量级上的问题，就足够分析使用了。

而搜索指数"8000"对应的是每天 10000 搜索量，则是比较模糊的，不如"4605"那么肯定。如果把每天 10000 的搜索量对应到指数为 7500～8500 之间，还是比较肯定的。

如上，当我们锚定了 4605 对应每天 1000 的搜索量、8000 对应每天 10000 的搜索量这两个关键数值后，对于支持 ASO 的计算在工程上已经够用了，毕竟我们做 ASO 的关键词热度分布在 4605～7000 之间，即便是用一根直线拟合这两个点，我们也可以很容易算出一个关键词的每日搜索量，只要我们知道流行度和搜索指数即可。

二、搜索结果页中流量的分布研究

自 2017 年，App Store 进行大范围改版之后，App Store 的搜索结果页不再是一个单纯的产品列表页，而是一个由置顶广告、产品、Story、开发者专栏、内购信息等共同构成的综合页面。

通常在搜索结果页中对流量分布影响最大的因素是关键词的属性——是品牌词还是行业词。如果是品牌词，说明用户是带着强烈的意图来搜索的，因此，品牌词对应的 App 在流量分配上很强势；如果是行业词，说明用户的意图不甚清晰，停留在功能而非品牌上，受搜索结果列表中的产品影响比较大，行业词流量分配比较平均，其流量分布模式跟品牌词自然不同。

1. 品牌词情况

通常而言，品牌词的搜索结果页中，品牌词会比较强势，能获取超过三分之二的流量占比。剩余的所有其他产品，分享不到33%的流量，这是一个基本假设。

但是现在App Store的搜索结果内容比较丰富，除了自然搜索结果，还有置顶ASA广告、故事、订购等情况，为了简化模型，我们分四种情况讨论，如图11-7所示。

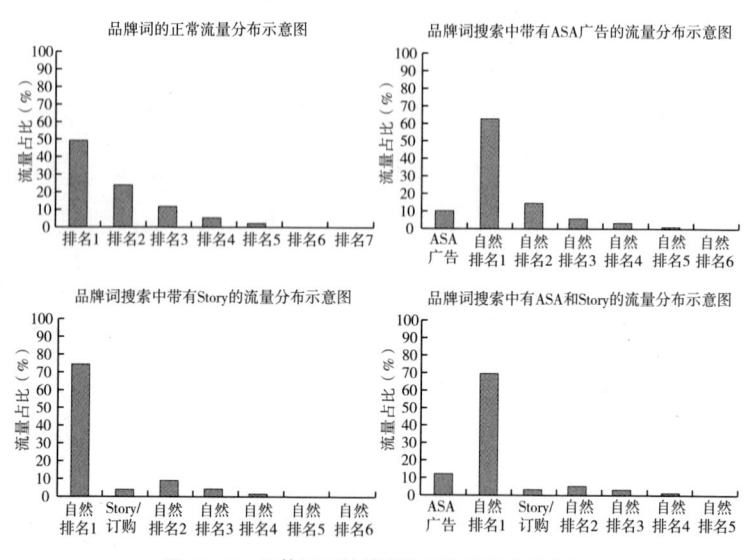

图11-7 品牌词下的搜索结果流量分布示意图

如果品牌词下搜索结果中不含ASA置顶广告但含有Story等，那么流量会往自然结果排名第一的倾斜，占比会超过70%，如图11-7左下的分布示意图。

如果搜索结果中含有ASA置顶广告且不含有Story等，那么流量会被稀释到广告上一部分，如图11-7右上所示，但具体占比跟广告的相关程度有关。

2. 行业词情况

一般而言，行业词的搜索结果页中，行业词不如品牌词强势，能获取大概二分之一的占比，这是一个基本假设，实际情况要比这个复杂得多，如图 11-8 左上所示。

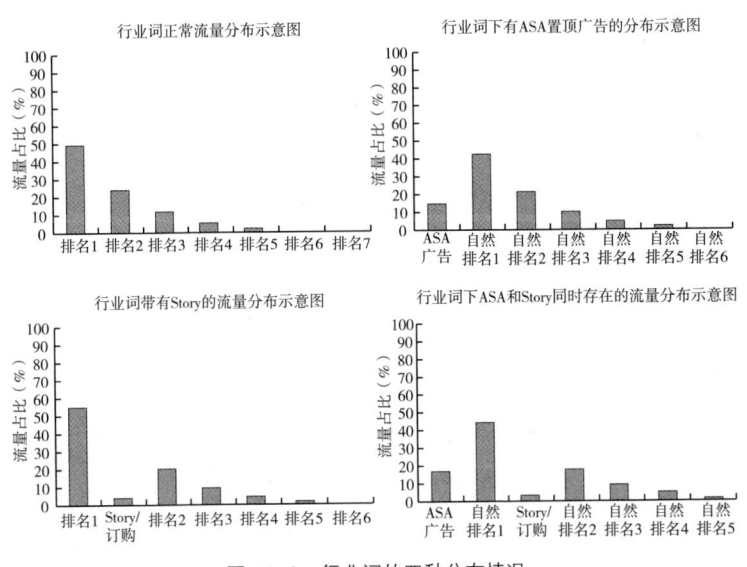

图 11-8　行业词的四种分布情况

如果行业词下搜索结果中不含 ASA 置顶广告但含有 Story 之类的内容，那么流量自然会往自然结果排名第一的倾斜，如图 11-8 左下所示。

如果搜索结果中含有 ASA 置顶广告且不含有 Story，那么流量被分配到广告上的部分占 10%~20%，如图 11-8 右上所示。

如果搜索结果中既有搜索广告又有 Story 或者订购，那么情况就比较复杂，但基本的分布模型如图 11-8 右下所示。

三、搜索指数跟流行度的换算关系

为什么要弄清楚 App Store 搜索指数与 ASA 流行度以及 ASA 热门程度之间的关系呢？

从 2020 年起，App Store 上搜索流量的衡量变成了一个关键问题。之前业内做 ASO 的基础是搜索指数，也叫热度的参数，苹果内部叫作 Priority。无论是国内的第三方平台还是开发者，都是通过苹果的一个接口来获取每个关键词的搜索指数，但是 2020 年 2 月份，苹果关闭了这个接口。

虽然苹果关闭了搜索指数的接口，但是在 Search Ads 平台推出的过程中，苹果也陆续开放了一些新的接口，其中一个就是关键词的流行度指数，那么流行度指数跟搜索指数之间是什么关系？

搜索指数是一个 1～10000+ 的参数，是用来衡量每日关键词搜索量的参数，而流行度指数则是 Search Ads 平台提供的一个关于关键词的曝光指数，是位于 5～100 的固定数值。

那么分别来自 App Store 平台的搜索指数和来自 Search Ads 广告平台的流行度指数是一个东西吗？它们之间有严格的换算关系吗？

首先，这两个参数的计算依据是一样的，就是每个关键词的日均曝光量，但两个参数的提供者不同，一个是 App Store 平台，另一个是 Search Ads 平台，它们分属两个不同的团队，Search Ads 团队的前身是 iAd 广告团队，使用几乎相同的数据，分别按照自己的算法得出数值，目的都是衡量一个关键词的曝光次数。

严格意义上讲，它们之间是没有换算关系的，搜索指数是没有封顶上限的，是直接跟搜索量保持正相关的一个函数。而流行度指数是有上限的，所有的数值都在 100 以内。

在实践中，我们做了一个统计，随机选取几千个热度大于 5000 的关键词，同时提取这些关键词的流行度，并将它们的流行度和搜索指数的对应关系投射在一个二维图中，我们得到一个如图 11-9 所示的分布规律。按照线性回归的算法，我们可以得到一个近似的公式：

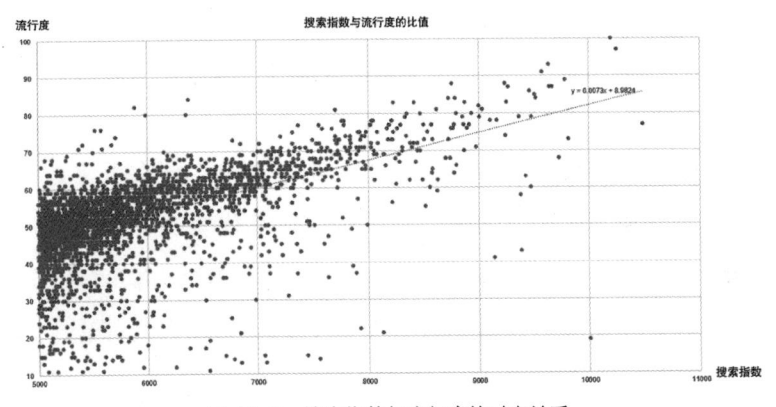

$$搜索指数 = 100 \times 流行度$$

图 11-9　搜索指数与流行度的对应关系

搜索指数也就是热度与流行度的比值约为 100。

这两条系统、两条指数分别是由两个独立团队，根据用户行为和数据独立计算出来的，因此有很强的相关性。假设我们知道一个关键词的流行度为 45，我们就可以计算出其搜索指数为 4500。

然而，ASA 平台中的流行度的获取门槛比较高，一方面需要接入苹果的 ASA 广告后台才能获取,另一方面需要对抓取的数据进行整理,才能有一个稳定的参考。除了这个比较重要但隐晦的数据,苹果在 Search Ads 的操作界面为操作人员提供了一个叫作热门程度的量化指标,英文名字也叫作 Popularity,只不过这个热门程度的 Popularity 跟流行度的 Popularity 不一样,是一个 1~5 的指数。热门程度跟流行度相比,颗粒度变得很粗,只有 5 个等级:特别多、很多、多、一般、几乎没有。

热门程度,跟流行度和搜索指数最大的不同,不只是量化单位不同,更有深层的不同,需要慎用。

先看流行度和搜索指数。比如,"微信"这个关键词,美国区搜索指数是 8300,而其流行度是 85,是可以通过经验值推算出真实流量的。因为这两个指数,在不同地区代表的流量是一样的,假设一个词的搜索指数为 4605,那么无论是在中国区、美国区、新加坡区、日本区,其代表的曝光量是一样的;同样,在不同的国家,假设某一个关键词的日均曝光量为 10 万,那么无论是在新加坡、美国还是日本,其流行度都将是相同的。

热门程度则不一样。同样是热门程度为 5,那么真实曝光量在美国和在新加坡则完全不同,在美国可能代表有 10 万的日曝光,而在新加坡可能只有 1000 的曝光。所以,关于 ASA 提供的热门程度数据要慎用。

至此,我们用三个独立的模型完成了对 App Store 搜索流量的建模,尽量屏蔽相互之间的干扰,锁定问题的边界,提供给大家可以参考使用的 App Store 搜索流量工程模型。

第十二章

IDFA 事件：数字广告界的"灰犀牛"，归因从此翻了天

> 本章概要：归因问题一直都是广告行业的一个关键问题，特别是随着硬件厂商用户隐私政策的改变，本来就已经千疮百孔的解决方案，面临更大的调整。所谓"IDFA 末日"的到来，以及苹果新归因方案的实施，将会改变开发者的投放策略、重塑数字广告业的生态。本章主要介绍与 iOS 平台有关的归因方案，既包括现行的基于 IDFA 的传统归因方案对 ASA 的影响，也包括苹果自身提供的 iAd、AdServices、SKAdNetwork 三个归因方案的比较与分析。

ASA 的用户是天使，ASA 的归因是魔鬼，而 IDFA 事件之后，整个 iOS 的归因则是地狱。归因问题一直都是广告投放中的关键问题，在 IDFA 事件之后，新老问题混在一起，使得整个 iOS 的归因和流量运营陷入一段暂时的混乱中。苹果及各方的方案都在陆续浮出水面，相信随着时间的推移，归因问题会有不同的解决方案，本文只谈 2020 年年底之前的 iOS 归因局面和最佳实践，请大家注意本章部分内容的时效性。

虽然 iOS 的归因问题比较复杂，当我们把 iOS 的归因问题拆成三个时，就容易看清问题并找到解决方案。这三个问题分别是：老问题是什么，新问题又是什么，以及 IDFA 事件之后的最佳实践是什么。

所谓老问题，就是在 ASA 投放过程中，基于 IDFA 的归因方案造成的问题。

所谓新问题，则是随着保护用户隐私政策力度的加强，基于 IDFA 归因方案逐渐退出历史舞台造成的问题。

所谓最佳实践，就是在现有可用的几种归因方案中，如何整合各个方案的优点和数据，屏蔽各个方案的不足，实现运营问题的最优解。

第一节　老问题：ASA 的归因问题

ASA 作为渠道方，其用户质量是接近自然用户的，无论是转化率、ROI，还是用户的活跃度，但是对于买量的人员来说，ASA 的归因就是一场灾难。很多广告主发现，ASA 官方给出的下载安装统计结果跟第三方的统计结果或者自己 BI 系统中的统计结果不符，其结果可能相差近 50%，甚至更多。这是怎么回事？我们就从 ASA 投放过程中的统计差异和归因差异说起。

ASA 作为投放渠道上的统计问题，是三个原因累积混杂而成的，如图 12-1 所示，分别是：天灾，人祸，标准差异。

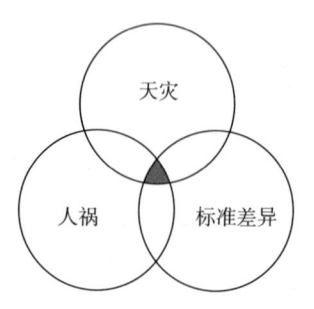

图 12-1　ASA 归因问题的三个原因

所谓天灾，就是苹果手机因用户隐私保护的原因，允许用户限制广告追踪（LAT），使苹果自有渠道之外的其他统计平台无法将这部分用户统计上来。之所以称之为天灾，是因为保护隐私这个情况是大势所趋，不会被改善，已经变成了客观因素，我们只能接受。

所谓人祸，是指因为苹果系统不完善造成的统计误差，或者开发者系统不完善，或者操作设置不慎造成的统计误差。比如苹果服务器响应延时造成的统计问题；再如因开发者错误设置统计时间等。之所以称之为人祸，是因为这些问题通过努力可以得到改善。事实上，苹果在不断升级自己的系统，有些问题已经得到了解决。如果开发者正确设置了统计参数，正确调用了接口，那么就可以减少乃至消灭这些误差。

所谓标准差异，就是"你统计你的，我统计我的"，各自用各自的统计方法和标准得出不同的统计结果，苹果、MMP、广告平台、广告主都有自己的归因模型。比如，苹果认为下载成功就算广告有效果，是按照安装完成统计的；而MMP因为无法获得这个数据，只能抓取到用户激活，所以MMP是按照激活完成统计的。这不分对错，而是统计上的差异。

一、天灾

我们先说天灾问题，就是因为用户设置了"限制广告跟踪"，导致第三方无法统计跟踪。

为了保护用户隐私，早在iOS 8之前苹果允许用户设置App对自己隐私数据的获取权限，比如限制广告对自己设备的追踪，一旦设置为LAT ON，App就无法获取该用户的IDFA，没有了

IDFA，那么除了苹果，无论是 MMP、Ad Network，还是开发者都无法获取用户信息，也就无法跨应用追踪。

用户可以通过设置→隐私→追踪来设置 LAT ON。随着时间的累计，据不完全统计，大约有 20% 用户设置了 LAT ON，也就是不能追踪。

值得一提的是，苹果在 WWDC20（2020 苹果全球开发者大会）上已经宣布要将这个选择权交由用户，我们可以想象到用户的选择，如果没有激励政策的话，这个数值可能超过 90%。假设只有 10% 的用户可以被追踪，那么意味着后续会有一系列的新问题，苹果为此也提供了一个追踪框架：SKAdNetwork。对此，我们将在第二节新问题中解释和分析。

二、人祸

人祸，就是设计缺陷或者系统性能方面的问题或者系统 bug，还有一些问题是设置错误。跟天灾相比，此类问题不是主旨问题，而是缺陷，是可以通过努力来解决或者改善的。按照主体可将人祸分为三类：人祸之苹果自身，人祸之广告主，人祸之第三方。

苹果的问题比较复杂，我们重点展开说明。苹果的问题有以下几类：第一类问题是由于 iOS 版本迭代造成的问题，有时这类问题看似比较简单，但影响着实不小，比如 iOS 11.3.0～11.4.0 之间至今仍然统计不到任何数据，这部分用户占 10%～15%。第二类问题是苹果服务器的延迟问题。这个问题所占比重不大，但造成的原因比较复杂，逻辑链条比较长，也是排查起来最为困难的问题。为了说明这个问题，得先做一个背景交代和知识普及。MMP 或者开发者在与苹果一起做归因时，向苹果服务器发出询问并获得反馈的查询流程如图 12-2 所示。

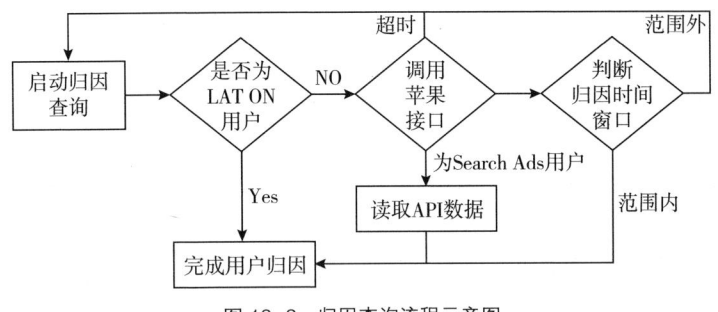

```
启动归因查询 → 是否为LAT ON用户 --NO--> 调用苹果接口 --超时/为Search Ads用户--> 判断归因时间窗口 --范围外
                    |Yes                    |
                    ↓                     读取API数据
                完成用户归因 ←──────────────┘  ←──范围内──
```

图 12-2　归因查询流程示意图

如果查询时反馈为错误，一种情况是设置"LAT ON"的用户，这种情况无须再次查询；另一种情况是未知错误，如果未知情况无法被纠正，那么有部分数据无法被统计，这样可能会导致会丢失 20%～50% 的统计数据。

如果得不到苹果反馈去做归因会产生什么结果？

所有第三方都是以最后一次点击为上报数据标准去统计多渠道归因。如果一个用户点击了多个平台的广告，会有点击时间出现，如上图，实际最后一次用户点击了苹果广告，但苹果给了一个错误或者未知的反馈，此时如果不去再次查询和处理，这次点击就会归到例如 Facebook 等其他平台，会造成对渠道效果的误判。

广告主的问题有两种，一种是时区配置错误，即在 Apple Search Ads 平台设置的时区，苹果统一是 UTC；另一种是程序错误，或者是设计问题，或者是程序 bug。

第三方的问题是指接入广告衡量的三方技术厂商存在的程序设计问题和程序执行问题，通常在版本更新的早期可能会存在这样的问题。

三、标准差异

标准差异问题就是"你统计你的,我统计我的",因为双方的统计标准和方法存在差异,结果自然不同,就好比你用公制米尺量,我用英制英尺测量,得到的数值肯定不同。

导致标准差异问题的原因错综复杂,简化之后如图 12-3 所示,主要原因可总结为以下三方面:(1)用户定义的标准不同;(2)归因的时间窗口标准不同;(3)多渠道归因的模型标准不同。

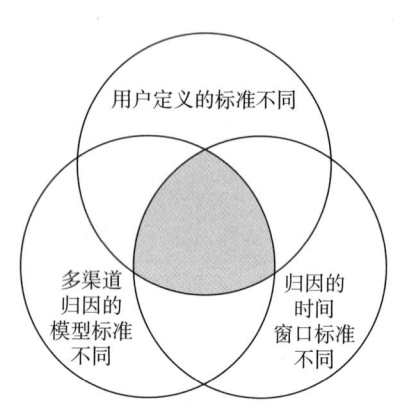

图 12-3 标准差异问题的构成与叠加示意图

为了更好地理解这些标准和差异,我们需要事先科普一些必要的领域知识,主要是归因领域的相关知识:

(1)什么是自归因广告平台,简称 SAN(Self-attributing Network);

(2)什么是多渠道归因模型(Multi-channel attribution modelling);

(3)什么是重新(再)归因窗口(Re-attribution Window);

（4）什么是广告点击归因窗口（Click-Through Attribution Window）。

自归因广告平台，这个概念比较好理解，就是字面意思，是指自己拥有归因能力的广告平台，类似于 Facebook、Google Ads 以及 ASA 等，这些都是拥有自己统计后台的广告平台。

多渠道归因模型，简单来讲，第三方平台往往会依据用户的最后一次点击的广告来归因。因为在大力推广中，用户存在点击多个广告平台发布的同一 App 的广告的可能，但对于第三方来讲，一个用户只有一个 IDFA 可供记录。因此，用户最后点击哪个平台的广告，就会将被归因到哪个平台渠道。

重新（再）归因窗口和广告点击归因窗口的概念就比较复杂，我们用一张图来看一下用户安装过程中各归因方案的时间窗口比较。

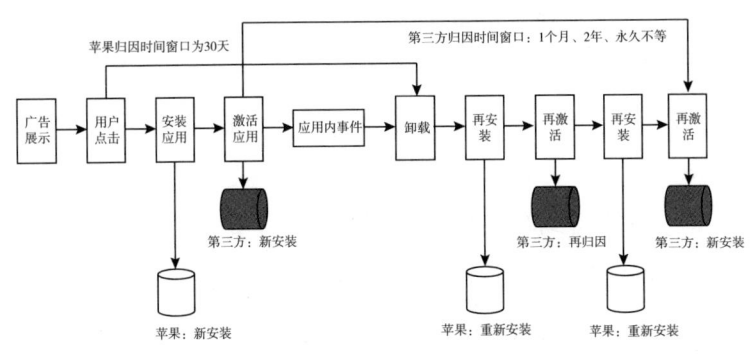

图 12-4　各归因方案的时间窗口比较

广告点击归因窗口，也就是用户看到广告展示后，从点击广告这一刻开始计算的一段时间。苹果、Facebook 等广告平台都有自己的归因窗口，如苹果是 30 天、Facebook 是 28 天。用户从点击广告开始，只要在该期间内完成了下载，都会被平台归因到。另外，在此期间内，用户在相同关键词下无论点击多少次该广告，苹果都只会记录为1次。

图12-4引出的另一个概念：再归因窗口，也称重新归因窗口，是指本次安装的有效归因时间段——用户自激活App开始的一段时间。如果卸载后的再安装发生在此期间之外，则会被平台归因为新用户或归因为其他渠道；反之则进入原渠道的再归因中。这个时间段在各个平台都可以进行不同的设置，如AppsFlyer可以设置最长24个月，Adjust则可以设置永久只记录一次等。

明确了这几个概念以后，我们会详细解读归因的差异在哪里。第一个方面就是第三方的归因模型与苹果广告的归因模型的差异。

1. 定义差异

对于新安装和重新安装的概念，苹果与第三方的定义不同：苹果把下载并安装完成算作新安装，而第三方把激活完成算作新安装；而在重新安装上，苹果把相同的苹果ID认定为老用户，第三方则以设备IDFA来认定老用户。

这就会产生一个问题，设备更换使用者以后，其IDFA是不变的，那么对于第三方的归因模型来说，这就是一个老用户；但如果新的使用者重新注册或登录新的苹果ID，那么苹果就会认为这是一个新用户。

还有一种情况，我们自己更换了设备，但使用的是原有的苹果ID，这时对于苹果来说就是重新安装，但是对于第三方来说，一个新的IDFA就会被认为是新用户。

关于第三方的重新安装还需要一提的是，因为有再归因窗口这个限制，用户在删除 App 后再安装的行为，如果在再归因窗口之外，那么就会算作新安装，并归因到新的渠道。

但是如果是在某渠道的再归因窗口内重新下载了 App，那么第三方会对该 IDFA 做排重，排重的机制就是要把 IDFA 归因到原渠道内。举个例子来讲，当一个来源于苹果 ASA 的用户把 App 删除又再次通过 Facebook 的广告重新安装激活时，如果还处在苹果 ASA 的归因窗口里，那么第三方就会将其归因到 ASA 而非 Facebook——第三方平台的排重使得一个 IDFA 在归因窗口内只能归属于一个渠道。

还有一点值得注意，如果使用 Appsflyer 的话，那么只有在后台的 Enable Retargeting 这个按钮打开的情况下，重新安装的用户才会归入再归因中，否则会作为重新归因窗口以外的自然量或者其他渠道量来处理。

2. 多渠道归因的模型差异

因为有 Last Click 的归因模型，那么同时推广的渠道越多，归因的时候就会出现越大的差距。举例来说，比如在 Facebook、Google Ads 和 ASA 同时推广，用户第一次观看广告是在 Google Ads，第二次看到广告是在 Facebook，第三天又在苹果商店搜索再次看到了这个广告然后下载安装，此时第三方会直接将其归因到 ASA 里，但是其他两个平台也会各计一次下载，就是多渠道归因带来的误差。

3. 点击归因窗口的差异

苹果的广告归因窗口是 30 天，如果第三方归因窗口设置不同步，就会丢量。所以建议尽量把第三方归因窗口和苹果等自归因平台设置为同步。

4. 重新归因窗口差异

和前文提到的一样，重新归因窗口在第三方的排重问题会导致比较大的归因误差。

5. 其他差异问题

诸如 SDK 版本问题：在使用第三方做归因统计的时候，老版本的归因模型可能不够完善，如果第三方在某个渠道更新了 SDK 版本，广告主也一定要及时更新。还有不同地理位置的差异：在 ASA 投放时，有些量可能来自中国（中国还未开放 ASA）。苹果以 Apple ID 的商店所属归因，第三方则根据 IP 的位置归因。

上面讲的内容比较多的是第三方归因模型带来的差异，除了这一点，苹果作为一个自归因广告平台，也有其问题，这是我们要讲的第二个方面。

第三方在统计时如果遇到延迟不会等待，因为如果等待的话会堆积很多数据。针对这个问题，目前第三方有一些可能的处理方法，例如在用户下次打开或者关闭 App 时再次询问，但即便这样也会有数据丢失。如果自己做归因的话，可以在用户打开 App 的同时进行反复请求以获得反馈并上报服务器。

四、开发者的问题

自身问题多数时候是时区问题。时区在建立苹果投放账户时就需要确认且不能更改。很多第三方会使用北京时间，如果不对这部分数据做处理，就会因为时区差距而产生数据误差。

对于这个问题，苹果提供了一个标准时间，也就是世界标准时间 UTC 时区。

以上是对 ASA 归因中的老问题的分析，是天灾、人祸、标准差异等因素造成的归因问题。

第二节　iOS 归因遇到新问题

什么是新问题呢？简单说，就是由于苹果新的用户隐私政策导致 IDFA 几乎不可获取之后，那么原先基于 IDFA 的归因方案变得力不从心，无法满足需求，而新方案又不能同时解决原先在流量交易核销以及流量精细化运营的问题。而这一切都跟 IDFA 有关。那么，IDFA 的地位是什么？它扮演着什么样的角色呢？

一、IDFA 的地位

有人说"IDFA 事件"让整个数字广告业倒退了 10 年，真有这么严重吗？IDFA 在原有的流量市场中的地位如何？IDFA 是如何发挥作用的呢？

1. 标识问题

现在所有的 App 运营工作都有一个前提，就是能唯一标识用户，基于具体的用户 ID，我们既可以往前追溯广告的投放效果，又可以向后制定用户的运营策略。这个唯一标识贯穿用户的整个使用周期。如图 12-5 所示：设备 ID（或者用户标识），可以帮助我们从这个用户第一次点击媒体（Media）App 的广告时，就开始记录和标识这个用户（设备），追踪到这个用户（设备）什么时间在 App Store 下载了应用，然后什么时间激活了应用,什么时间点击哪个页面,什么时间触发了什么事件,什么时间购买了服务等。

图 12-5 用户的转化流程

这是 App 运营者的视角。

而对于用户而言,并不知道这个过程的存在,在用户眼里,自己在媒体上发现了好玩的东西(其实是广告),顺手一点击,经过一番跳转之后,就到了 App Store 的产品页面,然后在 App Store 里点击"获取",就可以完成下载和安装操作。如果用户没有忘记自己下载了这个应用,他会点击"激活应用"并开始使用,如果他很喜欢,也需要这个应用,那么他可能会进行注册并应用,这是一个 App 用户视角下的周期。

这里面有一个关键的问题,广告主是花钱在广告平台上买流量的,而广告平台也需要跟媒体(源应用)结算广告费,那么广告平台是怎么知道就是"这个"用户点击的这个广告,也是"这个"用户在 App Store 上完成了下载安装,以及激活并使用呢?如果无法证实这一问题,那么广告平台既无法向广告主核销效果、收取费用,也无法跟媒体结算。

这就需要一个身份 ID 来记录这些行为,从而进行匹配和去重。

从一个简单的循环过程"广告点击→安装"来说:在用户点击的时候能对应一个唯一 ID;在用户下载安装的时候也能对

应一个唯一 ID。当这两个唯一 ID 一致的时候，就简单地完成了一次从点击到安装的追踪过程。

这是广告平台（追踪平台）的视角。

2. IDFA 的历史渊源

无论是谁，在这个用户使用流程中，都需要从第一个点就唯一标识用户，然后这个标识就可以从营销追踪到安装，从注册追踪到付费和分享，这既是所有运营的数据基础和广告结算的基础，也是广告主跟渠道之间结算、核销的基础。如果没有这个基础，原来建立起来的协作体系就会出问题。

唯一标识非常重要，然而，这一切的最开始并不是 IDFA，而是有一段设备标识的演变历史，这段演变历史是真实信息不断被封装的过程，也是一部苹果践行用户隐私保护的写照。如图 12-6 所示：最开始苹果跟其他设备一样，提供的唯一标识是 MAC 地址，广告追踪就把 MAC 地址当作设备的唯一标识。

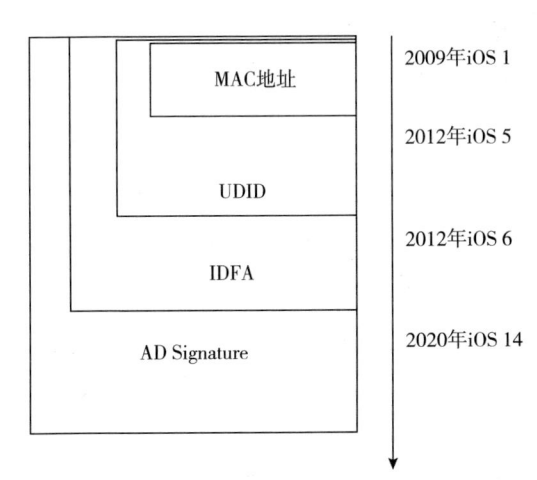

MAC地址	2009年iOS 1
UDID	2012年iOS 5
IDFA	2012年iOS 6
AD Signature	2020年iOS 14

图 12-6　iOS 平台广告追踪 ID 变迁史

（1）MAC 地址。

MAC（Media Access Control 或者 Medium Access Control）地址是最好的设备标识，因为这是一个硬件信息，是个物理地址，是个事实，而不是逻辑信息。MAC 地址，意译为媒体访问控制，或称为物理地址、硬件地址，用来定义网络设备的位置。在 OSI 模型中，第三层网络层负责 IP 地址，第二层数据链路层则负责 MAC 地址。因此，一个主机会有一个 MAC 地址，而每个网络位置会有一个专属于它的 IP 地址。

MAC 地址是由网卡决定的，是固定的，不可篡改，所以说 MAC 地址是最好的设备标识。

（2）UDID。

到了 iOS 5，苹果为了保护隐私，不再提供物理信息 MAC 地址，而是提供了一个叫作 UDID 的逻辑信息。UDID 的全称是 Unique Device Identifier，即设备唯一标识。这个 UDID 是唯一的，是跟 MAC 地址一一对应的。

UDID 是由字母和数字组成的 40 个字符串的序号，用来区别每一个唯一的 iOS 设备，包括 iPhone、iPad 以及 iPod touch 等。在 iOS 应用早期，UDID 被第三方应用开发者和网络广告商用来收集用户数据，可以用来关联地址、记录应用使用习惯，等等，以便向用户推送精准广告。

（3）IDFA。

到了 iOS 6，苹果为了进一步保护用户隐私，又在逻辑信息 UDID 上封装了一层逻辑，提供了一个叫作 IDFA 的逻辑信息作为唯一标识。

注意，这层逻辑跟上一层逻辑有所不同，IDFA 跟 MAC 地址和 UDID 之间是多对一的关系，就是一台 iPhone 设备可以有多个 IDFA，用户可以不断地更新 IDFA。苹果这么做就是方便用户清除自己的历史痕迹，保护自己的隐私。但是，这个机制却给了积分墙"繁荣"的机会，一个真实激励用户通过刷新自己的 IDFA 可以冒充多个用户，这是令苹果始料未及的。

IDFA 的全称是 Identifier For Advertising，叫作广告标识符。广告标识符是由系统存储的，在同一个设备上的所有 App 都会取到相同的值，是苹果专门给各广告提供商用来追踪用户而设的，可以追踪广告、换量等跨应用的用户追踪等。

然而，苹果在 2020 年 6 月 22 日 WWDC20 上说把 IDFA 是否给应用的权力交给用户来选择，业界估计 90% 以上的用户将选择 NO。因此，基于 IDFA 构建的协作系统就崩塌了。

（4）签名（Signature）。

苹果在 WWDC20 上宣布了新的用户隐私政策之后，同时升级了另外一个归因方案 SKAdNetwork 2.0。在该方案中，连接媒体 App、App Store 和广告主 App 的唯一标识变成了一个更临时的信息结构，而这个信息结构是个签名信息。

二、失去 IDFA 带来的影响

苹果新的用户隐私保护方案中，我们可以假设只有 10% 的用户允许广告追踪，也就是说 MMP 可以得到 10% 的用户数据，而过去这个比例是 70% 左右。显然用这个数据作为结算依据就太荒谬了。因此，也就意味着基于 IDFA 的广告追踪（Tracking）和广告归因失效了。

IDFA 的影响远不止广告主和 CP，对于整个数字广告产业都有深刻的影响，包括广告平台（Ad NetWork）、广告技术企业，诸如 MMP、DSP、RTB 等。

对开发者的影响，主要是三个方面：安装归因、事件归因和用户画像。安装归因，就是追溯安装来源，缺少 IDFA 后，暂时无法实现跨应用的追踪，影响的主要是精细化买流量。

三、替代方案 SKAdNetwork

1. SKAdNetwork 简介

按照苹果的说法，新方案 SKAdNetwork 框架中的唯一标识变成了一个签名（Signature），使用完成就失效了，即用 Signature 替代 IDFA，流程如图 12-7 所示。

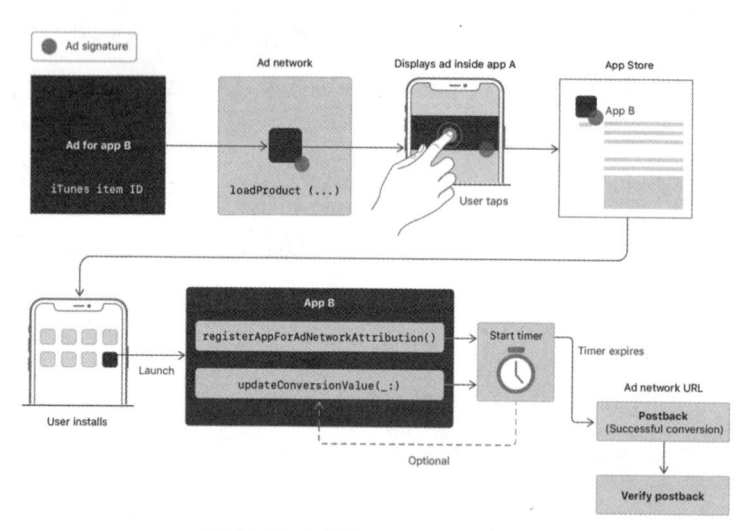

图 12-7 苹果 SKAdNetwork 流程图

SKAdNetwork 是让广告平台（Ad Network）在不获取 IDFA 的前提下对用户的点击和安装行为提供的一套追踪解决方案。

这个层面的追踪所用的签名,直接内嵌在了广告平台和 App Store 之间,用来记录广告效果。

广告归因和核心目标在于追踪用户从"点击"到"安装",如图 12-7 中的圆点,因此在 SKAdNetwork 的解决方案里,Apple 给每一次不同用户的点击行为做了一个签名(Ad Signature),这个广告签名一直伴随到安装结束。这个签名是广告平台用苹果公钥(Public Key)制作的,是由非对称密钥加密的,因此不可篡改。

而这个广告签名信息就记录和跟踪了用户的点击和安装行为,为每次的广告做了见证和记录,显然这个方案牺牲了效率,但可以保护用户隐私。

网上有一个形象的比喻:

SKAdNetwork 的模式就好比你去电影院看电影:从买票(点击)到入场(安装),这张票(Ad Signature)上没有任何你的信息,售票处是广告平台,只知道这张票是在什么时间卖出去的,多少钱卖出去的,哪个渠道卖出去的,什么时候观影。但是售票系统不知道买票人的具体信息,比如:有没有买爆米花,年龄,性别,是否带女朋友还是每次换个女朋友看电影等。

而关于 IDFA 的模式也有一个比喻:IDFA 的模式就好比出境跟团游,你的护照(IDFA)被旅行社拿走了,你的一切隐私就可以被旅行社拿出来做各种促销,比如旅行社知道你是否产生了消费,消费了多少,年龄,性别,之前去过哪些国家等,从而判断你属于什么类型的用户,进而推送更多的广告给你,你毫无隐私可言。

通过比较可见,SKAdNetwork 具有自己的优势,比如帮你验证安装的有效性。

2. SKAdNetwork 带来的问题

前面提到这个方案牺牲了效率，这倒是小问题。关键问题在于 Ad Signature 的局限性：一个是时效性有限；另一个是有效性不足。Ad Signature 只有 24 小时的时效性。对于 24 小时之后的广告统计无从计算。

最核心的问题是有效性，IDFA 全程有效，从点击一直到用户 App 生命周期结束。因此，可以做很多事情，比如，可以在广告平台内做"用户召回（Re-Targeting）"，可以追踪安装、注册、付费、留存信息等。

但是 SKAdNetwork 的广告标签则没有这么细，只提供在点击到安装过程中的对应时间、对应来自哪个广告组、具体哪个广告以及运营商网络信息。

因此，仅在运营层面，没有 IDFA 带来的问题还是蛮多的：比如最后一次点击和安装的匹配以及计算方式、网盟新的作弊方式的出炉、广告如何做针对留存和付费的优化、怎么做用户召回等。

第三节　苹果官方归因方案的比较

自从"IDFA 末日"事件以来，关于新的归因方案就层出不穷。而作为整个生态的统治者，苹果更新了一版 SKAdNetwork，推出了 2.0 版本，同时推出了一个新的归因方案 AdServices。连同之前 iAd 的遗产方案 iAd 接口，那就有了三个归因方案：SKAdNetwork、AdServices、iAd，它们之间有什么相同与不同？

我们应该如何选择和配置呢？

本节主要内容就是比较苹果官方三个归因方案的异同，以帮助我们更好地选择适合自己的方案，其中，SKAdNetwork 是苹果提供的通用归因方案，而 AdServices 和 iAd 则是仅支持苹果自身广告平台的归因方案。下面将从五个方面介绍它们之间的区别与联系：（1）主体；（2）原理和流程；（3）适用范围；（4）归因颗粒度；（5）支持的功能与能力。

一、主体

最容易分辨三个归因方案的是其主体，而最容易混淆的地方也是其主体。

SKAdNetwork 的调用主体是广告平台（Ad Network）；而 AdServices 和 iAd 的调用主体是开发者（Developer）。

有人就困惑了，SKAdNetwork 平台也是开发者在用，为什么 SKAdNetwork 的主体是广告平台而不是开发者呢？

这是因为调用主体和使用主体是不同的。

SKAdNetwork 的调用主体是广告平台，比如 Facebook 广告平台要到苹果的 SKAdNetwork 上注册一个 ID（简称 SKAID），通过 SKID 接入苹果的 SKAdNetwork 框架之中。只有广告平台注册了 SKID，才能将 SKAdNetwork 的归因能力赋予广告主，广告主就是这里的开发者，开发者使用这个框架，在 Facebook 的平台上设置自己的广告组，然后追踪广告效果，这时开发者是归因方案的使用主体。

在 AdServices 和 iAd 的方案中，调用主体是开发者，而使用主体也是开发者。以 iAd 为例，开发者使用 iAd 的接口 API

调取用户的来源信息，然后开发者再将用户的来源信息跟其他用户行为信息融合在一起，这时开发者是调用主体。然后开发者再结合这些信息自己做归因分析和效果追踪分析，这时开发者是使用主体，也就是说调用主体和使用主体合二为一了。

这也是最容易混淆的地方。

二、原理和流程

1. AdServices

关于 AdServices 的关键信息：AdServices 的调用主体是开发者；颗粒度是设备（Device）一级，也可以理解为用户层级（UserID）；而用户是开发者系统中的 UserID；信息安全保障用的是 Token。

流程如下：

（1）开发者在 App 中调用 AdServices，每次新用户激活时，向苹果服务器问询该用户来源；

（2）某用户安装了 App，激活时 App 可调用苹果的 AdServices 接口，询问该用户的来源，先去令牌服务器拿到一个 Token 令牌，然后用这个 Token 令牌向归因服务器询问用户来源，之后苹果服务器返回用户来源信息结构（Source_Keywork/Ad group/Campaign/Creative set）；

（3）开发者再将此信息与自己的用户系统信息 BI 系统结合在一起，补充用户来源信息，从而实现对用户来源的甄别，甚至可以溯源到关键词。

2. iAd

iAd 的调用主体也是开发者；颗粒度也是用户层级；而用

户也是开发者系统中的 UserID，直接调用，没有 Token 等复杂流程。在用户激活的过程中，可以直接调用接口问询用户来源信息。

3. SKAdNetwork

在 SKAdNetwork 中有四个角色，分别是：广告平台、苹果、广告主（被推广 App）和媒体 App。其流程如图 12-8 所示，分为用户流程和后台流程。

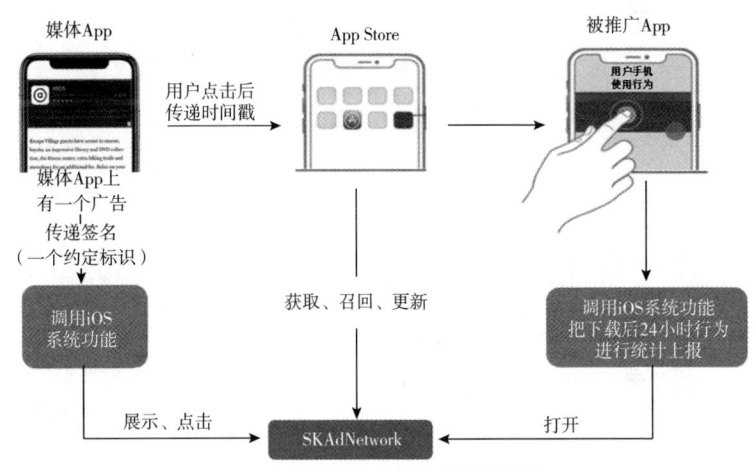

图 12-8　SKAdNetwork 流程示意图

首先，用户在媒体 App 上点击了一个广告，这次广告的展示和点击都会被媒体 App 调用 iOS 相关系统接口，传给 SKAdNetwork。进而，用户到 App Store 上完成点击、安装等行为也被系统传给 SKAdNetwork；最后，用户下载了这个被推广 App，点击激活时，被推广 App 同样会调用 iOS 相关系统接口，延长 24 小时后，随机返回给 SKAdNetwork 框架。

而用户点击的这个广告，是隶属于广告主（被推广 App）在某一个广告平台上设置的一个广告系统（Campaign），而广告平台是通过苹果的SKAdNetwork框架来获取关于广告的归因数据的。

关键信息：（1）SKAdNetwork的调用主体是广告平台（Ad Network）；（2）颗粒度是Campaign级别，而Campaign是广告平台上的，跟广告主的系统没有连通，不产生关系；（3）信息安全用的是Signature不对称算法的签名技术。

三、适用范围

1. AdServices

被认为是为iAd的替代者，接替iAd，为未来苹果广告平台所有广告业务提供归因方案。不同于iAd仅仅支持App Store上Search Ads的归因方案，AdServices有很多的不同，除了支持的广告业务更广泛，并且其统计不受苹果用户隐私政策ATT（App Tracking Transparency）的影响，不受LAT ON的影响，所有苹果设备、所有苹果广告都支持。

2. iAd

是曾经iAd平台的遗产，目前仅仅被使用在Apple Search Ads上。所以，在广告平台上其仅仅支持Search Ads，在用户范围上，过去受LAT ON的影响，在未来受ATT（Ad Tracking Transparency）的影响，过去其覆盖硬件范围为50%~80%，将来只能覆盖10%~20%，会逐渐沦为鸡肋，最后被AdServies替代。

3. SKAdNetwork

SKAdNetwork被定义为通用性归因工具，支持所有的广告平台，包括Facebook、谷歌等，但是不支持自己的Search Ads

的广告平台。

四、归因的颗粒度

1. AdServices

AdServices 的颗粒度是设备一级的，这级的信息是颗粒度最小的信息，是可以被开发者反复加工反复使用，可以成为开发者体系内的信息，跟其他用户信息或者设备信息融合在一起。

2. iAd

同 AdServices。

3. SKAdNetwork

SKA Network 的颗粒度是广告平台上的广告组 Campaign 级别，是非常粗糙的，是烫平了细节的一种归因方式。广告平台上的 Campaign 信息跟开发者的信息是无法通融的，它们之间有着天然的鸿沟，这是最大的问题。

五、支持的功能与能力

1. iAd 和 AdServices

iAd 和 AdServices 都为开发者提供了基于开发者用户 ID（设备一级）的信息，包括归因颗粒度。由于此信息是基于开发者的用户一级的，所以可以被不断地加工和使用，能完全追溯到用户的关键词来源等，并可以将此信息带入到后续基于用户 ID 的聚合分析、漏斗分析中来。

AdServices 跟 iAd 的区别为，覆盖的广告平台不同，覆盖的设备范围不同，安全支持不同：

（1）覆盖的广告平台不同：AdServices 覆盖所有苹果的广

告平台和业务，而 iAd 仅仅覆盖 App Store 上的 Search Ads；

（2）覆盖的设备范围不同：AdServices 既不受未来的 ATT 影响，也不受过去的 LAT ON 影响，可以覆盖超过 95% 的设备；而 iAd 既受 LAT 影响，覆盖 50%～70% 的设备，又受未来 ATT 的影响，设备覆盖率可能降至 5% 以下；

（3）安全支持不同：AdServices 首先通过 Token，然后，安全性更高，支持的并发性更强大。

2. SKAdNetwork

与前两者相比，SKAdNetwork，由于其是一个通用的归因解决方案，因此没有提供一个基于用户 ID（设备一级）的信息颗粒，而是提供了一个基于广告的平台。

SKAdNetwork 最大的能力就是面向所有三方广告平台，提供了一个通用的归因解决方案，这是 AdServices 和 iAd 都无可比拟的。

在这个方案中，SKAdNetwork 解决了广告的衡量问题和核销问题。其统计数据是可信的，具有公信力，可以一锤定音。

其最大的缺陷在于，隐藏和烫平了信息的细致度，而且广告平台归因数据与开发者体系中的信息不相通，无法融合，无法进行二次加工。

第四节　最佳实践

由于 IDFA 事件的影响，市面上提出了各种新的归因方案，造成了归因实践的混乱。在现行的 iOS 生态环境中，归因的问题可以分为两个问题，一个是通用平台的归因，一个是苹果广告平台的归因。

一、通用归因方案的选择与实践

1. 备选方案

关于通用归因方案，目前有三类方案，分别是：基于 IDFA 的老归因方案、苹果提供 SKAdNetwork 的归因方案、新的基于设备指纹的归因方案。其特点比较如表 12-1 所示。

表 12-1 现有归因方案的比较

范围	IDFA 归因方案	SKAdNetwork 归因方案	设备指纹 归因方案
主导者	MMP	苹果官方	第三方
追踪的基础	IDFA	iOS 操作系统	设备指纹信息
归因颗粒度	设备级 由归因方案商决定	聚合方式 Campaign/Source app 层级	设备级 由归因方案商决定
覆盖比例	通用方案 历史上可以覆盖 70% 的 iOS 设备，未来在 10% 以内	通用方案 100% 的 iOS 设备	通用方案 未知数
风险与问题	风险大 iOS14 之后，存在重大问题，需要用户同意才能追踪	无风险	风险大 可行性上存疑，苹果官方明确表态不支持
运营支持	支持良好 支持设备一级的用户信息追踪，故支持安装归因、事件归因和用户画像等	支持一般 可提供核销依据，但因信息无法与开发者信息联通，不支持事件归因和用户画像	支持良好 支持设备一级的信息追踪，理论上支持安装、事件归因和用户画像等

我们可以看到原来的基于 IDFA 的归因方案，其最大的优势就是惯性。过去几乎所有的广告主是基于 IDFA 的方案进行投放，所以这将是一份遗产，只是这份遗产我们到底能继承到什么是个问题，同时 IDFA 的方案最大的问题就是覆盖的用户数量大幅减少。

业界还有很多潜在的广告技术服务商在试图推出 IDFA 的替代方案，其实就是设备指纹，这个方案的最大优势是基于设备一级的，可以实现跨应用的用户信息整合，但似乎苹果的态度也非常坚决：

苹果最新的隐私政策中，较明确地申明了不得从设备获取数据来对其进行唯一标识，并且告知开发者需对集成的三方 SDK 负责。因此开发者在采用三方 SDK 时，需要与提供商了解清楚 SDK 关于设备标识的技术方案，以及确认三方对数据的隐私政策。

2. 开发者的选择

虽然有三个方案放在开发者面前，但开发者可选择的不多。这是由开发者的需求和需求优先级所决定的。开发者的第一需求，或者说最基本的需求是核销，是跟渠道之间能够顺利地完成结算，然后才是精细化运营。

如果一个归因方案连核销都无法完成，就是不可信赖的，只能作为一个辅助手段。

参考表 12-1，能够保障业务核心是依靠苹果官方提供的 SKAdNetwork，然后依次是设备指纹、IDFA 方案。所以，开发者的第一选择是苹果官方的 SKAdNetwork，目前，只有这个方案，才能让你的核销做到顺利进行，能让买量工作和渠道对接工作得以维系。

SKAdNetwork 的问题也非常突出，就一个字"糙"，我们曾经习惯了的基于设备一级的精细化运营都无法实施。

但是"粗糙"好过于"没有"，大家只能慢慢适应。

3. SKAdNetwork 的实践

（1）概要。

参考资料：苹果开发者文档。

SKAdNetwork 可帮助广告客户在保护用户隐私的同时衡量广告系列的效果，如图 12-7 所示，该 API 涉及三个参与者：

广告平台：对广告签名，当广告带来转化时接收安装通知；

来源应用（Source Apps）：展示来自广告网络的广告；

广告主应用（Advertiser Apps）：出现在签名的广告中。

（2）实施时间。

对于广告主 App，可以现在实施。通过宏开关确保兼容性，主要的两个接口函数本身，实现是相当轻量的。

对于媒体 App 来说，通常不需要独立实施，而是集成广告平台提供的 SDK 封装好的接口，就可以从广告平台的接口文档中获取最新的指南。

（3）如何测试。

此项测试比较复杂，按流程需要三个角色参与集成测试。从媒体展示广告联盟的签名广告，到下载并激活广告主 App，然后回传安装事件这个过程最快需要 24~48 个小时。现在苹果提供了一个测试文件，如图 12-9 所示，可将时间缩短至 5~10 分钟。

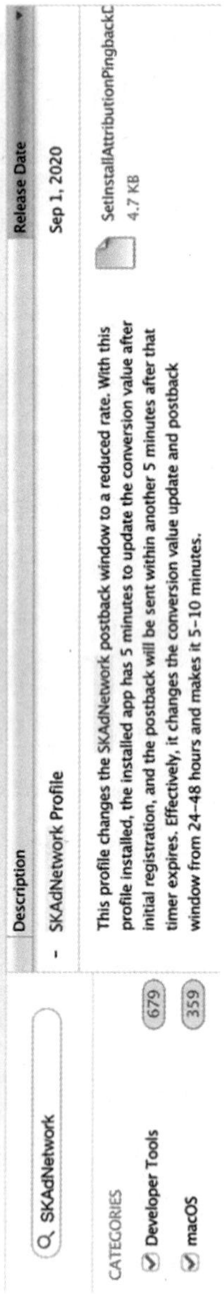

图 12-9 SKAdNetwork 测试文件

(4)注意事项。

①理解定时器。

该框架设计的机制一共有两个定时器。

a. 定时器 A：多个循环的 24 小时，理论上最多是 65 次。

b. 定时器 B：一个 0~24 小时的随机定时器。

首次调用 register App for Ad Network Attribution 时，定时器 A 被激活。

每次调用 update Conversion Value 时，定时器 A 被重置。

最新的定时器 A 计时结束，则定时器 B 被激活。

定时器 B 结束，则系统将给广告平台发起回调。报告安装的整个过程最快需 24~48 小时。

②定义转化值。

a. 参数取值范围是 0~63。

b. 每次调用需回传比上次调用更大的转化值。

c. 给广告平台的回调数据中将采用最后一次的能值。

下表提供了一个转化值定义的模型，分为关键事件和付费两大类，充分利用了 64 个取值，如图 12-10 所示，开发者可以参考借鉴。

转化值	二进制	用户行为	
1	000001	关键事件1	
2	000010	关键事件2	
3	000011	关键事件3	
4	000100	关键事件4	
5	000101	关键事件5	
6	000110	关键事件6	
7	000111	关键事件7	
8	001000		付费 > 0.99
9	001001	关键事件1	付费 > 0.99
10	001010	关键事件2	付费 > 0.99
11	001011	关键事件3	付费 > 0.99
12	001100	关键事件4	付费 > 0.99
13	001101	关键事件5	付费 > 0.99
14	001110	关键事件6	付费 > 0.99
15	001111	关键事件7	付费 > 0.99
16	010000		付费 > 1.99
17	010001	关键事件1	付费 > 1.99
18	010010	关键事件2	付费 > 1.99
19	010011	关键事件3	付费 > 1.99
20	010100	关键事件4	付费 > 1.99
21	010101	关键事件5	付费 > 1.99
22	010110	关键事件6	付费 > 1.99
23	010111	关键事件7	付费 > 1.99
24	011000		付费 > 2.99
25	011001	关键事件1	付费 > 2.99
26	011010	关键事件2	付费 > 2.99
27	011011	关键事件3	付费 > 2.99
28	011100	关键事件4	付费 > 2.99
29	011101	关键事件5	付费 > 2.99
30	011110	关键事件6	付费 > 2.99
31	011111	关键事件7	付费 > 2.99
32	100000		付费 > 9.99
33	100001	关键事件1	付费 > 9.99
34	100010	关键事件2	付费 > 9.99
35	100011	关键事件3	付费 > 9.99
36	100100	关键事件4	付费 > 9.99
37	100101	关键事件5	付费 > 9.99
38	100110	关键事件6	付费 > 9.99
39	100111	关键事件7	付费 > 9.99
40	101000		付费 > 19.99
41	101001	关键事件1	付费 > 19.99
42	101010	关键事件2	付费 > 19.99
43	101011	关键事件3	付费 > 19.99
44	101100	关键事件4	付费 > 19.99
45	101101	关键事件5	付费 > 19.99
46	101110	关键事件6	付费 > 19.99
47	101111	关键事件7	付费 > 19.99
48	110000		付费 > 99.99
49	110001	关键事件1	付费 > 99.99
50	110010	关键事件2	付费 > 99.99
51	110011	关键事件3	付费 > 99.99
52	110100	关键事件4	付费 > 99.99
53	110101	关键事件5	付费 > 99.99
54	110110	关键事件6	付费 > 99.99
55	110111	关键事件7	付费 > 99.99
56	111000		付费 > 129.99
57	111001	关键事件1	付费 > 129.99
58	111010	关键事件2	付费 > 129.99
59	111011	关键事件3	付费 > 129.99
60	111100	关键事件4	付费 > 129.99
61	111101	关键事件5	付费 > 129.99
62	111110	关键事件6	付费 > 129.99
63	111111	关键事件7	付费 > 129.99

事件

二进制	事件	优先级
000	/	
001	关键事件1	1
010	关键事件2	2
011	关键事件3	3
100	关键事件4	4
101	关键事件5	5
110	关键事件6	6
111	关键事件7	7

收入

二进制	收入	优先级
000	/	
001	付费 > 0.99	1
010	付费 > 1.99	2
011	付费 > 2.99	3
100	付费 > 9.99	4
101	付费 > 19.99	5
110	付费 > 99.99	6
111	付费 > 129.99	7

图 12-10 SKAdNetwork 转化值设置示例

二、苹果广告平台的归因实践

苹果归因方案比较复杂，受到归因方案、iOS 版本、用户是否设置 LAT ON 等三个因素的影响。目前最佳实践，如图

12-11 所示，首先调用 AdServices 接口从苹果归因服务器获取归因结果；第二步，调用 iAd 接口，获取归因数据；第三步，调用 ATT 接口，问询用户是否允许广告追踪，以获取 IDFA 信息；第四步，调用 SKAdNetwork 接口。

AdServices → iAd → ATT → SKAdNetWork

图 12-11　苹果归因方案的调用顺序示意图

按照这个顺序可以最大限度和最大概率地获取设备关于归因的相关信息。

为什么 AdServices 和 iAd 的调用发生在 ATT 之前呢？这是因为苹果"以权谋私"，给自己广告平台的一个优势：关于是否允许追踪的问题上，当用户没有说"NO"，按照 iAd 之前的协议规范，iAd 是可以获取到 IDFA 信息的。

为什么 AdServices 的调用发生在 iAd 之前呢？这是因为 AdServices 支持 iOS14.3 之后的版本，一旦确认了这点，通过 AdServices 就可以拿到归因信息，在此之前首先询问操作系统的版本号，以便先调用 AdServices 接口。

1. AdServices

AdServices 归因方案，结合了客户端设备上的 AdServices 框架和用于与 Apple 的归因服务器进行服务器端通信的 RESTful API。该 API 从来自 Apple Search Ads 活动带来的应用下载及重新下载中检索归因数据。归因数据使用给定的 Apple Search Ads 广告系列元数据来衡量效果。

有些开发者使用服务器端与移动归因服务商（MMP）的集

成来增强报告功能。开发者可以选择将归因数据交给 MMP，也可以自行管理。如图 12-11 所示，说明了结合使用 AdServices 框架和 RESTful API 来检索归因数据。

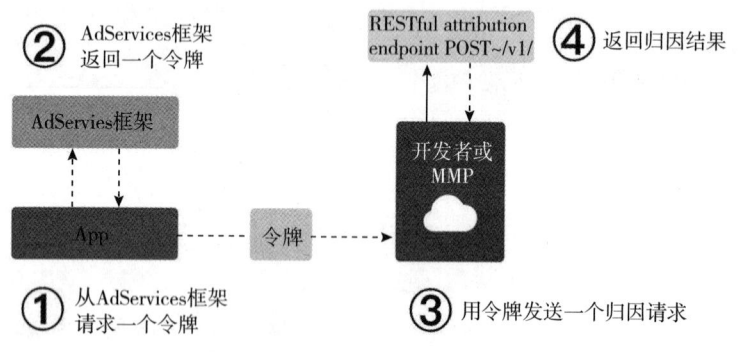

图 12-11 AdServices 的原理和流程

AdServices 框架简要说明：

第 1 步，AdServices 框架发起调用请求生成 Token；

第 2 步，AdServices 框架生成 Token；

第 3 步，MMP 或开发人员使用 Token 发起 RESTful API 请求，苹果的归因服务器响应请求，并从返回的数据中检索归因数据；

第 4 步，返回的归因数据为字段格式的键值对，这些键值对数据与 Apple Search Ads 广告系列管理 API 中的广告系列相对应。

注意事项：

（1）此框架专门用于归因 Apple Search Ads（ASA）的安装，未来将替代 iAd 而不是替代 SKAdNetwork。

接入此框架，无论用户是否授权许可"应用追踪透明度框架（ATT）"，来自 Apple Search Ads 的安装均可被正确归因。

（2）涉及 App 内代码实施，完成此框架接口后 App 需发布新版本。

（3）获取令牌必须在 App 内实施，获取归因数据包可以在 App 内或者 Server 端实施；

（4）Token 的有效时间为 24 小时，拿到后需及时请求归因数据；

（5）对于经验较少的开发人员，需注意网络请求的成功率和容错率；

（6）采用三方 SDK 的开发者，需要跟服务商沟通，并关注其 SDK 版本更新动态，截至目前（2020 年 12 月 31 日），AppsFlyer SDK 已支持该框架；

（7）自行实施归因 API 的开发者，当前可以开始实施该 API；

（8）注意兼容性，此框架仅支持 iOS 14.3 以上版本。旧版本需使用 iAd 归因框架参考。

2. iAd 归因部分

（1）概要。

此归因 API 用于归因 iOS 设备上 Apple ASA 广告系列的应用下载。

（2）实施时间。

在尚未开通 ASA 的商店上架的 App 也可以，暂时没有 ASA 的投放计划也可以。开发者可以提前实施，并且在几个发布版本中有充裕的时间做部分测试。

(3)如何测试。

目前 iAd 框架还未提供友好的全功能的测试方法和沙盒环境，开发者需要依赖接口文档和经验，对代码实现进行基本的测试，对部分异常进行仿真测试。

在本地开发过程中打包部署的环境，该接口会返回 DEMO 数据，如果手机设置为禁用跟踪，接口会返回对应的"ERROR"。开发者可在此有限的条件下测试代码的基本逻辑。

(4)注意事项。

①接口更新。

如果开发者自行实施归因，要定期关注官方接口文档。如果是集成三方 SDK，需要关注其版本更新，及时集成最新的 SDK。

②健壮性和容错性。

接口文档中列举了 7 种异常的情况，如表 12-2 所示，需要开发者做相应处理。

归因成功后，可记录标识符，避免不断重复请求归因。

将归因数据包上传至自己的后台服务过程中，要考虑传输成功率。

表 12-2 7 种异常情况

允许 App 请求追踪	ATT 授权状态	iAd 归因结果
开	未知	成功
开	同意	成功
关	同意	成功
开	不同意	ADClientErrorTrackingRestrctedOrDenied

续表

允许 App 请求追踪	ATT 授权状态	iAd 归因结果
关	未知	ADClientErrorTrackingRestrctedOrDenied
关	不同意	ADClientErrorTrackingRestrctedOrDenied
关 – 且用户无法开启	受限	ADClientErrorTrackingRestrctedOrDenied

3. App Tracking Transparency 部分

（1）概要。

在 iOS 14、iPadOS 14 和 Apple tvOS 14 中，需要通过 App Tracking Transparency 框架征得用户的许可，才能追踪用户或访问用户设备的广告标识符（IDFA）。追踪是指将从 App 收集的用户或设备数据与从其他公司的 App、网站或离线文件中收集的用户或设备数据关联在一起，以投放定向广告或衡量广告效果的行为。

（2）实施时间。

截至目前（2020 年 12 月 31 日），苹果还未强制要求 App 实施 ATT 框架。

开发者可以先完成代码实施和测试，并通过远程动态控制的方式，等待苹果确认后再开启。

（3）测试方式。

在 Info.plist 文件中添加 IDFA 的权限申请描述"适配 iOS 14"（必须添加，否则在 iOS 14 系统中会崩溃）。

使用 Xcode 12 和更高版本编译打包，部署在 iOS 14.1 和更高版本上，即可完成测试。

（4）注意事项。

开发者应当设计好流程，做好准备，然后再集成 ATT 框架。例如，在 ATT 弹窗之前，设计一个预告知页面，向用户解释为何要征得许可。对于该页面的设计，负责产品营销、用户体验的成员应当重视，以提高用户同意的比例。当然这个页面最终应当遵照苹果政策，避免审核不通过。

第三部分：未来

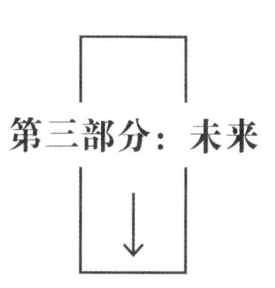

本部分是关于苹果的未来，以及摸着苹果看到我们的未来。ASA 依附于 App Store 的流量，而 App Store 又依附于 iPhone 的销量，而今智能手机早已进入到存量市场时代，各厂商在高中低端市场早就开始厮杀。作为 iOS 生态的玩家们，我们不得不问一句，苹果还稳吗？

"未来已经来临，只是分布不均。"我们选择苹果的 App Clips、Face ID 等几个小技术点作为"麻雀虽小五脏俱全"的观察对象，来透视和分析苹果在软件、硬件、服务和生态方面的布局。苹果作为有史以来最成功的科技公司，很好地平衡了创新和商业的关系，我们有理由相信他们对未来的远见更扎实、更可信、更值得参照。

第十三章
App Clips 一小步，iOS 生态一大步

> 本章概要：在承前启后的 WWDC20 上，苹果发布了自己的 App Clips。Clips 虽小，但承载着苹果战略布局。本章主要介绍苹果 App Clips，着重分析探讨 App Clips 跟 App 的关系、App Clips 跟开发者的关系、App Clips 跟 App Store，以及 App Clips 跟苹果未来战略的关系。

第一节 App Clips 简介

在 WWDC20 大会上，苹果发布 iOS14 时宣布了一个重要部署，即 App Clips。如图 13-1 所示，主持发布会的苹果高级副总裁 Craig Federighi 强调说，这是一个应用的小片段，用户无须下载完整的应用就能与之互动。App Clips 是 iOS 14 生态重要组成部分。

图 13-1 苹果在 WWDC20 上发布 App Clips

一、App Clips 是什么

App Clips 发布的背景是这样的：现在用户的手机上安装了大量的应用，而这些应用的被打开率很低，除了一些超级应用，其他大部分则被闲置了下来，占用了很大一部分的存储空间以及带来一个难以整理的主屏幕。

而 App Clips 的出现就是为了解决这一系列问题的。顾名思义，App Clips 就是"应用片段"，通俗来讲就是从一个完整应用分离出来具有部分功能的应用片段，随点随用，无须下载和安装。这是跟传统的 App Store 内的应用是不同的。

这并不是一个新鲜概念，在此之前，很多上下游的厂商都推出类似的框架和产品，比如：微信就推出了小程序，谷歌推出了 Instant Apps，百度推出过框计算，小米推出过轻应用。

App Clips 的使用路径已由苹果官方公布，具体示例如图 13-2。第一步，发现唤起 Clips 的触发信息，诸如 Clips 码、NFC 标签等；第二步，App Clips 的卡片被调起到前台界面，以便用户操作；第三步，进入 App Clips 完成如图所示的咖啡下单流程；最后咖啡奉上。整个过程非常简洁、方便，跟 App 的使

图 13-2　App Clips 使用示例

用体验是不同的。

App Clips 具有以下功能：存储敏感数据、打开摄像头、连接蓝牙设备等，配备了这些功能之后，用户甚至可以在 App Clips 完成注册、下单、支付这一整个流程，相当方便，用户不再需要下载一个专门的应用程序了。

App Clips 所适合的场景：在星巴克提前点好一杯咖啡，在餐厅中进行点餐、租借物品、扫共享单车、预定场地等，可以说大部分日常生活场景都适合使用。

二、App Clips 码的相关规范

目前，苹果发布的 App Clips 码的规范要点。

1. 构成

整个 App Clips 码是由三部分构成：中心标识，可视编码，App Clip 标识，如图 13-3 所示。

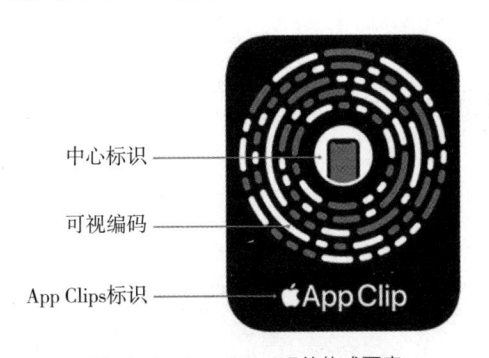

图 13-3 App Clips 码的构成要素

2. 样式

App Clips 码的样式有两种（如图 13-4 所示）：一种用 NFC 触发，另外一种用相机镜头扫描触发。

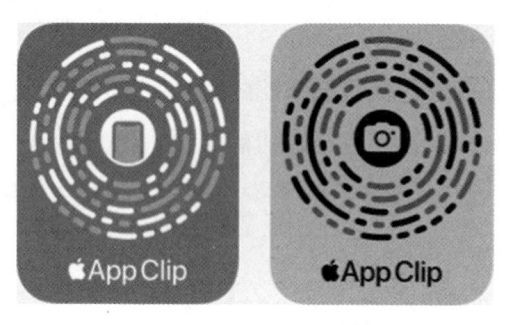

图 13-4　App Clips 码的样式

有意思的是，NFC 触发的样式中那个手机图像用了"刘海"屏，这不是一个通用的手机屏幕图像。苹果为何对"刘海"屏如此执拗呢？个人猜测：苹果是用来回应外界对"刘海"屏批评的。说明苹果要坚定地走 Face ID 这条技术路线，说明苹果宁可牺牲其艺术气息，牺牲用户的屏幕体验，也要走 Face ID 这条路线。因为这是未来多屏时代实现跨屏体验的关键路径、咽喉要道。

3. 配色

App Clips 配色上虽然支持百花齐放，但也有三色限制如图 13-5 所示，即：背景色、生成色和前景色，最多三种颜色，不允许采用渐变色，不允许加阴影、变形等处理。

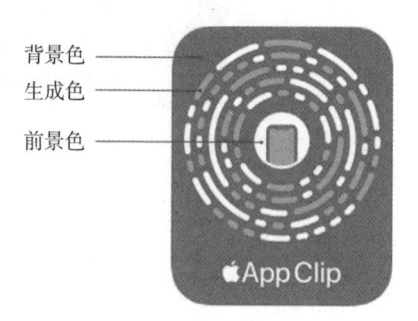

图 13-5　App Clips 码的三色限制

4. 尺寸

关于 App Clips 码，苹果也给出了尺寸要求，印刷品类的直径不小于 1 英寸（2.54 厘米），如图 13-6 所示，电子码像素不少于 256×256。

图 13-6　App Clips 码的印刷尺寸要求

第二节　App Clips 意味着什么

一、App Clips 和 App 的关系

App Clips 和 App 有点像病毒和细菌之间的关系。新冠病毒依旧肆虐的今天，了解了病毒相关的知识可以让我们很好地理解苹果的 App Clips 到底是什么。

病毒和细菌有何不同呢？首先它们的大小不同，一般来说，细菌要比病毒大很多，如果病毒有篮球大小，那么细菌就有一套房子的大小。

更本质的区别在于：细菌是有细胞壁的，可以独立于动物、植物，单独存活在空气和土壤等外部环境中；而病毒是非细胞生物，无细胞结构，不能独立存活，必须在动物体内才能存活，一旦离开宿主的身体，很快就会死亡。

所以，细菌和病毒的最大不同是：病毒不能独立存活。

同样，App Clips 跟 App，首先是大小的不同，App Clips 要求在 10M 以内；而 App 则不同，像王者荣耀 App 可以做到 5G 大小，差了好几个数量级。

App Clips 也不能独立存活，它只存活在 iOS 系统的 App Clips 框架中，离开了这个框架是无法存活的，并且只能被环境触发激活；而 App 相对而言可以独立存活，有自己独立的设备资源和运行空间。

有趣的一点是，通常 Clips 这个片段是精华部分。比如：在病毒中是 RNA 片段，而细菌不仅有自己的 DNA 和 RNA，并且有一大套独立的系统，诸如细胞核等。

Clips 就是片段，而且通常也将是对应应用中最精华的片段，比如携程这个应用程序，有一套复杂的展示系统、搜索系统、逻辑部分、运营功能等，最核心的部分就是间夜销售，也就是间夜的支付环节。携程 App Clips 中就只有最精华的环节："间夜"的支付。

说明一下："间夜"是酒店行业的一个概念，也是酒店运营的一个计量单位。确切地说是"间/天夜"，因为酒店的房间是以入住时间在当日入住、次日 12 点前退房的时间计算的。一般酒店的最小售卖单位是间夜。钟点房是另外一个概念。

开发者拥有 App Clips 的前提是先拥有一个 App。从运营的角度看，App Clips 可以给 App 引流，反之则不行。

其他关键信息：

1. 一个 App 只能对应一个 App Clips；

2. App Clips 被调起后，可以下载 App（如果未下载的话）；

3. 触发 App Clips 的方式有：NFC 标签、二维码、Clips 专用码等；

4. 8 小时内，App Clips 可以被通知唤起；

5. App Clips 更像一个插件集成在 iOS 的各个地方，比如 Safari，照相机，Apple Pay，从某个角度上说更像 Siri，就是以某种方式接管当下的场景。

二、App Clips 跟开发者的关系

Clips 对开发者意味着什么？

对于现有的开发者，App Clips 所引发的变化既是潜移默化的，也是渐进的。由于视角不同，开发者会有三种应对策略，分别是：（1）运营级别的策略；（2）产品级别的策略；（3）新的商业浪潮。开发者要把 Clips 当作一次新的商业浪潮，开发新的商业机会。

我们从携程创始人梁建章教授做直播带货说起，借用这个案例，分析一下现在开发者运营策略的一些变化。

正如前边所言：梁教授直播带货的本质就是 App 产品和运营分家了，把 App 拆开了，把实质（"间夜"销售）拿出来，在另外一个流量平台上售卖，流量在哪里产品就聚集在哪里。

运营的概念已经超出了 App 本身，App 作为一个连接器，仅仅是运营载体的一部分，除了 App 还有其他方式，比如，微信小程序、抖音平台、直播频道、淘宝平台，以及苹果 App Clips。所以，整个运营的方法论和策略都要发生变化：（1）App 运营只

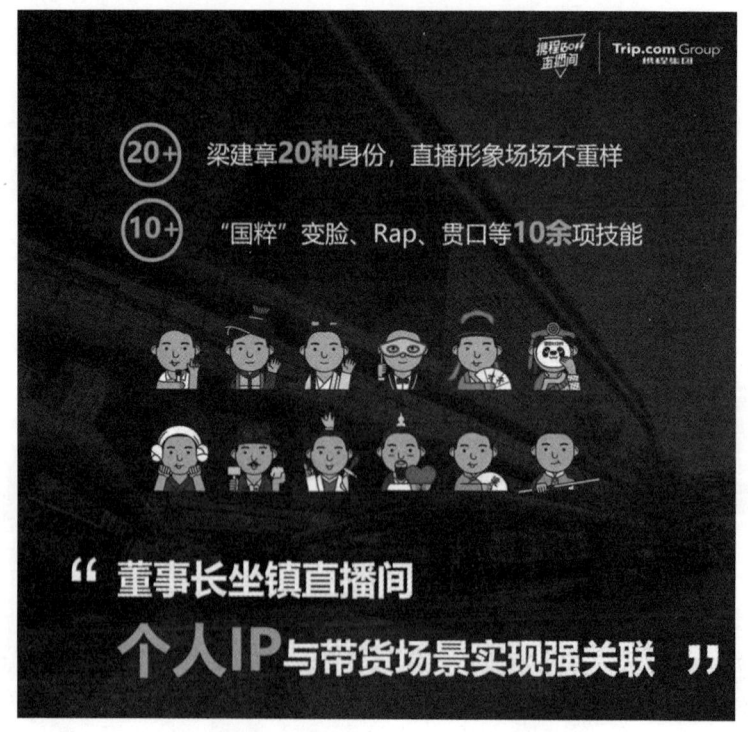

图 13-7 疫情期间梁建章为携程"直播带货"

是运营中的一个渠道运营；(2)微信平台的公众号运营+小程序+视频号的运营又变成了另一个运营形式；(3)抖音、快手、知乎、京东、淘宝都是流量的来源，包括即将入场的硬件公司的带货，如小米、华为、苹果手机的支付程序等帮助带货。

运营不再是狭义的运营，而是大运营的概念，载体不再是App，而是Page、App、社群、人（直播），而这个大运营已经开始呼唤新的方法论。

未来是碎片化流量池和集中式流量池融合在一起的运营工作，在这样的视野下再看苹果的 App Clips，就知道如何利用

App Clips，如何与苹果共舞，如何与时代共舞了。

第三节　App Clips 的战略价值

一、App Clips 跟 App Store 的关系

很多人认为：App Clips 是 App Store 的补充，因为开发者可以通过 App Clips 给自己的 App 引流，从运营的角度、和短期的角度来看貌似如此。但从战略的角度和一个比较长的时间视角来看则恰恰相反，App Clips 不是补充，而是另起炉灶，是对 App Store 的颠覆。

要说明这个问题，逻辑有点长，需要从头说起，从更大的逻辑说起。苹果在 2020 年这个关口推出 App Clips，不是因为谷歌推出了 Instant App，而是因为时代变了、用户变了。

1. 苹果为什么要变

苹果为什么要变，特别是苹果为什么要在这个时间窗口推出 App Clips，是因为时代变了、用户变了。

用户的习惯发生了巨大的变化，变得更加"佛系"、更加被动了。由于头条和 Facebook 等"门口野蛮人"的出现，推荐引擎压倒搜索引擎，信息流曾经变成了移动应用的主流信息组织方式，导致的结果有两个方面：一是用户驻留时长大幅加长；二是用户忘记搜索了，不会探索了。

由于用户行为的变化，其他产品也开始跟进做推荐引擎，做信息流。就连做搜索引擎的百度，也推出了信息流产品，大幅地使用推荐引擎。长此以往，也就固化了用户"刷"的行为习惯，而不是"搜"。于是，用户长时间地"刷刷刷"，导致用

户不搜索了，更不会到 App Store 里搜索了。

那么，App Store 怎么办？

2. 苹果是如何应变的

从流量分发运营层面讲，苹果 App Clips 的本质在于适应了用户习惯的变化，而改变流量分发颗粒度和流量分发的模式，即：

（1）从 App Store 原来的应用分发，转变为颗粒度更小的内容分发和场景分发。

（2）从原来用户的主动查找和搜索分发，变为无处不在的碎片化的场景分发。

这里有两个前提，一个是前边提到的用户行为。用户的需求已经得到了很好的满足，同时用户也忘记了搜索，不再到 App Store 上搜索，App 阶层固化，越来越少的用户去 App Store 寻找和下载应用，App Store 作为 iOS 生态中流量分发的地位受到巨大的挑战。用户不再需要 App Store 了，也就意味着不再那么严重地依赖苹果，这对苹果来说，后果是严重的。

另外一个是开发者的变化。开发者为了适应分散的流量场景，也把自己的结构打散了，运营策略上也发生了巨大的变化，继续以携程为例。

以前，携程的成功在于两件事，一件事是砸入口：通过发广告打造了自己的门户入口；打电话，搭建开发 Ctrip，以及后来的携程 App。另外一件事是整合旅游资源，就是整合出行票务和酒店间夜资源，使其标准化、产品化、电商化。

携程的 App 可以说是携程商业的核心，把流量引到 App 上，然后在 App 上做转化。所谓转化，就是最后临门一脚，让用户完成对各产品的购买支付。

现在呢，所有东西都打散了，间夜（房间）还是那个间夜（服务），但流量不一定来自携程 App，可以是微信小程序，也可以是支付宝头条小程序，再到了后来，携程老板在抖音上直播带货。

绕了一大圈就是为了把酒店房间卖出去，于是把 App 拆散了，把实质提取出来，在各个平台上开卖，这才是携程的实质目的！

同理，App Clips 也是如此，既然，开发者也把自己的 Clips 都准备好了，苹果还客气什么，直接把实质对接到 Clips 上，然后由环境触发。

App Clips 就是为了同时适应用户端的变化和开发者端的变化而走的一步妙棋：苹果直接从碎片化的场景下手，因为苹果是硬件厂商，拥有最新的接触权，用户使用成本最低，从碎片化的场景触发和颗粒度更小的流量分发入手，迎合了开发者们拆开 App 卖实质的需求，重新掌握流量的分发地位。借此，苹果重新夺回自己生态地位，流量分发的主导权，让其他开发者需要自己。

这是人工智能物联网（AIot）的大势所趋，是移动互联到万物互联演进的必经之路，环境如此，用户如此，形势如此，苹果只是顺势而为。

App Clips 不是在存量市场上对 App Store 的补充和升级，是另外一个正在成长的增量市场，是一场商业革命。

二、App Clips 的商业模式转变：从流量中心到赋能中心

App Clips 的价值不仅是一个运营的小技巧和小手段，而是战略级的。回答 App Clips 如何帮助苹果完成商业模式的转变，需要先回答一个关键问题：赋能模式和流量分发模式的区别。

App Store 代表的是流量分发模式，更早期成功的商业模式也是这个套路，比如百度、谷歌等都是流量分发的模式，也就是所谓"搜完就走""用完就走"。

但是，时代变了，用户走之后，居然忘了回来了，他们进入到另外一种更加"吃"时间的生态之中，随着时间的推移，流量分发的中心地位被严重地削弱了，流量分发商业模式不成功，看看百度的股票就知道了（后来的回升是因为做汽车）。

那用户去哪里了呢？

他们去了一个进去之后就离不开的生态之中，比如阿里的淘宝是一种赋能模式，抖音和头条是一种赋能模式，它们的核心能力之一就是把各种技术和能力赋予开发者、卖家、用户，让他们乐此不疲地游玩其中，乐不思蜀，不知不觉就到了睡觉时间。

赋能模式的最大特点就是使之不能。

淘宝在自己的生态中为卖家提供了大量的服务，包括数据统计等功能，使卖家不能自己做统计和引流，更加依赖淘宝生态。对于用户而言，淘宝提供了各种方便，使之不能离开淘宝。

赋能模式有两个维度，一个维度是残化，也可以说是专业化，让自己的卖家专业化，把基础的能力由自己提供给卖家，

让卖家永远依赖于阿里的生态。

另外一个维度是回流，而不是分流。在 App Store 的模式中，苹果的 App Store 是流量的中心节点，是为其他 App 分发流量的中心，最后用户都进入到阿里、微信和抖音的开发者生态中了，不回来了。而在 App Clips 的模式中，用户每次使用卖家（开发者）的服务，都是回到苹果的 App Clips 框架中，回到苹果所提供的 NFC 标签、Apple Pay 的使用上，实际上变成了卖家在给苹果引流，用户每扫一次共享单车，每购买一次星巴克咖啡都在给苹果这个中心节点引流。

苹果就是通过提供一些基础的能力弱化了开发者能力，让开发者提供的产品和产品体验都离不开自己的直接支持，从而完成了赋能。

应该说，赋能模式是流量分发模式的高级版，是更为先进的商业模式。

三、App Clips 与苹果的新战略

关于苹果未来战略的变化，在"苹果企图重新定义硬件厂商"中有详细的介绍。建议先去阅读那部分，对于理解本节内容会有帮助。在了解过"苹果企图重新定义硬件厂商"方面内容后，我们继续本章内容。

App Clips 所影响的商业模式在上节已经说明，那么，App Clips 是如何支持苹果的新战略，即：如何经营用户的时间，而非空间呢？

App Clips 的野心在于点化万物。App Clips 并不是一个新鲜玩意儿，有人甚至认为这是苹果抄袭微信的小程序。

从这个角度，App Clips 和微信小程序都是企图给世界安装一个操作系统。传统的操作系统，比如 Windows，连接人和计算（Computation）；而新的操作系统，连接人和世界，操控的不是计算力，而是服务，是万物互联之后的秩序。

App Clips 就是人和世界交互的界面，比如一个上下班场景：

用户上班了，到公司楼下，用 App Clips 直接扫一杯咖啡和一份早餐，带到办公室；

下班时间到了，到楼下直接扫开一辆共享单车（NFC 可以自动触发，用户都不用打开手机屏幕，因为场景非常确切，就是此人要使用这辆单车）；

骑到地铁站，直接用手机刷开地铁闸机，获得一次交通运输服务；

下地铁出站，直接用手机刷开一辆分时共享汽车，到郊区周边兜风一圈；

游玩结束回家，直接用手机刷开单元门，再扫开家门……

这就是 App Clips 点化万物。如果说过去的操作系统 Windows 操控的是计算，那么 App Clips 操控的则是万物互联背后的服务，打开的不仅是计算，更是打开了整个世界，从衣食住行到吃喝玩乐，一切服务尽在操控之中。

App Clips 作为一个具有交互能力的程序，综合了硬件 NFC 的交互能力和二维码扫描能力。特别是 NFC 能力，延伸了苹果对场景的覆盖，包括：移动场景、出行场景、零售场景、家居场景等。

App Clips 给开发者带来一种新的能力：点化万物的能力。

开发者有什么样的创意、什么样的资源，开发出什么样的应用，既在点化万物，也在帮助苹果扩展自己的外延，延伸自己对各个场景的覆盖。

结合我们在苹果企图重新定义硬件公司那部分所言，苹果的新策略就是全场景的覆盖，而 App Clips 就是帮助苹果实现这一点的利器。

为什么说微信小程序的点化万物就是隔靴搔痒，而苹果的 App Clips 有可能是水到渠成？原因在于硬件设备的支持，对于点化万物这个理念，小程序能接通原子世界的方式只有二维码，而 App Clips 则还有 NFC，无论是在用户体验上，还是在安全性等各方面都提升了一个等级。

App Clips 是苹果 iOS 生态战略的重要组成部分。

一方面，App Clips 完善苹果场景覆盖。我们知道苹果的每条产品线都重点覆盖着某一场景，iPhone 是移动场景，Mac 是办公场景，iPad 是居家场景，iWatch 是健康场景，那么 Clips 覆盖的是一个新分类——碎片化场景。

碎片化场景包括，商超场景、线下便利店场景、就餐场景，这些场景不是一个持续的场景，不是固定的场景，而是碎片化、临时的场景，很难用专用设备覆盖，最接近的就是移动场景，但移动场景缺乏触点，所以 Clips 就应运而生。

另外一方面，App Clips 增强苹果生态的统治能力。Clips 为开发者和应用提供了非凡的用户体验能力，但是这有个前提就是你得结合 iPhone 的功能才能获得，比如在认证和登录环节，你需要借助苹果的 Face ID 认证功能、苹果的统一账户能力，在支付环节你需要使用 Apple Pay 才能使整个体验顺畅完美。

其结果是生态中的开发者更加依赖苹果，依赖苹果所提供的深度参与用户体验定义的能力，虽然这是个多赢的局面，但苹果却赢了两次。

Clips 虽小，但承载着苹果战略的万钧之重。

第十四章

摸着苹果过河

> **本章概要**：苹果作为多次实现非连续性跨越的科技巨头，成功地融合了技术创新和商业发展，成为这个不确定性时代的某种确定性，在某种程度上苹果具有自变量的属性。如何"摸"着苹果过河，走进我们自己未来？本章提供两个观点：一个是宏观视角，硬件公司的竞争逻辑；一个是微观视角，通过 Face ID 来了解苹果技术布局，进而体会苹果对未来的思考。

苹果作为移动互联网的开拓者，在过去的十几年里，独领风骚，不仅赢了口碑，还赢了利润。在风云涌动的新形势下，苹果作为科技公司，是否依然葆有强劲的创新能力呢？本章将试图分两部分来回答这个问题，分别是宏观视角和微观视角。第一个是从硬件公司的竞争逻辑，另一个是从一个细微的 Face ID 技术路线来体会苹果对未来的布局。

第一节　苹果企图重新定义硬件厂商

ASA 依附于 App Store 的流量，而 App Store 又依附于 iPhone 的销量，而今智能手机早已进入到存量市场，各个厂商在高中低各个市场早就捉对厮杀，目前硬件格局已经是中、美、韩天下三分，特别是以小米、华为为代表的中国制造新势力，在北美之外的市场开始"攻城略地",大有取代三星和苹果之势。作为 iOS 生态的玩家们,我们不得不问一句,苹果的地位还稳吗?

事实上,苹果已经不再满足过去的游戏规则,已经默默地开创了新的硬件游戏规则,乃至新的互联网游戏规则,具体而言,苹果把硬件的战场从空间引入到时间。硬件的扩张从空间领域的争夺,进入到时空领域的厮杀。这将是未来新一代硬件公司的底层逻辑。

一、过去硬件厂商的运营逻辑

在过去的上个十年中,硬件厂商的经营逻辑可以简化为两个字"扩张",在广度、宽度、深度三个维度分别扩张,三个垂直的维度构成三维空间,其体积大小就是这家公司的实力。换句话说,硬件公司经营的好坏,放到这个模型一看就知道了,直观而简洁。甚至硬件公司的市值跟这三个维度的乘积也有很大的关联性。

硬件公司在过去的十年中,有意或无意地在这三个维度分别开疆拓土。营销和渠道部门负责广度,产品和设计部门负责宽度,研发和战略部门负责深度。

1. 广度

所谓广度,简单说就是硬件的出货量,特别是主导产品的出货量。

一个硬件厂商的一年出货量是亿级的,还是千万级的,抑或是百万级的,这量级就代表了厂商的地位。即便是亿级出货量也分为:"三亿"俱乐部,"两亿"俱乐部和"一亿"俱乐部。

所谓"三亿"俱乐部成员，就是其主打产品线，年出货量达到三亿部。目前，"三亿"俱乐部的准会员只有一个：三星。2019 年三星集团智能手机的出货量在 2.95 亿部，占据全球智能手机 21% 的市场份额。

"两亿"俱乐部的会员曾经有两个，苹果和华为。其中，在 2019 年苹果 iPhone 出货量是 1.93 亿部，大概占 14% 的市场份额；在 2019 年华为手机的出货量是 2.45 亿部，占 17% 的市场份额。

"一亿"俱乐部的成员有三个，都是来自中国的公司，分别是小米（1.2 亿部）、OPPO（1.02 亿部）、vivo（1.01 亿部）。以上内容参考 2018 年和 2019 年的数据，如图 14-1 所示。

其他的都是"千万"俱乐部的成员：联想（摩托罗拉）、一加、LG。顺便提一句，曾经沸沸扬扬的锤子手机，其最好成绩是进入"百万"俱乐部。

全球年度智能手机出货量（百万部）

排名	品牌	2019 出货量	2019 占比	2018 出货量	2018 占比	年增长
1	三星	295	21%	290	21%	1.7%
2	华为	241	17%	206	15%	16.7%
3	苹果	193	14%	205	15%	-5.7%
4	小米	124	9%	119	8%	4.5%
5	OPPO	104	8%	109	8%	-3.9%
6	vivo	102	7%	104	7%	-1.7%
7	Motorola	37	3%	39	3%	-6.6%
8	LG	34	2%	44	3%	-23.3%
9	Realme	27	2%	7	0%	312.0%
10	Tecno	16	1%	15	1%	9.5%
	Others	206	15%	272	19%	-24.5%
	累计	1,379	100%	1,410	100%	-2.2%

© 2019 Informa Tech LLC.

图 14-1 2019 年、2018 年全球智能手机出货量对比

回到苹果手机,在网上查到的另一份报告里,苹果近两亿部的出货量,分布在以下几个主要市场。

(1)北美:约6000万部,将近占其32%的市场份额;

(2)中国:约6000万部,将近占其32%的市场份额;

(3)欧洲:约3500万部,将近占其16%的市场份额;

(4)日本:约600万部,近占其3%的市场份额;

(5)其他地区:合计超过3500万部,约占其17%的市场份额。

苹果在各个国家的渗透率非常不均衡,其市场占有率跟相关地区GDP成正相关,在北美、西欧及日本,其市场占有率达到50%左右。在南欧和一些工业化制造国家,苹果手机的渗透率在10%~30%;而在新兴市场,苹果手机的渗透率通常不到5%,比如,在智能手机增长最快的"双印"市场(印度和印尼),苹果手机的份额不到2%。

以上是苹果手机在广度上的情况。

没有数量就没有质量。在对用户覆盖广度上,目前主要就是三个俱乐部里的六位成员。他们之间,在不同国家和地区的市场里捉对厮杀,在高、中、低端市场里互有攻守。目前,主要市场的竞争如下。

(1)北美:北美市场,是苹果和三星的天下,暂时没有中国厂家;

(2)欧洲:没有本土的主流硬件厂商,是一个最具变化的市场,曾经是三星和苹果的天下,因为国际贸易秩序的动荡,造成华为在退出,小米手机占比在上升,有三分天下的趋势;

（3）双印：增长最快的市场。小米打败三星，连续胜出，中国企业占有优势的市场；

（4）中国大陆：中国大陆市场一方面是全球最大的市场，另一方面也承受了最焦灼的较量，三星退场，苹果坚挺着保持了一个不大不小的高端市场份额，出货量维持在 10% 以上，而华为、小米等在争夺其他市场份额，是此消彼长的存量竞争。

2. 宽度

硬件公司的宽度指标是产品线覆盖的场景。以苹果为例，最核心的产品线是 iPhone，其覆盖的是移动场景，与之并行的还有对其他场景覆盖的产品线。

居家场景：HomePod、iTV；

办公场景：iMac、iPad Pro，特别是 iPad Pro 系列是新晋的办公成员；

移动场景：iPhone、Apple Glass（未来）；

出行场景：iCar 等；

其他：iWatch。

其他厂商也有类似的覆盖，比如中国的小米，则有更加全面的产品线覆盖：

居家场景：有 TV 系列、投影系列、路由器、智能家居、小爱同学；

办公场景：笔记本电脑、平板电脑；

运动场景：手环、手表；

移动场景：手机；

出行场景：小米的车用解决方案；

华为与小米、苹果、三星类似，几乎是全线服务，全场景覆盖。华为、小米、三星和苹果，在宽度上，位列第一梯队。

第二梯队是联想（摩托罗拉）、LG 等硬件厂商。

联想的重点是办公场景（电脑、笔记本）和移动场景（智能手机），LG 的重点是移动场景（智能手机），办公场景（笔记本）和家庭场景（电视）。

第三梯队的是 OPPO、vivo，以移动智能手机为主，部分涉及智能硬件产品，如智能手表、手环、耳机等。第三梯队还处于单点突破之后，向宽度领域发力的阶段。如果时机和空间允许，他们会向其他领域扩展，一是电视领域，二是弯道超车的可穿戴设备。

以上都是基于 2019 年的数据，事实上，包括硬件厂商在内的市场环境都处于变化之中，还有很多的外围玩家虎视眈眈想杀进来，其中有：

（1）微软的 Hololens；

（2）Facebook 的 VR；

（3）谷歌的 Google Glass；

（4）亚马逊的 Alex；

（5）阿里的天猫精灵；

（6）百度的小度等。

为什么说京东叮咚、天猫精灵、百度小度在硬件方面难有作为呢？这是因为，其他硬件厂商早已经超越了单品的竞争，进化到生态的布局和标准的制定层面，未来硬件强调的是协同效应，考量的是产品线的宽度和协同关系，而不是单品能力和出货量。没有宽度的硬件厂商没有未来。

3. 深度

所谓深度就是硬件厂商的技术储备和技术护城河。在硬件深度的赛场中，"军备竞赛"主要在三个方面，从上到下分别是：操作系统、硬件设计、核心组件。

（1）操作系统：除了苹果用自己的操作系统，其他玩家都是基于谷歌公司的 Android 生态上做的二次开发，不能算自己掌握；华为计划推出自己的鸿蒙操作系统，但不是主要针对智能手机，而是针对未来万物互联网的新一代操作系统，未来可期。

（2）硬件设计：硬件设计方案、供应链的控制能力也是这个领域的积累。

（3）核心组件：硬件的组件是高度社会化分工的产物，但硬件厂商依然掌握了很多核心技术，比如，苹果和华为在芯片方面的突破；三星在存储方面的积累；而像后进的玩家也在寻找边缘突破，比如小米在充电环节的突破。

苹果在三个维度上是最具核心竞争力的玩家，是唯一覆盖了三个级别的玩家，特别是这次在电脑上完成自己的 M1 芯片部署之后，实力更上一层楼。华为和三星是准二级玩家，都具备了硬件设计和核心组件的能力，目前华为正在雄心勃勃地进军操作系统开发领域，一旦完成操作系统的升级，也将迈入新行列。

一级玩家的小米最有意愿进入二级玩家的行业，目前，小米不仅在充电等环节已经逐步建立自己独特优势，而且早早地就在布局芯片产业。

过去的硬件公司就是在这三个维度上，捉对厮杀，争夺自己的生存空间和势力范围。这是2020年之前的硬件逻辑。

然而，时代变了。

二、时代变了

三维空间的争夺战已经厮杀多年，我们都司空见惯。进入新千年的第三个十年，这套游戏规则也在悄然发生变化，因为时代变了。

硬件厂商所面临的变化，主要体现在三方面：硬件环境的变化、互联网生态环境的变化和用户的变化。

1. 硬件环境

进入后移动互联网时代，用户使用的硬件环境，从过去的一个设备（智能手机）为主的硬件环境，变成了"芯片无处不在，屏幕无处不在"的"多屏""跨屏"环境；用户的网络环境，从以人为中心的互联网和移动互联网，进入万物互联的物联网时代，而网络速度从M（兆）时代，进入G时代，通讯速度出现数量级的提升。整个硬件和网络环境有一个巨大的改变。

2. 互联网生态环境

随着对用户时间的争夺，各个上层的应用产品都在企图满足用户全方位的需求，比如，微信和Facebook的社交产品呈现操作系统化的趋势，它们不仅在社交端抢夺用户，而且在信息端根据用户的阅读，陆续推出了电商产品、支付服务，甚至还有颠覆生态的小程序。它们不再是一个社交产品,而是一个 All in One 的操作系统+生活的产品。而娱乐产品,诸如抖音、快手,也在进行基础设施化,从娱乐新闻入手,再到直播、电商、支付,构建起一套自己新的生态系统。一句话,苹果的生态玩家们在悄悄地自发变革。

3. 用户

随着信息时代的深入,互联网深刻地改变人的行为和文化,人与信息的关系越来越被动,用户越来越不会搜索,越来越依赖信息推送;人的记忆力越来越短,越来越被动,越来越需要被推荐,等着信息喂养。以苹果的用户为例,用户对应用的探索不再依赖 App Store,也不再回到流量分发的顶端,而是浸润在微信、抖音里等待信息推送。

数字化不断深入的一个结果是:所有商业领域都像连通地下水的水井一样,表面上相互独立,各不相干,但在底层被连通着,通过一口井隔着几公里也能把另外一口井抽干,在商业领域这个连通的地下水就是用户时间。生产力被极大释放之后,生产环节不再稀缺,整个"生产—消费"循环的瓶颈变成了用户的时间和消费能力。所有商业游戏的实质都变成了抢夺用户的时间。

新的游戏规则变为:抢夺用户的时间,抢夺用户的注意力,抢占用户的信任,抢占用户心智。杀死你的不再是同行,可能是一个新物种,杀死 FM 调频广播的不是另外一个频道,而是滴滴软件;消灭小偷的不是摄像头,而是支付宝。

那么,问题来了,硬件公司不做内容,如何抢夺用户时间?

三、苹果的新逻辑

苹果早早就在布局 5G 市场以及即将到来的万物互联格局了，并在各个方面埋下伏笔：从芯片的自主研发到 Mac 上换 ARM 芯片；从用户隐私保护到 IDFA 事件，再到 Sign in with Apple（统一账号安全登录）；从 Face ID 刘海屏的坚持到 LiDAR 激光雷达的试水，都是在为未来做铺垫。

苹果从里到外、自上而下的一套令人眼花缭乱的操作有一个内在的逻辑：把过去的空间扩张战役，变成了时间侵略游戏。

但问题的关键在于：一家硬件厂商，又不生产内容，如何抢夺用户时间呢？

这个策略转变的关键在于 11 个字：深度参与用户体验的定义。换句话说，苹果不甘心藏在后边，做一个冷冰冰的硬件平台，而是要冲到前端，做一个有用户感知的赋能中心，这才是新的逻辑。

为了实现"深度参与用户体验的定义"，为了完成赋能中心的定位转变，苹果开始了从内到外、从上到下，从软到硬的调整。具体来说有三部分：第一是打造提升用户体验的新框架；第二是整合服务，All in One，亲自下场整合内容做服务；第三是不断完善全场景覆盖模式。

1. 新一代用户体验的新框架

苹果之所以有能力参与用户体验的深度定义，是因为通过软硬兼施、攻防兼备的全套策略，为上层的开发者和应用提供了一个新框架，包括三部分：

（1）跨应用的统一认证框架。

（2）跨屏幕、跨设备的交互支持框架。

（3）核心环节的体验优化。

这个新框架就是把苹果的硬能力转变为用户体验升级的软实力。

首先是深度参与登录认证、支付等功能，抓住所有体验的一头一尾。认证和支付是所有应用绕不开的、最核心的两个环节。Sign in with Apple，乍一看跟微信、微博、QQ登录没啥区别，而且还有一些弱势，毕竟Apple ID的通用性和普适性不及微信。但如果将Sign in with Apple跟Face ID结合在一起，情况就有变化了：用户刷脸即可登录，App的登录成本几乎为零，不仅不需要输入密码，而且连屏幕都不用触摸，就此一点在体验上Facebook、微信和微博就被拉开很大差距。

如果我们回到一个多屏的场景中，你拿着手机通过微信跟朋友聊天，一进家门，你就可以把微信上的交流切换到家里的电视屏幕上、电脑上、智能音箱上，而且这个切换是无须操作、自然而然的。

同样，在汽车出行场景也是如此，你拿着手机进入汽车，整个iPhone的功能，微信社交、喜马拉雅、导航、外卖全被汽车里的iCar设备无缝接管，你连手指头都不用动一下。以微信交互为例，在整个过程中，你的社交注意力不需要中断，哪怕是换了屏幕，换了设备。

如果苹果的智能手机把体验做到这种程度，请问用户还会再买其他品牌的硬件设备吗？

如果你们家开始用了iPhone，可能不仅不能换手机，而且还得把其他硬件全部换成苹果的。

如果这还不够有说服力的话，再加上一个 App Clips+Apple Pay+ NFC 试试。

你到星巴克喝杯咖啡，手机上的 NFC 芯片自动识别出星巴克，唤醒 App Clips 到屏幕上，然后点完咖啡，Apple Pay 直接完成支付，整个过程没有一个复杂操作，而且还安全，Face ID 的安全性比 Touch ID 等高出好几个数量级。

刷脸零成本登录 + 跨屏无缝场景切换 + 无密码安全支付，这是什么体验水平，这是一套颠覆现有商业体验的框架。

如果你再想想未来，我们一个人、一个身份、一个 ID 在多个场景、多个屏幕中自由切换，那么这套基础设施生成的用户体验是无与伦比的。

苹果就是这样完成了"深度参与用户体验的定义"这一历史使命，完成了从空间厮杀到时间争夺的升维竞争；不显山不露水地升级自己的竞争力，这是高维竞争。

同理，我们就容易理解苹果在 2020 年 11 月 11 日发布装配 ARM 芯片的电脑的重大意义了。这意味着，你在 iPhone 上开发的 App，可以几乎零成本的代价移植到苹果的各个平台：电脑、手机、平板、电视、手表等。这一方面降低了开发者的成本，另外一方面，让以下场景成为可能：回到家之后，用户在微信中的状态可以无缝切换到电脑上、电视上、HomePod 及其他苹果设备上。

而这个能力，只有同时掌握了底层硬件、操作系统、面部识别系统、统一安全账号才能实现。

2. 拥抱服务

苹果自 2016 年兵败广告赛道之后，痛定思痛，开始全面转型做服务，并在 2020 年整合旗下各种服务和内容正式推出 Apple One，如图 14-2 所示，就是我们戏称的"苹果全家桶"。

作为未来的重要战略，苹果的服务跟其他厂商的服务有所不同，一方面是苹果绑定在硬件生态中的服务，跟苹果的硬件关联度很大；另外一方面苹果有所为有所不为，苹果容纳的服务考虑三个因素，一是自己擅长的，二是欣欣向荣的，三是跟自己气质相符的。

图 14-2 Apple One 的服务构成

在移动互联网红利的尾期，苹果推出会员制的 Apple One 是非常合时宜的。一方面，这是苹果在人口红利消失或用户增长达到天花板之后的正常策略，也是存量时代的常用商业模式。

这个举动也代表着，互联网早期的野蛮生长结束了，开始了存量市场的厮杀，那么会员制就是必杀器。在电商领域，京东的Plus、亚马逊的Prime、淘宝的88VIP也都是这个路子。而对于苹果来说也是如此，在硬件产品的增长已经达到一定阈值的情况下，其同样也需要进一步地提高用户的黏性。

另外一方面可以"先富带动后富"，苹果旗下的增值服务业务，历史悠久的Apple Music与iCloud无疑是发展状况最好的。其中，Apple Music到2019年年中就已经获得超过6000万用户，而iCloud则早已成为苹果用户不可或缺的服务，相比之下，新生的Apple TV+、Apple News+，以及Apple Arcade则显得较为稚嫩。捆绑销售显然也是典型的双赢策略，通过捆绑服务包来推动自家内容产品的订阅，特别是例如Apple Music捆绑Apple TV+，是助力新业务发展的良好方式。同时，Apple One也是挤压Spotify、Disney+、Netflix、Google Play Pass等竞争对手的一个武器。毕竟对于用户来说，Apple One最大的优势就是效费比的提升，也就是少花钱多办事，在同样的价格下，享受更多的服务显然会是个更好的选择。

除了提供新的基础设施助力开发者提升用户体验之外，苹果亲自下场做内容服务，从而占据更多的用户时间，这是苹果服务战略的一个底层逻辑。

3. 苹果的全场景策略

时间就是场景，占领用户更多的时间，就是要覆盖更多的用户场景。苹果硬件运营的另外一个关键策略就是全场景覆盖。

一般而言，核心场景有三个，分别是居家场景、办公场景和移动场景。非核心的其他细分场景有：健康场景，这是 iWatch 和小米手环覆盖的场景；出行场景，这是 iCar、AirPods Pro、iCarKey 要覆盖的；还有会议场景，这是办公场景中一个细分场景。这便是苹果新发布的 iPad Pro 要覆盖的，所以苹果在广告中说"你的下一台电脑，何必是电脑"。

你的下一台电脑，何必是电脑。

这台 iPad Pro，不但快到让很多笔记本电脑都羡慕，还带来了 Pro 级摄像头和激光雷达扫描仪。你可以用手在屏幕上点点扫扫，用笔写写画画，用键盘打字，现在还能用触控板来开启新一波操作。

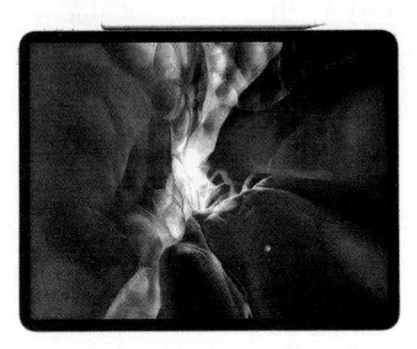

图 14-3 iPad Pro 的广告

目前，苹果硬件产品对场景覆盖的情况如下：

（1）移动端最好，iPhone 的市场渗透率最好，在全球累计卖出 15 亿部以上的手机，现在的存量用户 10 亿上下。

（2）办公次之，Mac 的市场占有率在 7% 左右；

（3）家居再次；

（4）出行领域暂时没有涉及。

尽管苹果手机在全球的出货量占 14% 左右，每年约两亿部，苹果 iPhone 的用户却将近 10 亿人，约占全球智能手机用户的三分之一，其产品生命周期远长于其他厂商。在高端市场，苹果具有领先地位，因此苹果的全场景覆盖策略的支点就是 iPhone，以 iPhone 为支点带动其他设备的覆盖，在攻防两端建立自己的壁垒。

首先，以 iPhone 为先锋的进攻端，一方面高举高打，在高端市场无论是利润还是市场占有率上都占据制高点，另外一方面，推出 SE 系列，向中端市场特别是一些新兴发展中国家渗透，以扩大自己产品适用范围，获取更大的 iPhone 销售份额；比如 2020 年 iPhone11 一降价，市场份额立马高攀，出货量猛增。这是苹果在智能手机领域的攻防策略。

其次，以 Face ID、Sign in with Apple 等构建起来的跨屏和跨设备能力，形成苹果硬件生态在用户端的体验门槛，使 iPhone 一旦卖给一个用户，就占住一个用户，一旦进入一个家庭，就占住一个家庭，并且把自己的"全家桶"，iPad、iWatch 等都带进来。不仅硬件如此，软件和服务也随着进驻家庭，又因为其非凡的用户体验，用户切换产品的门槛非常高，给竞争对手制造非常高的超越门槛。

以 2020 年度发布的新 iPad Pro 为例，理解为什么苹果要在 iPad Pro 上增加 Face ID。其实，就是为了建立 iPhone 跟 iPad Pro

之间的跨屏体验，刷脸即可切换屏幕，切换设备，但应用没有中断，体验没有中断，用户的注意力一直保持连贯，这个体验的门槛就是苹果时间战略的重要体现。

而这次 Apple Silicon 在苹果电脑上的发布，使得苹果所有的硬件都统一在 ARM 体系之下，这样 iPhone 上的应用就可以零成本发布到 iPad、iMac 等其他苹果硬件设备上，实现了苹果系统从硬件到操作系统到应用之间的无缝互通，从而保障了用户使用场景在设备之间的无缝切换，使用户进入真正的跨屏时代，并且强化苹果的全场景覆盖策略。

再如 iCarKey 产品线，是苹果在 Titan 项目受阻的情况下，退而求其次，从边缘入手，切入市场，企图覆盖出行场景。

HomePod、iPad 和传闻中的 iTV 是苹果布局智能家居的产品线，目前表现一般。

整体上看苹果全场景策略，可谓步步为营，稳扎稳打，积优势为胜势，积小胜为大胜，逐步覆盖全球。

我们有理由相信，曾经赢得了上个时代的苹果，不仅保持着强大的优势惯性，还保有着强大的创新能力，很好地平衡科技创新和商业变现之间的关系，在可见的未来，苹果作为移动互联网基础设施提供商的地位不仅不会被撼动，而且还可能变得更加有竞争力。

第二节 从 Face ID 看苹果的硬件布局

从一个有趣的现象说起，苹果的"刘海"屏自 2018 年 iPhoneX 问世以来饱受诟病，无论怎么争辩，都难改用户体验上的不爽。

按道理，这不符合苹果的艺术气质，还记得 iAd 的失败吗，在对艺术和美学的追求上，苹果不仅对自己苛刻，对自己硬件产品、元器件、软件系统、内容苛刻，还对合作伙伴苛刻，比如，苹果对运行在自己系统上的广告素材提出了超高的美学要求，自己珍爱美学，也不允许别人亵渎美学。最后的结果是 iAd 关门了。

在出货量最大的 iPhone 旗舰机上，苹果为何要冒天下之大不韪，冒违背自己美学风格和艺术气质的风险而坚持用"刘海"屏，而且坚决不改呢？

Face ID 到底是何方神圣，又是什么样的技术？

一、Face ID 的工作原理

Face ID 其实就是一种刷脸识别技术，苹果公司在 iPhone X（及之后的旗舰机）上搭载了 Face ID 以取代 Touch ID 作为主要的手机解锁方式。除了手机解锁，刷脸识别在支付、购物等 App 里面也是被广泛应用。

虽然都是刷脸识别，苹果的 Face ID 和安卓手机的刷脸识别还是不一样。苹果的 Face ID 使用了 3D 立体影像感测技术（True Depth 相机），主要是通过一系列复杂的结构光系统，生成人脸的 3D 图像，通过与人脸的对比从而实现解锁、支付等功能；图 14-4 就是 iPhone X "刘海"屏的元器件布局，在加宽的"齐刘海"处多出来不少的电子元器件。其中最重要的元器件就是与 Face ID 相关的距离感应器、泛光感应元件、点阵投影器和红外镜头。

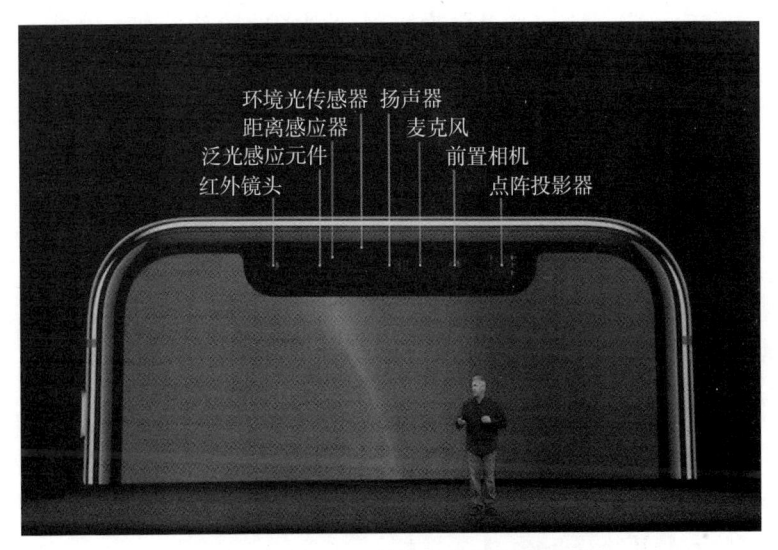

图 14-4　iPhone X "刘海"屏的元器件构成

距离感应器：这个技术很早之前就被广泛地应用到智能手机上了。一般是安装在扩音器（Speaker）旁边，当使用者将手机靠近耳朵时，感测器侦测到耳朵接近就知道使用者正要讲电话，会自动关闭屏幕节省电力消耗。Face ID 涉及的元器件比较多，随时启动这么多元器件，会大大地影响手机的续航；距离感应器、泛光感应元件和红外镜头则会相互配合，帮助手机判断人脸是否要刷脸解锁手机，以降低电量消耗。

泛光感应元件：使用低功率的垂直共振腔面射型激光，发射"非结构"的红外光投射在物体表面。它的作用是与红外镜头合作，判断接近手机的是人脸还是其他部位。

点阵投影器：使用高功率的垂直共振腔面射型激光发射红外光激光，经由晶圆级光学、绕射光学元件等结构，产生大约 3 万个"结构光点"投射到使用者的脸部，利用这些光点所形成的阵列反射回红外光镜头，计算出脸部不同位置的距离（深度）。它的作用是投射矩阵光点，形成精确的人脸 3D 信息。

红外镜头：接受面部反射回的红外光，形成相应的人脸信息。在整个 Face ID 的工作过程中，红外镜头会形成两次 3D 人脸图像合成操作，一次是通过和泛光感应元件合作，形成初步 3D 人脸图像，使手机确认手机前面的是人脸而不是其他部位；第二次是跟点阵投射器合作，接收反射回的矩阵光，形成更为精确的毫米级别的人脸图像，从而完成人脸识别和刷脸解锁等操作。

Face ID 的工作过程如图 14-5 所示，各个元器件相互合作，向人脸投射 3 万个光点的矩阵光，从而形成精确的 3D 人脸信息，将相应的信息传递给 AI 芯片，通过一系列复杂的运算和对比，最终完成刷脸识别认证。

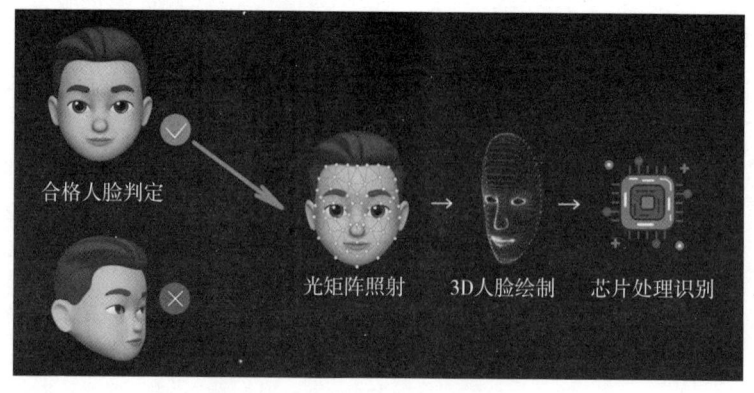

图 14-5　Face ID 的工作过程

为了实现更安全的刷脸识别，苹果采用了更加复杂的 3D 光学识别技术，并为此收购了一家 3D 光学识别公司 PrimeSense。考虑刷脸识别需要避免环境光的干扰，手机需要在黑夜和阳光下都能完成刷脸识别，苹果公司采用了更长波段的 940 纳米的红外光。此外，苹果还配备了一款自己独立研发的 AI 智能芯片，并为其搭载了神经网络引擎，具备深度学习能力，可以对人脸的一些变化进行动态跟踪并实现自适应识别，从而可以让 Face ID 有更强的适应性。

与之相比，很多安卓手机也支持刷脸识别技术，但是绝大多数利用 2D 的识别技术，与苹果的 3D Face ID 还是有所不同的。2D 的识别技术，简单地说就是通过前置摄像头完成图像获取工作，没有苹果手机那么复杂结构的光系统，确切地说就是没有了红外镜头、泛光感应元件和点阵投影器。2D 人脸识别其工作原理是通过前置摄像头获得人脸照片后，人脸识别系统对图片中的人脸进行识别，通过设定数百或数千个点，并记录点与点之间的函数，来识别此人的面部信息。2D 人脸识别服务代表性供应商主要是旷视和商汤科技等。

2D 的刷脸识别解决方案，不需要布置复杂的结构元器件，其屏幕方案通常采取的是水滴屏或者挖孔屏，基本只有前置摄像头。与苹果 Face ID 获得的 3D 人脸图像相比，通过照片得到的 2D 人脸图像就不那么靠谱了，安全性也曾倍受质疑，所以大多数安卓手机在支持刷脸识别的同时，往往依然配备指纹识别功能。

二、Face ID 的安全性与可靠性

前面提到，对 2D 人脸识别技术的安全性存在质疑，那么 Face ID 到底有多安全？关于安全的第一个问题就是大家最为关心的误识别问题。

根据官方给出的数据，Face ID 的识别错误率如图 14-6 所示，比指纹识别还要低很多，指纹识别出错概率是五万分之一，而 Face ID 大概是百万分之一。

图 14-6　苹果官方提供的 Face ID 识别错误率

而且自 iPhoneX 开始，Face ID 的算法就跟苹果自主研发的 A 系列芯片绑定在一起，比如在 iPhoneX 中采用了 A11 处理芯片的机器学习技术，你每次面部识别解锁的过程，都是 iPhone X 学习的过程——它能感知到你相貌的变化，这就是为什么即便你化妆、戴眼镜、留胡须，Face ID 依然认得你。苹果为此开发了一个神经引擎（Neural Engine），可即时处理人

脸识别。为了直观地演示其安全性，苹果还请好莱坞特效面具公司制作了一组超高仿的硅胶面具，来训练神经网络，以保证 Face ID 的安全性。发布会上展示的高仿真硅胶面具，都无法破解 Face ID。

Face ID 最大的特点就在于它的人脸识别是 3D 人脸识别，这让 iPhone X 能够抵御所有的 2D 翻拍攻击。而且在用户闭着眼睛的时候无法完成解锁，也就是说不必担心别人趁你睡觉时解锁你的手机了。

根据苹果官方提供的识别错误率（百万分之一），那么 Face ID 的识别率就不是问题了。相反，我们应该关注的是用户隐私问题，即：苹果公司会不会借此机会收集用户的脸部数据呢？一旦用户都习惯了脸部识别，也十分信任脸部识别的话（目前看来脸部识别的安全系数最高），事实上这个已经发生了：iPhoneX 的 Face ID 每天被上亿的用户使用着。

如果这时候发生大规模的脸部数据泄露或者被盗用，损失就真的不可估量了。

针对这一系列敏感问题，苹果是有备而来的。首先，苹果公司负责软件部门高级副总裁 Craig Federighi 在接受相关科技媒体采访时表示：苹果公司将发布一份"白皮书"，对有关面部识别的技术安全问题进行详细报告。其中最重要的一个问题就是，苹果是否会通过面容 ID 功能来收集用户的面部信息，造成数据的滥用。对此，Federighi 表示：苹果不会收集用户的数据。在使用面容 ID 功能时，一切的信息数据都会保留在用户自己的设备之中，苹果不会把它们上传到云端进行更深度的信息识别训练。另外一位知情人士也透露，苹果的面容 ID 数据永远都不会离开设备，因为它们会被芯片中预置的"安全隔区"（Secure Enclave）所保护，如图 14-7 所示。

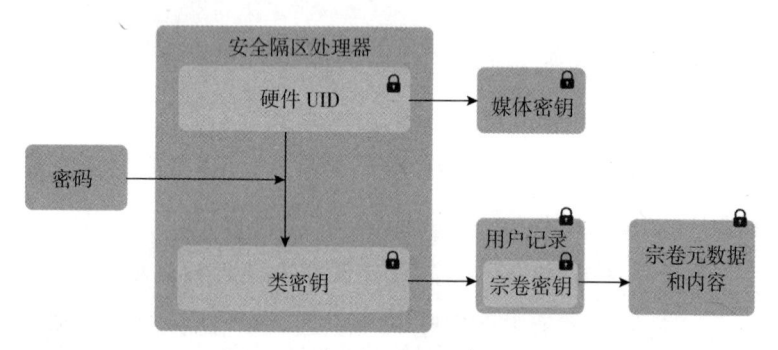

```
┌─────────────────────────────┐
│       安全隔区处理器         │
│    ┌──────────┐             │         ┌──────────┐
│    │ 硬件 UID │────────────→│────────→│ 媒体密钥 │
│    └──────────┘             │         └──────────┘
│         │                   │
┌──────┐  │                   │
│ 密码 │──┼──→                │
└──────┘  │                   │         ┌──────────┐   ┌──────────┐
│         ↓                   │         │ 用户记录 │──→│ 宗卷元数据│
│    ┌──────────┐             │────────→│ 宗卷密钥 │   │  和内容  │
│    │  类密钥  │─────────────│         └──────────┘   └──────────┘
│    └──────────┘             │
└─────────────────────────────┘
```

图 14-7　苹果安全隔区的技术示意图

为了进一步安抚用户，苹果也在第一时间做出了书面回应，称：

"多年以来，我们的团队都一直致力于开发出面部识别领域的领先技术，而保护用户的隐私也一直被我们当作第一准则。通过 TrueDepth 摄像系统和最新的 A11 仿生芯片，苹果的面容 ID 功能可以实现安全而直接的面部识别，对用户的面部数据进行精准的识别和匹配。面容 ID 数据永远不会离开用户的设备，它们会由'安全隔区'（Secure Enclave）进行加密和保护。目前，我们已经对来自不同的国家和地区、不同种族文化的用户进行了面容 ID 功能的测试。在对超过 10 亿张人像进行神经网络方面的深度学习之后，可以很好地防范各种欺诈行为。我们坚信，用户会爱上这项新功能；他们也会觉得在利用面部识别解锁 iPhone X 时，一切都变得更加便捷了。"

三、Face ID 的门槛

iPhone X 使用的面容 ID 技术利用了红外结构光的原理，准确识别人脸的深度信息，不论是黑暗中还是强光下都能够使用。但太阳光中也包含了大量的红外线，十分容易产生干扰。因此在 iPhone X 发售前，很多媒体猜测面容 ID 可能在强烈的阳光下难以正常运行。

等到 iPhone X 面世之后，人们发现即便是在太阳光下 Face ID 也应用自如，为什么呢？

原来，苹果在 TrueDepth 的点阵投影器中使用了 940 纳米波长的红外线。因为阳光中这个波长的红外线会被大气中的水分子吸收掉，如图 14-8 所示，而手机到脸的距离中这种吸收作用并不明显，所以即便在强烈的阳光下，Face ID 也能使用。

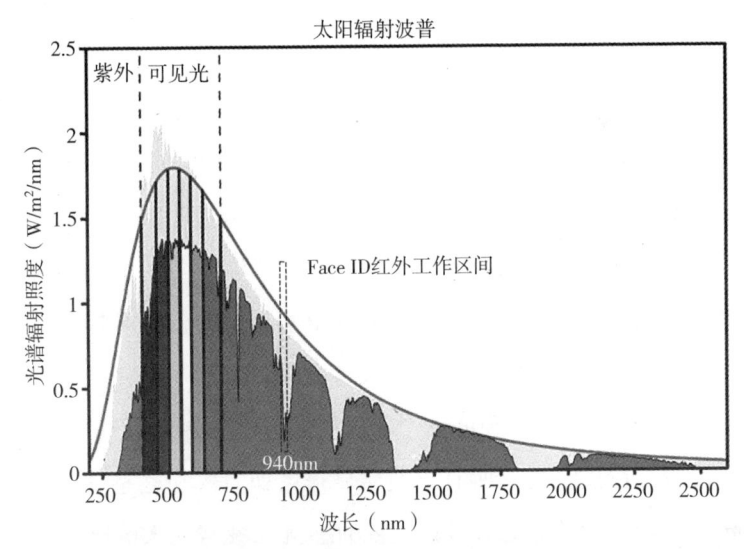

图 14-8 太阳光中能量分布图及 Face ID 工作波段

其他传统红外摄像头不能感应到 940 纳米红外线，所以业界一般用的是 850 纳米红外线，但这个波段很容易受到光照强度的影响。

苹果在相机和图像处理方面非常下功夫，使用了很多的黑科技，为包括 Face ID、身份识别在内的各种功能保驾护航，储备了很深的"护城河"。比如，苹果在 2017 年 7 月收购了一家名为 InVisage 的公司，这家公司有一项名为 QuantumFilm（量子薄膜）的技术，能够让红外摄像头感应到更大范围的波段。在这个黑科技 buff 的加持下，iPhone 具备了较高的科技门槛。

其核心技术 QuantumFilm，聚合了软件技术和材料科学，能够创造更小的成像，即使是在各种非最佳光源下，也能拍摄高清照片。正如 InVisage 自己描述的那样："QuantumFilm 是一种感光层，它可以依靠 InVisage 新发明的材料吸收光线。具体来说，新材料由量子点组成，纳米粒子一旦合成就可以分散形成网格。就像油漆一样，这种固体材料可分散涂在基材上，并可以烘干。"

我们知道：传统的图像传感器采用硅材料，其细致度和颗粒度是有极限的，采用 QuantumFilm 技术，不仅能够捕捉与硅材料相同的光线，还可以使传感器更加轻薄，仅仅是使用传统材料的十分之一，关键是其细致度，同样的光亮下，吸收等同量的光线，QuantumFilm 技术可以实现比硅质产品 10 倍的细度，而且在吸收光的所有方面，显得更加高效和完整。不仅如此，QuantumFilm 技术则有更多的感测区域与更大的电子储存空间。

因为，这种新材料是由量子点、纳米粒构成，一旦被合成，就能够从网状分散开来；就像画笔那样，固体颜料散开之后可以附着成基质并且可以干燥。

显然，针对 Face ID 苹果是有备而来。对于 Face ID 技术模块如此重视，从专利护城河、技术储备、舆论应对、市场公关等全方位的准备，实属罕见。Face ID 的背后又反映出苹果的什么策略？

四、Face ID 与苹果的未来战略

我们可以看到苹果在 Face ID 这一科技树上已经走得很远了，从技术选型到识别算法，从 3D 建模到智能芯片，应该说储备了非常高的技术壁垒。苹果意欲为何呢？

说到底，苹果的所有技术储备都是为了商业目的，也是在为 5G 和未来布局。在前文"苹果重新定义硬件公司"一节中，我们分析认为：未来硬件的战场不再是空间，而是时间。

苹果为此提供了一个框架，包括统一认证、跨屏能力来支持其赋能模式，就是要为用户的体验提供不可或缺的能力和支持。Face ID 就是其中重要的一个。

Face ID 是跨屏能力的核心能力，是支付流程的重要环节，保障其体验的流畅性、安全性、可靠性和竞争性是 Face ID 的使命。Face ID 通过 3D 建模，快速识别就是为了用户识别和跨屏的基础能力；Face ID 极低的误识率依靠的是芯片算法以及安全技术。Face ID 在 940 纳米这个鲜有人及的波段研发的技术，让安卓系统望尘莫及，为其商业上的成功提供了坚实的基础和强劲的竞争力。

另外，Face ID 所容纳的这套技术体系在 AR、摄影摄像、自动化等方面的也将帮助苹果保持领先。可以说 Face ID 是苹果拼全力孵化出来重要科技树节点。

透过 Face ID 这么小小的一个技术节点，我们看到苹果作为世界上最成功的科技公司，在技术和商业之间的完美平衡，在战略远见与战术实用之间的深度融合。

后 记
硬件公司的最终宿命是互联网公司

作为硬件厂商顶梁柱的苹果,最终的宿命会是互联网公司吗?信息时代里,日新月异不再是一个修饰词汇,而是陈述词汇。随着社会的快速发展,各种界限不断地被打破,一切皆有可能。

在资本市场,软件(互联网)企业跟硬件厂商的处境是冰火两重天。在全球范围内头部软件企业和互联网企业的市值大概集中在7000亿美元到2万亿美元之间(2020年12月13日),诸如微软、谷歌、亚马逊、Facebook、阿里巴巴,如图15-1所示。而硬件的头部企业则要差很多,市值超过千亿美元的公司大概有:台积电(5540亿美元),英伟达(3279亿美元),三星(2562.9亿美元),英特尔(2095亿美元),思科(1890亿美元),高通(1694亿美元),AMD(1166亿美元)。除台积电外,多数公司集中在1000亿美元到3000亿美元的区间。

继续翻看美股市值榜,市值超过千亿美元的硬件公司,有六家:英伟达,3279亿美元;三星,2562.9亿美元;英特尔,2095亿美元;思科,1890亿美元;高通,1694亿美元;AMD,1166亿美元。

其中,最瞩目的当属苹果公司,其以硬件厂商的身份,却霸榜互联网公司。我们不得不怀疑:苹果是一家伪装成硬件厂商的互联网公司。

本章作为后记，不再讨论 App Store，不再讨论 ASA 广告平台，而是以更大的视角，通过苹果这家横跨软硬世界的科技巨头，探讨几个事情：互联网的未来是什么样的，苹果硬件厂商的未来是什么样的？

代码	名称	总市值（美元）
1 AAPL	苹果	21742亿
2 MSFT	微软	16189亿
3 AMZN	亚马逊	15881亿
4 GOOG	谷歌C	11958亿
5 GOOGL	谷歌A	11912亿
6 FB	Facebook	7848亿
7 BABA	阿里巴巴	6902亿
8 TSLA	特斯拉	6003亿
9 TSM	台积电	5450亿
10 BRK.B	伯克希尔·哈撒韦B	5359亿

图 15-1 互联网公司的市值排名（2020 年 12 月 13 日）

一、什么是互联网模式

要回到"苹果的宿命是互联网公司"这个命题上，我们就要先弄明白什么是互联网模式。难道只有倒卖流量生意的才是互联网吗？

张栋曾于 2019 年发朋友圈说：关于流量的生意已经终结了。

但是，互联网并没有因为流量生意的终结而终结，相反，互联网却因流量生意的终结而渐入佳境，浩浩荡荡、波澜壮阔地开始了新的旅程。

什么是互联网？

2000 年之前，互联网是邮箱，是门户网站，是万维网，而那个时代的宠儿是雅虎、Hotmail、Foxmail 和网易邮箱。

很快，随着在线内容的充实与丰富，互联网就变成了搜索引擎和社交网络的天下，门户网站已经退居二线，以 Google、百度为代表的搜索引擎横扫全球，以 QQ 和 Facebook 为代表的社交网络独步天下，以阿里巴巴和亚马逊为代表的电商企业如日中天，这是 2010 年之前的互联网。

2010 年之后，崛起的互联网巨头是微信、抖音、美团、滴滴和小米，其业务是什么？移动生活、资讯、外卖、出行、生活服务等，互联网已经很难被简单地定义了。

试问：到了 2030 年，互联网的主流业务又会是什么？

显然，如果我们用搜索、社交、移动支付、电商、邮箱、流量等业务形态来定义互联网，是跟不上形势的，终究会被扫进历史的垃圾堆。

如果业务形态不能代表互联网，那么互联网到底是什么？

笔者理解的互联网是自从有了晶体管之后，人类社会日益分化为比特的世界和原子的世界，而互联网所创造是一种新型社会关系，是比特世界与原子世界之间的新关系。

我们看到的是，互联网从最初薄薄的比特层，网页、邮件、新闻资讯、论坛，发展成为厚厚的比特层，诸如云计算、人工智能，以及比特跟原子混合在一起的混合世界，诸如移动支付、共享单车、自动驾驶……

整个互联网化的过程可以看成是比特世界不断增厚的过程，在此过程中，比特不断向原子世界渗透，比特与原子不断融合，比特也不断统领原子。如果把世界分为比特层、混合层（即比特与原子的混合层，典型的有芯片、传感器等连接原子世界和比特世界的融合区域）、原子层。我们看到互联网是一个动态的过程，不是一个静态的业务形态，而是一个比特层越来越厚，混合层也越来越厚，并不断向原子层渗透的过程，这才是互联网。

没有规模化，绝对不是互联网模式。

互联网的特点是边际成本无限接近于零，这来源于比特的属性。在原子的世界里，绝无可能低成本规模化。如果条件合适，在比特层的复制成本接近于零。比特层在三个维度上进行扩张，一个是广度，就是互联网早期的数字化过程，这个时代的主角是微软、英特尔和戴尔，是Wintel的联盟组合让计算机进入千家万户，让世界具备了数字化的可能；一个是深度，就是比特层自己的整合，主角是云计算，是分布式计算，是人工智能，它们让比特层进行了初步整合，初具智慧；然后就是AIot，万物互联，这是比特层整装待发之后，向混合层的渗透，同时又是混合层向原子层的统领过程。人工智能统治和控制着传感器和芯片，而传感器和芯片嵌入设备，指挥着设备的一举一动，设备又深深地嵌入原子的世界里，借此，比特层通过这样的结构，一层一层依次统领。

我们看看小米家居的例子。智能家居的算法在云上，这是纯粹的比特层，而智能家居的算法通过wifi和网关协议跟各个智能设备通信，如加热器、冰箱、新风系统等，这些智能硬件在这里形成一个整体。对于智能家居的大脑算法而言，智能硬件都是智慧生活这个理念的延伸，在执行这个算法。

对互联网的正确理解不应该只是万维网，不应该只是App，而是比特世界对原子世界不断侵蚀、改造和控制的过程。

流量生意可能会终结，但互联网一直都在，只不过互联网在不断升级演化之中，而对应的互联网商业模式也一直在升级演化。

站在商业的角度，互联网业务可以简单地分为两层：流量层和变现层。流量层的核心是规模，而变现层的核心是效率，即商业变现效率。

任何一家互联网公司都需要两手抓，一个是低成本规模化用户的能力，一个是高效变现的能力。

腾讯的流量层主要体现在社交层面，而变现层主要是游戏层面，流量层为变现层提供源源不断的流量，变现层要跟用户的生活需求结合起来，实现流量变现。

谷歌，通过搜索这个天然的需求，在前端低成本获取了全球流量，在后端则建立了一套高效的广告投放系统和广告分发系统，把投放广告的门槛变为零，实现了流量的广告变现。

过去，流量层与变现层之间有两种模式：

第一种为流量层是比特，变现层也是比特。比较典型的是早期的雅虎、谷歌、腾讯、Facebook等。比如，腾讯的流量层在社交层面，是比特属性，而变现层在游戏层面，游戏是数字产品，也是比特属性。

第二种为流量层是比特，变现层却是原子。比如：亚马逊、京东的电商平台是比特属性，而变现是商品买卖，是线下的原子。

将来，则进化出第三种模式：流量层是混合层，变现层是多元的。比如，小米在智能家居的布局就是这样的：流量层是智能设备，包括智能手机，以及走进千家万户的智能家居的混合层；而变现层则变得多元化，既包括数字产品，诸如家庭音乐、视频，也包括混合产品，比如销售更多种类的智能家居设备，还包括原子产品，比如电商，以及未来智能冰箱所隐含的定制电商服务。

对于苹果，这条路线更加轻巧和清晰，流量层就是以手机为主的智能硬件，变现层主要是比特产品，包括 Apple Music、Apple News+、iCloud、Arcade 等数字服务。

二、硬件厂商成就互联网业务的软条件

上文谈到互联网的两个特点：一是流量层的规模化，二是流量层的变现效率高。其中，规模化是先决条件。那么，硬件厂商是否具备互联网的特点要素，特别是规模化？

事实上，硬件行业呈现的产业特点是：剩者为王。

首先，硬件产业越来越呈现软件产业的产业特性，集中度越来越高。虽然还不是完全意义上的赢家通吃，但终局一定是市场中就剩下少数几个巨头，把所有小厂商挤出市场，其余的市场份额被不断地挤压到零。跟十五年前诺基亚时代的手机产业相比，现在的智能手机产业集中度非常高。规模效应体现得淋漓尽致，正如"苹果重新定义硬件厂商"一节中所言，像锤子手机、联想手机这种规模的厂商，无论是在面向消费市场的竞争中，还是面向 2B 供应链订购中，都被巨头打得毫无还手之力，节节败退，市场份额归"Others"，乃至归零都只是时间问题。

同样的事情也会出现在未来的汽车产业。现在的汽车产业中，有上百个品牌，更有数不清的子品牌。这是"沙发+四个轮子"的汽车时代，等进入"手机+四个轮子"的智能汽车时代，市场集中度会向智能手机一样，出现高度集中化的汽车巨头，这将是一场数字化力量规则跟传统势力规则之间的一场较量。这是后话了，暂时不表。

回到智能手机产业，活下来的智能手机厂商都有相对稳定的、以亿计算的铁盘用户市场，也就是说"剩"下来的硬件厂商都是拥有规模化的优势，以 2020 年的数据为例，苹果的日活用户大概是 10 亿，三星超 7 亿，小米将近 4 亿，华为将近 4 亿，OPPO 与 vivo 合起来也超过 5 亿，这样的体量造就的规模化力量是可怕的。硬件厂商的逻辑是"剩者为王"，那么"剩"者就是胜者，其最大特征就是拥有了互联网头部公司所具有的规模化。

如何成为"剩者"呢？

在前文中提道：硬件行业游戏规则在发生变化，参与用户体验定义是厂商"胜"出来和"剩"下来的生存之道。在新的形势下，要想成为硬件厂商的"剩"者，就必须参与用户体验定义，而不是藏在背后做一个冷冰冰的硬件平台，这就要求厂商，不仅产品广度足够广，出货量足够大，而且产品线要有足够的宽度，产品线覆盖多个场景，这就要求必须有跨设备、跨屏幕的能力，提供跨屏幕和跨设备的服务体验。如此一来，硬件厂商必须做服务，必须参与内容之中去，这已经是硬件厂商活下来的基本条件了，因此做互联网服务，俨然成为硬件厂商的生存之道。

可见，"剩"下来的硬件厂商天然具备规模化，而"剩"下来的硬件厂商要想继续"胜出",就不得不参与体验定义,就必须做互联网服务。所以,互联网化不仅是硬件厂商的生存之道,也是先决条件。

三、苹果的互联网之路

移动互联网时代的双雄,苹果和谷歌,在 2015 年的移动广告市场分出胜负之后,双方在商业模式上就已经分道扬镳,谷歌向左,苹果向右。往左走是广告,谷歌在广告的康庄大道上不断飞驰,而苹果则放弃 iAd,选择了服务。

五年之后,毕其功于一役的苹果推出了 Apple One 服务套包,苹果的 Apple One 是 All In One 的 One,服务内容覆盖得非常广泛。

Apple One 作为苹果的服务战略的一个支撑点,有三个特点:第一个是会员制,捆绑销售;第二个是低价;第三个是服务内涵广泛。苹果为什么这么做呢?

首先这是由环境决定的。在服务的战场上,在内容的战场上,虽然群狼环伺,竞争格局早已固化,但数字服务的最大约束条件不是对手,而是用户,是用户时间有限。有限的用户时间是不足以分配给所有的内容提供者的,这是一个存量市场的竞争。

在这样的竞争中,规模化者胜出。规模大,数字产品边际成本为零。更多的用户,意味着更低的版权采购成本,更低的成本,意味着更低的价格以及更多的内容款项。

再看看苹果的优势。苹果拥有近 10 亿日活 iOS 用户,既有规模优势,又有天然触达用户的优势,再通过低价杀入,争抢用户的时间。在存量市场中,是一个此消彼长的过程,苹果的长，导致对手的衰，长此以往，对手的市场不断萎缩，成本开始高企，而经营不断萎缩，直到破产为止。

再看看 Apple One 的三部分构成：（1）数字化的基础设施 iCloud，苹果作为硬件厂商拥有天然优势；（2）Time Killer，三个重要的市场，音乐、游戏和电视，这三个市场苹果都有特色和优势，特别是 Music，这是苹果的杀手锏；（3）可选部分，新闻资讯和健康，特别是 Apple Fitness 结合自己的硬件设备使用，服务体验更好。

从最基础的需求存储切入，加上最有竞争优势通用娱乐服务等，再加上 14.99 美元起的低廉价格，这个结构非常有杀伤力。

我们相信苹果的 Apple One 以低价切入，不断加深服务，在市场占有率上和用户 ARPU 值实现双丰收，又会把这个市场变成一个赢家通吃的服务市场。

四、关于互联网商业模式进化的几点新认识

关于互联网方向上商业模式的选择，是广告，还是服务，苹果早在 2011 年就做出决定，乔布斯的选择是广告。于是大张旗鼓地收购 Quattro Wireless 公司，搞了 iAd 移动广告平台，准备豪赌移动互联网。后边的故事大家都知道了，苹果在 2016 年关闭了 iAd 平台，于同年开启了 Search Ads，不再把广告营收作为自己的主赛道，仅仅为生态里的开发者服务，然后陆续开展了互联网服务的尝试，包括云服务，在自己擅长的领域大举拓展游戏业务，甚至亲自下场做了 Arcade 的订阅服务，在新闻资讯领域则是联合各家媒体推出 Apple News，以及 Apple News+，并在 2020 年整合各方服务，推出万中有一的"全家桶"——Apple One。

为什么是服务，而不是广告呢？

要回答这点，需要理解另外一个问题，即：互联网商业模式的选择的核心在于内容与交易的关系。

将前面内容抽象出来：互联网商业模式在于规模化的流量体系和高效率的变现体系之间的铆接融合。现有的互联网公司有三种情况：

第一种，拿着内容、守着流量找交易。比较典型的就是抖音、快手和小红书。从左往右攻打，从内容走向交易，企图实现内容与交易的深度融合。比如，快手走电商之路，抖音正在尝试做电商、做橱窗。

第二种，守着交易找内容，找流量。比较典型的就是淘宝和京东。比如淘宝，在内部做直播玩花样，而京东的广告更是天天打，品牌广告到效果广告，从花边新闻到意见表达。从右往左攻打，从交易走向内容，企图实现交易和内容的深度融合。

第三种，交易和内容的天然融合。比较典型的是美团和拼多多。左右天然融合，是内容和交易天然融合在一起的典型代表，内容即交易，而交易即内容，不浪费一滴流量，不枉费一个内容。

因此，互联网模式的最高境界就是内容与交易的水乳交融，交易即内容，内容即交易。

广告之于硬件，就像油之于水，油水分离，泾渭分明。广告的问题，一个是体验差，破坏硬件体验；第二是效率低下，硬件厂商运营效率低下，苹果已经证明这点，而小米还在纠结之中；第三个是定位偏差，作为硬件厂商，保护用户隐私是其责任，然而精准广告的前提是消费用户隐私，是用户隐私的商业化，这是明显背道而驰的，所以广告跟硬件不是一个天然合一的商业模式，流量和交易之间不匹配。

服务之于硬件，就像酒精之于水，天然合一。以苹果的 iCloud 服务为例，云存储跟苹果的硬件之间的融合就非常完美，再就是 Apple Pay，由于其支持 NFC，这个基础服务不仅跟硬件水乳交融，还因为其给用户带来的方便，让这个支付方案的用户反响极好。苹果后来就加入了音乐、游戏、新闻等内容服务，一点也不突兀，似乎还有点顺理成章的味道。

硬件公司选择的为什么是服务？本质上还是一个效率问题，苹果认为广告的效率太低了，远不如服务的商业效率高。

苹果选择提供给用户服务的次第除了用户体验，还遵循了一个机会成本递增的商业原则，就是"低果先摘原则"（The Low-Hanging Fruit Principle）。

低果先摘原则，是一个形象的比喻，工人们摘果子的时候，一定会从最底下的果子开始摘，当最底下的果子摘完了，就需要架梯子摘高处的果子，这个过程中成本无疑就增加了。同理，一个工厂里生产一件商品，当它需要扩大产量就不得不找来更多工人，而这些工人里一定会有以前不是从事这个工作的，他们的生产效率会比熟练工人低，但是他们所放弃的也就是他的机会成本仍然存在。生产越多的商品，由不熟练工人带来的机会成本也就越高。

对于硬件厂商而言，会首先选择投入成本最低，同时最容易赚到钱的服务切入。

互联网业务，分为三层。数字产品层：数字服务，数字产品，电子游戏；混合产品层：智能设备，设备智能化；原子产品层：电商、物流服务。

显然，低果先摘里的低果就是数字产品层，边际成本最低，这是苹果率先进入的领域，数字服务。同样是数字服务，苹果在第一阶段提供的有云服务、音乐、游戏，这些服务不仅边际成本低，而且是苹果最擅长的领域，音乐有早年iPod的版权积累7000万首歌曲，游戏不仅营收好，增速快，而且苹果生态中游戏的优势比较明显，再有就是这些服务在iPhone上就可以完成；而苹果提供Fitness时则要等到iWatch有了一定销量后才可以，Fitness跟Music相比就是高处的果子。

而作为后进入者的小米，则发现低果没有了，比如小米想做音乐，发现版权已经被签完了；做视频，也是因版权问题受限，所以只能选择高处的果子，就是智能硬件。小米之所以选择智能硬件、智能设备是因为智能硬件虽然比较高，但是智能硬件和智能手机结合之后，合围出新的硬件环境，就是IoT，现在也叫AIot，而这是一个新的增量市场，可能是一片新的蓝海，这就是后话了。

最后，小结一下摸"苹果"的成果：

1. 在可见的未来，比特世界对原子世界的统领趋势越发明显：越来越广，越来越宽，越来越深，将会成为塑造未来世界的主要动力。

2. 跨屏覆盖和万物互联的硬件体系产生的级联效应和协同效应，将导致硬件公司在智能手机领域的规模效应扩散到各个领域，诸如出行场景、家居场景，包括汽车在内的产业将会呈现 IT 行业的特点。

3. 软硬件的边界日益模糊，导致硬件公司的商业模式互联网化，而苹果很可能就是那个全球最大的伪装成硬件厂商的互联网公司。

"摸"着苹果过河，不仅有隔靴搔痒之嫌，更有盲人摸象之实，本有些拿不出手，但是笔者再想，即便管中窥豹，也可见一斑，若能成为垫脚石，供大家批评和讨论，从中笔者也会收获良多，故有了这本书。

未完待续

读了本书，是否意犹未尽？
未来，史建刚老师将开设有关课程。
欢迎持续关注，提前掌握开课动态。

关于开智学堂

开智学堂（微信公众号：OpenMindClub）是 21 世纪的英才教育机构，通过认知课、阅读课、写作课、黑客课，帮助你科学、系统与高效地提升职业能力。欢迎来到开智学堂，与成千上万小伙伴一起升级认知、提升技能。

依托开智学堂师生资源，开智文库专注于出版新职业、新认知、新阅读、新写作、新黑客等丛书。目前，已先后出版《爱人、情人和怪人》《生于一九八四》《追时间的人》等原创著作数十本。其中，《生于一九八四》《追时间的人》荣登豆瓣好书榜。